サピエンティア

空間経済学

曽 道智 / 髙塚 創

東洋経済新報社

はしがき

　日本の人口分布は一極集中型と言われる．実際，日本の総人口は約1億2700万人（2015年11月1日現在・総務省統計局による）で世界第10位であるが，東京都市圏の人口は約3700万人で，2位のデリー都市圏（約2200万人）を大きく引き離し，世界1位となっている（2010年7月1日現在・国連の統計による）．総人口の3割近くが東京都市圏に住んでいる勘定になる．また産業構成も均一ではなく，情報，金融，デザイン，広告といったサービス産業のシェアは東京都市圏が突出して高く，製造業のシェアは地方部で相対的に高くなっている．注目に値するのは，このような経済活動の偏在は，程度の差こそあれ，世界中の多くの国で見られる現象だということである．なぜ経済活動はこのように不均一に分布するのだろうか．空間経済学はそのメカニズムを明らかにする学問である．

　伝統的な経済学では，ある地点における財の生産・消費に焦点が当てられ，空間は捨象されている．一方，空間経済学は複数の地点における需給均衡を同時に分析する．したがって，異なる地点間の距離によって生じる取引費用が，経済活動やその分布にどのような影響を与えるかが主な研究対象である．技術進歩により輸送や通信にともなう取引費用は急速に低下してきている．さらに，この数十年間急激に進んできた貿易自由化により，経済活動は国家や地域などの境界を越えてより緊密につながってきている．海外直接投資，多国籍企業，タスク貿易といったグローバル化の時代に生まれた新しい生産形態を考える上でも，空間経済学の役割はますます重要になってきていると言えよう．

　空間経済学は古くて新しい分野である．その起源は19世紀にフォン・チューネン（J. H. von Thünen）によって書かれた『孤立国』にさかのぼると考えられている．そこでは，経済主体の最適化行動と市場均衡によって，農業生産活動の立地が内生的に説明され，その後の都市経済学や地域経済学の発展に大きく寄与した．一方，伝統的な国際貿易理論においては立地が扱われることはな

かった．比較優位理論を構築したオリーン（B. Ohlin）は貿易と立地を同じ枠組みで考えるべきだと指摘していたが，それが本格的に行われるようになったのは，クルーグマン（P. R. Krugman）らによって1970年代に創始された新貿易理論（New Trade Theory）以降である．さらにその考え方は1990年代以降，地域経済学や都市経済学に応用され，新経済地理学（New Economic Geography）が誕生した．その成果は，藤田・クルーグマン・ベナブルズ（Fujita, Krugman, and Venables, 1999）の著書に体系的にまとめられている．

本書では以上の流れをふまえ，新貿易理論と新経済地理学の基礎的内容の解説から始める一方，2000年代以降の新しい流れにも配慮している．特に，国の間を自由に移動できる資本（mobile capital）の存在は，現代経済の大きな特徴の一つであり，それを明示的に取り込んだモデルの解説に注力した．またそれ以外にも，フロンティアの研究成果を可能な限り紹介しようと努めた．しかしこの分野の発展は早いため，教科書にふさわしい内容を選定することは難しくもあった．実際，一度書き上げた原稿の校正をする一方で，内容の更新をしなければならないこともあった．

本書で展開する空間経済学は，基本的に一般均衡分析となっている．そのため，数式の使用は避けられなかった．数式によるモデルの記述はしばしば抽象的で分かりにくいとされているが，物事の本質を簡潔に表すことができるメリットを持っている．読者に空間経済学の内容を確実に理解してもらうためにも，本書では数式を避けずに丁寧に説明することとした．そのため，本書が対象とする主な読者は，経済数学を学習した学部上級生，大学院生，空間経済学（理論）に関心を持つ研究者や実務家の方々である．幸いにも近年，Mathematica, Maple, Matlab などの数理解析ソフトウエアが開発され，数式の演算やシミュレーションをより簡単に行うことができるようになった．これらのソフトを積極的に用いることで，読者は本書の内容をより深く理解できると考えられる．

本書を上梓するまでの過程においては，多くの方々から直接的，間接的にご指導，ご協力をいただいている．まずは，門外漢であったわれわれをこの分野に導いていただいた，藤田昌久先生（甲南大学），Jacques Thisse 先生（Catholic University of Louvain），田渕隆俊先生（東京大学）に心より感謝申

し上げたい．また，共同研究や学会・セミナー報告等でお世話になった，陳清目，古沢泰治，金本良嗣，菊地徹，黒田達朗，森知也，森田忠士，文世一，村田安寧，中村良平，小川光，大久保敏弘，彭信坤，Pierre Picard，佐々木公明，佐藤泰裕，下村耕嗣，高橋孝明，高橋寿明，譚立力，徳永澄憲，山本和博，楊曦，趙来勲，鄭小平，周義明，朱希偉の諸先生からは，本書を書き上げる上でも大変参考になる助言をいただいた．さらに，東北大学，香川大学において共同でセミナーを運営してきた安藤朝夫，井原健雄，伊藤亮，河野達仁，中島賢太郎，長町康平，宍戸栄徳，山村能郎，横井渉央，張陽の諸先生との議論も大変役立っている．そして，本書の内容の大半はこの10年近く，東北大学，香川大学，中国の北京大学，浙江大学などで行ってきた講義の講義ノートに基づいている．講義に出席いただいた皆さまからの質問やコメントも本書執筆の上でおおいに参考にさせていただいている．

最後に，テキスト〈サピエンティア〉シリーズを企画し，執筆の機会を与えて下さった一橋大学の石川城太先生，本書の編集・出版に関して大変お世話になった東洋経済新報社出版局の皆さまに心より感謝の意を表したい．

2016年5月

曽　道智
髙塚　創

練習問題の解答は，下記アドレスにて公開予定．
http://store.toyokeizai.net/books/9784492314852

[サピエンティア]
目次
空間経済学

はしがき……iii

第1章 序論　1

1.1 はじめに……2
1.2 企業の立地要因……2
1.3 家計の立地要因……3
1.4 第一の自然と第二の自然……4
1.5 空間経済学の系譜（1）：立地理論……7
1.6 空間経済学の系譜（2）：貿易理論……11
1.7 本書の特徴と構成……14
　付録1：氷塊型輸送コストについて……19
　付録2：空間不可能性定理について……19
練習問題……21

第2章 新貿易理論誕生の背景　23

2.1 はじめに……24
2.2 産業内貿易の増加……24
2.3 輸送・通信コストの低下と貿易自由化……26
2.4 レオンチェフの逆説……27
2.5 貿易理論における「カウンターカルチャー」……29
　付録：レオンチェフの逆説をめぐる議論……30
練習問題……32

第3章 ディクシットとスティグリッツの独占的競争モデル　33

3.1 はじめに……34
3.2 需要関数と競争効果……34

- **3.3 輸送費の導入**………38
- **3.4 企業行動と企業数の決定**………38
  - 付録1：CES関数………40
  - 付録2：ディクシット-スティグリッツモデルの一般化………42
- 練習問題………44

第4章 1要素モデル：自国市場効果と厚生　45

- **4.1 はじめに**………46
- **4.2 両国の賃金が同一になるケース**………47
  - 4.2.1 対称な2つの工業からなるモデル………47
  - 4.2.2 農業（同質財）部門を持つモデル………51
- **4.3 両国の賃金が異なるケース**………53
- **4.4 輸送費の低下と厚生の変化**………62
  - 4.4.1 工業部門の輸送費が低下する場合………63
  - 4.4.2 農業部門の輸送費が低下する場合………66
  - 4.4.3 インプリケーション………67
- **4.5 まとめ**………69
- 練習問題………69

第5章 2要素モデル：資本移動と企業立地　71

- **5.1 はじめに**………72
- **5.2 両国の賃金が同一になるケース**………72
- **5.3 両国の賃金が異なるケース：農業部門の輸送費**………76
- **5.4 両国の賃金が異なるケース：農業部門の捨象**………80
  - 5.4.1 賃金方程式の性質………82
  - 5.4.2 均衡の特徴………84
- **5.5 まとめ**………88
- 練習問題………89

第6章 新経済地理学と均衡の安定性　91

- **6.1 はじめに**………92
- **6.2 前方連関効果と後方連関効果**………93
- **6.3 複数均衡の可能性と均衡の安定性**………95
- 練習問題………100

第7章 核・周辺モデル　　101

- **7.1 はじめに**……102
- **7.2 モデル**……103
  - 7.2.1 クルーグマンのモデル……103
  - 7.2.2 フォースリッドとオタヴィアーノのモデル……105
- **7.3 均衡**……108
  - 7.3.1 サステイン・ポイント……109
  - 7.3.2 ブレーク・ポイント……109
  - 7.3.3 分岐ダイアグラム……110
- **7.4 まとめ**……112
- 練習問題……112

第8章 準線形モデル　　113

- **8.1 はじめに**……114
- **8.2 オタヴィアーノ・田渕・ティスのモデル**……115
  - 8.2.1 モデル……115
  - 8.2.2 均衡……120
  - 8.2.3 貿易モデルへの応用……120
- **8.3 フルーガーのモデル**……122
  - 8.3.1 モデル……122
  - 8.3.2 均衡……125
- **8.4 まとめ**……127
- 練習問題……128

第9章 労働費用がもたらす再分散　　129

- **9.1 はじめに**……130
- **9.2 準線形モデルの利用**……131
  - 9.2.1 消費……131
  - 9.2.2 生産……134
  - 9.2.3 均衡分析……136
  - 9.2.4 農業政策におけるインプリケーション……141
- **9.3 CESモデルの利用**……144
  - 9.3.1 モデル……144

  9.3.2 同質な農業財………145
  9.3.3 異質な農業財………147
9.4 まとめ………151
 付録：命題9.2.1の証明………151
練習問題………152

第10章　都市費用がもたらす再分散　153

10.1　はじめに………154
10.2　準線形モデルの利用………155
  10.2.1 モデル………155
  10.2.2 均衡………157
10.3　CES型効用関数に基づくモデル………158
  10.3.1 モデル………158
  10.3.2 均衡………160
10.4　まとめ………163
練習問題………164

第11章　多産業の空間経済　165

11.1　はじめに………166
11.2　非熟練労働者の必要投入量が異なる複数産業の立地………167
  11.2.1 モデル………167
  11.2.2 均衡………172
  11.2.3 数値シミュレーション………175
11.3　輸送費用が異なる複数産業の立地………177
  11.3.1 モデル………177
  11.3.2 地域規模と効用格差………181
  11.3.3 均衡………183
  11.3.4 実証的妥当性………187
11.4　まとめ………190
 付録：$\bar{\theta}_0$, $\bar{\theta}_1$, $\bar{\theta}_2$, $\bar{\omega}_2$ の定義………191
練習問題………191

第12章　企業間連関と立地　193

12.1　はじめに………194

12.2 両国の賃金が同一になるケース………195
12.2.1 モデル………195
12.2.2 均衡………198
12.2.3 厚生分析………203
12.3 両国の賃金が異なるケース………206
12.4 まとめ………209
付録：12.2.1項のモデルにおけるブレーク・ポイントについて………209

第13章 空間経済モデルの応用　211

13.1 はじめに………212
13.2 租税競争………213
13.2.1 核・周辺モデルに基づく分析………213
13.2.2 準線形モデルに基づく分析………218
13.3 環境規制………220
13.3.1 モデル………221
13.3.2 均衡………224
13.4 国際貿易と国内地域間格差………227
13.5 まとめ………231

第14章 さらなる勉強のために　233

14.1 企業の異質性の考慮………234
14.1.1 CES型効用関数に基づくモデル………234
14.1.2 準線形効用関数に基づくモデル………243
14.2 文献について………248
14.2.1 広義の空間経済学に関する文献………248
14.2.2 狭義の空間経済学に関する文献………249

記号………251
参考文献………253
事項索引………263　／　**人名索引**………267

第1章

序論

1.1 はじめに

空間経済学は，企業や家計（労働者）といった経済主体の「立地」を分析対象とする学問である．企業や家計の立地を分析することの重要性についてはあらためて言うまでもないだろう．ある地域に企業や家計が立地するか否かは，その地域にとって死活問題である．企業は様々な財やサービスを供給し，また雇用を通してその地域に所得をもたらしてくれる．つまり，企業立地によって，そこに住む人の消費の選択肢は広がり，生活は豊かになると考えられる．逆に，家計の立地は，そこで生産活動する企業にとって大きな魅力となる．家計が立地することはそこに製品を販売する市場が存在することを意味するし，また必要な労働を調達する労働市場が存在することも意味するからである．このように，企業と家計の立地はお互いに補完・強化し合いながら，その地域を活力あるものにしているのである．それでは，そのような企業や家計の立地は，どのような要因によって決められているのであろうか．もう少し詳しく見てみよう．

1.2 企業の立地要因

財団法人産業研究所の企業アンケート調査は，どのような理由から日本の製造業が立地先を決定しているかについて明らかにしている（経済産業省，2006）．この調査では，製造業企業（回答総数5544社）に対し，事業機能ごとに重要拠点を3カ所まで回答してもらい，各拠点について立地要因として重要な項目を5つまで選択してもらうという形をとっている．この調査によれば（図1.1参照），立地要因として最も多く選択されている要因は「人件費が安価」であり，次いで，「現地国内市場での販売が有利」があがっている（ともに約10％の拠点が立地要因として選択）．特にこれらの要因は，中国，ASEAN，NIEsといったアジアを中心とする海外拠点の立地要因として，多くの企業が考えているものとなっている．またこれらの要因に次いで，「技術，市場ニーズ，顧客等に関する情報交換が容易」（約9％の拠点が立地要因として選択），「技術水準の高い技術者・研究者」（約8％の拠点が立地要因として選択）が重

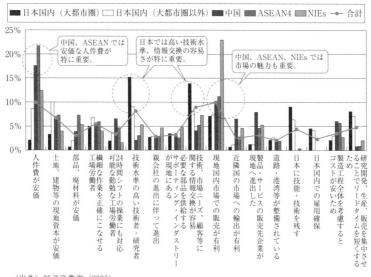

図1.1 日本の製造業の立地要因

(出典) 経済産業省 (2006).

要な立地要因として挙げられている．これらの要因は，日本国内とりわけ大都市圏の立地要因として，多くの企業が考えているものである．したがって，これらをまとめて考えると，企業の立地要因としては，**労働費用**，**市場規模**，**技術・情報**が主たるものであり，前二者が海外（アジア）立地を，最後の要因が国内立地を主として促進するものとなっている．近年，わが国において製造業の空洞化が懸念されているが，それは前二者の要因が今後も卓越していくという予想に基づくものであると考えられる．

1.3 家計の立地要因

企業の立地と比較すれば，家計（労働者）の国際移動は少ない．したがって，家計の立地選択は，基本的には一国内における地域の選択，および一地域（一都市）内における地点の選択を意味する．それでは，家計はどのような理由から，居住地域を選択しているのであろうか．日本においては，東京首都圏が総人口の約3割を抱えているが，なぜそれほどまで多くの人が東京を選択してい

るのだろうか．第一の理由としては，高賃金が得られることが考えられる．企業の立地要因で述べたように，人口が多いということはそこに大きな市場が存在することを意味しており，企業は大きな利益を得ることが可能となる．また，そのことによって多くの企業が集積すれば，企業間取引などのアクセスコストも安くなり，これがまた企業の利益を上昇させ，労働者への報酬（賃金）を高くする要因につながる．しかし，問題はそれほど単純ではない．人口や企業が集まる大都市は，一般に通勤費や家賃といった都市費用も高くなるからである．

日本の1990年代前半の都市圏データを用いた田渕・吉田（Tabuchi and Yoshida, 2000）の推計によると，都市圏人口が2倍になると，名目賃金が約10％上昇するということである．したがって，大都市ほど高賃金であるという上の指摘は支持される．しかし，田渕・吉田の推計においては，名目賃金を物価や家賃で割り引いた実質賃金で考えると，人口が2倍になると7～12％程度低下するということも示されている．このことは，人口が大きい都市では，実質賃金の低下を相殺するだけのメリットが他にあることを意味している．それは，消費の多様性である．様々な企業が立地し，消費できる財やサービスの選択肢が豊富であることが，大都市の大きな魅力になっているのである．

居住する地域（都市）が以上のような要因から決まった場合，地域（都市）内の立地点はどのように決まるだろうか．地域（都市）の中心部は，家賃は高いが通勤には便利である．逆に郊外部は，通勤費用は高いが家賃は安い．したがって，広い住宅を必要とするファミリー世帯は通勤費用を我慢してでも家賃の安い郊外を選ぶ傾向があり，ビジネス中心のライフスタイルを送る小世帯の都市住民は通勤に便利な都心を選ぶ傾向があるのである．

以上をまとめれば，家計の立地要因としては，**消費の多様性**，**賃金所得**，**都市費用**（住宅費用や通勤費用）が主たるものであり，前二者が大都市への立地を，最後の要因が地方部への立地を促す要因として考えられる．

1.4 第一の自然と第二の自然

すでに述べたように，日本では総人口の約3割が東京首都圏に住んでいる．また，2005年時点で総人口の86％が市部に住み，総人口の66％が人口集中地区

に住んでいる（黒田・田渕・中村, 2008）[1]．これは，日本の国土の中で，労働や企業がいかに空間的に偏った分布をしているかを示している．このような現象は日本だけではなく，程度の差こそあれ，世界中の国で見られる現象である．このような空間的偏在はどういった理由から生じるのだろうか．

まず考えられるのは，交通の要衝といった地理的な特性や，鉱山などの豊かな資源の存在といった先天的な要因である．このような先天的な立地上の特性は**第一の自然**（first nature）と呼ばれている．典型的な例として，愛媛県新居浜市にある別子銅山を挙げておこう（図1.2）．1690年（元禄3年）に同地域で銅が発見されて以来，1973年（昭和48年）までの約280年間に70万トンの銅を産出し，日本の貿易や近代化に寄与してきた．海抜千メートル以上の山岳地帯であるにもかかわらず，明治28年（1895年）時点において，別子地域の人口は1万2000人を数えた．日本はもとより世界でも例のない規模の鉱山都市であった．

しかし，第一の自然は中心を形成する1つのきっかけになるとしても，それが中心を維持する力になるとは限らない．産業構造の変化にともなって，炭鉱町や鉱山都市の多くが衰退・消滅していったことは周知の事実である．別子銅山についても，昭和48年をもって283年間の銅山の歴史に幕を閉じ，いまや同地域の人口はゼロとなっている．

一方，東京やニューヨークを考えてほしい．われわれはそれらの都市がもつ地理的な特性や自然資源に魅力を感じているだろうか．そうではなく，そこに集まる人々や企業，それらが日々行う活動，高度な社会資本などに魅力を感じているのではないだろうか．こういった後天的な立地上の特性は**第二の自然**（second nature）と呼ばれている[2]．

中国にある義烏市（ギゥー）も，第二の自然によって発展した都市である．上海の西南約300キロ，杭州から約120キロの浙江省の中央に位置し，上海市の約1/5の面

---

1) 人口集中地区とは，人口密度が4000人/km^{2}以上の国勢調査標本区が互いに隣接しており，それら全体の人口が5000人以上となる地域のことである．
2) 第一の自然，第二の自然という表現を最初に用いたのはCronon (1991)である．以降，Krugman (1993), Picard and Zeng (2010), Redding (2010)などの空間経済学の文献においても用いられている．

図1.2 別子銅山

積で人口は114万人である．しかし，義烏はもともと自然条件に恵まれた場所というわけではなかった．逆に，豊かな浙江省にあるものの，渇水に悩まされ，それは農作業にも影響した．食べるものに困り，物々交換をする人々も多数いたほどである．しかし，そのような交換経済がもとになって，小規模な市場経済が発達したのが幸いであった．国を挙げての経済開放政策も後押しし，他の地域にない流通経済のノウハウを活かした地域活性化が実現したのである．今では中国の中程度の都市にまで発展している．

義烏市の人口の9割は商人である．「日本の百円ショップの故郷」とも言われており，街全体が巨大市場と化している．実際市街地では，問屋街とそれ以外の場所の区別がつかないほど，まち全体に問屋や卸売り店舗が軒を並べている．大きな段ボールをいくつもリヤカーに載せペダルを踏む運搬業者や，荷物を満載したトラックが行き来し，街のあちこちで熱心に商談する人々の姿が見られる．2003年の義烏市人民政府発行の資料によると，義烏にある店舗数は4万軒以上，8人以上の人がそれら店舗で卸売業に従事し，取扱商品は20万アイテム以上を数える．毎日のべ20万人以上のバイヤーが国内外から訪れ，1万トン以上の商品が取引されている．中でも，図1.3にある福田市場の規模は大き

図1.3 福田市場

く，世界最大の卸売市場とも言われている．

　第一の自然によって都市が形成されることはとても分かりやすい．興味深いのは，それが都市形成の必要条件ではないということである．すなわち，先天的な立地上の優位性がなくても，（義烏市の例のように）都市が形成される場合はある．空間経済学はむしろこの第二の自然に着目する．第一の自然がないとしたら，どういう条件の下で都市の形成が起こるのか．そのメカニズムを明らかにすることは，空間経済学の重要な目的の1つである．

1.5　空間経済学の系譜（1）：立地理論

　企業や家計の立地メカニズムを明らかにすることが空間経済学の目的だとすれば，空間経済学の起源はどこに見出すことができるだろうか．藤田（Fujita, 2010）に従えば，空間経済学の起源は，フォン・チューネン（J.H. von Thünen, 1783-1850）ということになろう．フォン・チューネンは，生涯のほとんどをドイツ北部のテローにある地方領地の管理と運営に費やした．彼はそこで膨大なデータを集め，そこから独自の経済理論を構築し，著書『孤立国』

(von Thünen, 1826) を書き上げたのである．空間経済学の起源とも言えるこの著書の第一巻において彼は，ある孤立国の中心（市場）が与えられたとき，様々な農業生産活動の立地は，それぞれの生産物の輸送費用によって，図1.4のような同心円状に決定されることを示した．

　図1.4の中心地に一番近い同心円は，野菜など生鮮食料品の生産地である．これらの財は毎日大量に消費され，さらに鮮度を保つ必要もあるため市場の近くに立地する必要がある．次は木材などの燃料生産地である．木材は鮮度を保つ必要はないが，重量が大きくて持ち運びが難しい．また，食事や暖炉に大量に使われるということもあるため，中心地から遠く離れた場所で生産することはできない．三番目は小麦や米の生産地である．木材と比べると軽いため，中心地から離れたところで生産可能である．最後は牛や豚などの畜産業である．牛や豚は自力で中心地まで移動できるので，輸送費が最も小さい．もちろん，どの産業も中心に近いところに立地した方が有利ではあるが，そのような場所は地代が高くなる．十分に利益を確保できる産業だけが近いところに立地できるのである．

　驚くべき点は，こういった立地パターンが市場競争の結果生じるということを，200年近く前にすでに洞察していたことである．アロンゾ（Alonso, 1964）はそれから140年近く後に，市場を中心業務地区（Central Business District; CBD）に，農地利用を住宅利用に，農業財の輸送費用を家計の通勤費用にそれぞれ置き換えて，都市空間のモデルを構築した．1.3節で，広い住宅を必要とするファミリー世帯は郊外を選ぶ傾向があり，ビジネス中心のライフスタイルを送る小世帯の都市住民は都心を選ぶ傾向があると述べたが，アロンゾのモデルはこのような現象をうまく説明している．そして，このモデルは今でもなお，都市経済学の基本モデルとして利用されている．

　フォン・チューネン-アロンゾのモデルは，完全競争・一般均衡の理論に基づきながらも[3]，現実を的確に描写する非常にエレガントなモデルである．し

---

[3] 完全競争とは，経済主体が多数存在するために，全ての経済主体が価格受容者（プライス・テイカー）として行動する状況を指す．また，一般均衡理論とは，特定の市場における価格と需給量の決定（均衡）だけでなく，互いに関連する複数の市場における均衡を同時に扱う理論のことである．

図1.4 フォン・チューネンの孤立国

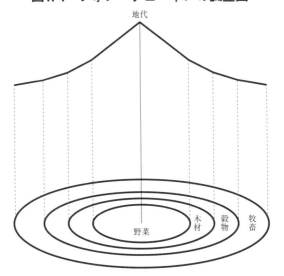

かし,これを「空間経済学の目的」に立ち返って見た場合,十分には満足できないであろう.なぜなら,このモデルにおいては,孤立国あるいは都市の「中心」があらかじめ与えられているからである.前節でも述べたとおり,いかに第二の自然が形成され,都市の中心が形成されるかを「内生的に説明すること」が,空間経済学には求められているのである.

このことに関連して,**空間不可能性定理**(Starrett, 1978)と呼ばれる有名な定理が知られている(本章付録2を参照のこと).この定理は,**もし空間が同質的であるならば,正の輸送費をともなう競争均衡は存在しない**ということを示すものである.これは,第一の自然を仮定しない限り,私的所有制完全競争経済の下では[4],空間的な集積は起こらず,生産活動は分散立地し,各地点で自己充足的な生産が行われるということを意味している.しかしながら,現実には世界中で経済活動の集積が見られるわけであるから,この定理は以下の

---

[4] 私的所有制とは,全ての財や生産要素が,特定の経済主体に所有されている状況を指す.それに加えて,ここでは,いかなる便益や費用も市場取引から生じる状況をも指すこととする.したがって,公共財や技術的外部性がある経済は,ここでいう私的所有制経済には含まれないことになる.

ような主張と読み替えることができる[5]．すなわち，現実の世界で経済活動の集積が生じるのは，以下のいずれかの理由によるものである．

I．空間が同質的でない．
II．経済活動に技術的外部性が生じている．
III．市場が不完全競争的である．

フォン・チューネン-アロンゾのアプローチは，ケースIに依拠した立地モデルと考えることができる．孤立国あるいは都市の「中心」の形成がモデルの内部で説明されない以上，その場所に何らかの空間的特質があるといった外生的な理由を考えざるを得ないからである．これに対し，ケースIIに依拠してCBDの形成を内生的に扱い，アロンゾ流の都市モデルの一般化を図った研究も存在する．その代表的なものが，小川・藤田（Ogawa and Fujita, 1980）の研究である．このモデルでは，企業と家計の間の距離に応じて生じる通勤費用に加え，企業間の距離に応じて生じる**取引費用**が考慮されている．そして，アロンゾのモデルと異なり，家計のみならず企業も自由に立地を選択できるように設定されている．この場合，取引費用が無視できる水準であれば，空間不可能性定理と整合的な立地パターンが生じる．すなわち，家計と企業が都市空間上に均等に分布する．そうすることで，家計や企業は高い地代を回避し，かつ家計は通勤費用をも回避することができるからである．しかし，取引費用が大きい状況では，企業同士が近づき合う誘因が生じる．この場合には，企業がある特定の範囲に立地し，その周りに家計が立地するという，アロンゾが想定したような立地パターンが内生的に生まれるのである．

また，ヘンダーソン（Henderson, 1974）は，都市規模が大きくなるにしたがって都市内企業の生産性が上昇するという「**外部的な規模の経済**」をアロンゾ流の都市モデルに導入し，都市規模の決定メカニズムを論じた．都市規模が大きくなると，外部的な規模の経済により賃金は上昇するが，一方で通勤費用や住宅費用といった都市費用も上昇する．それにより，労働者の効用は，都市規模にともないいったんは上昇するが，その後低下するという逆U字型を描

---

[5] この整理については，Fujita（2010）に基づいている．空間経済学の系譜に関するより詳細な議論は，同論文やFujita and Thisse（2002, 2013）を参照のこと．

くことになる．そのうえで，ヘンダーソンは，利潤を最大化する都市開発業者の存在によって，都市規模は最適水準に導かれるであろうと主張した．

1.6 空間経済学の系譜（2）：貿易理論

フォン・チューネンに始まる以上の流れは，1つの地域（都市）内あるいは地域（都市）間の労働・企業立地に焦点を当てたものである．これに対し，貿易理論においては，各地域（国）における産業構成と貿易パターン（何を輸出し何を輸入するか）に焦点を当てる．最も有名なのが，**比較優位の理論**である．この理論は，「各地域が，生産において相対的に優位性を持つ部門に特化し，その財を輸出する」ということを示すものである．ここで各地域が持つ「相対的な優位性」は，大きく2つの差異から生じると考えられる．第一は，生産技術（生産性）の差異であり，各地域は生産性が相対的に高い産業に特化し，その財を輸出するということが示されている．これがリカードの比較優位の理論である．第二は，生産要素の賦存量の差異であり，各地域はその地域に豊富な生産要素を多用して生産を行う産業に特化し，その財を輸出するということが示されている．これがヘクシャー＝オリーンの比較優位の理論である．

比較優位理論に代表される伝統的な貿易理論では，企業や家計が直接地域間を移動することを念頭に置いているわけではない．各地域で生じる部門間の労働シフトが上記の特化をもたらすのである．この点において，先に述べた立地理論とは大きく異なる．しかし本来，貿易理論と立地理論は独立に存在するべきものではなく，以下のような理由から，1つのフレームワークで考えられるべきものだと思われる．第一に，ある地域が特定の産業に特化するということは，その産業がその地域に「集積する」と見なすこともできるわけであり，その意味で両者は同じような経済現象を分析対象としている．第二に，立地行為がグローバル化し，国際貿易を扱う貿易理論自体が，立地を直接的に扱わざるをえない状況になってきている．本章の冒頭でも述べたように，企業が立地する国を自由に選択できる時代になってきているのである．実際この点については，比較優位理論の生みの親の一人であるオリーン（Ohlin, 1933）も，国際貿易理論は本来，財の輸送費と生産要素の移動可能性を考える立地理論である

べきと指摘している．

　伝統的な貿易理論も伝統的な立地理論と同様に，私的所有制完全競争経済の仮定の下に構築されている．したがって，比較優位に基づく特化（集積）は，前節で述べたケースⅠ（空間が同質的でない）に帰することができる．事実，比較優位とは外生的に与えられる地域間の差異のことに他ならない．立地理論と同様に，ケースⅡ（技術的外部性）から特化（集積）を説明する議論も古くから存在する．具体的には，産業の規模の拡大にともなって平均生産コストが低下する「**外部的な規模の経済**」を仮定するものである．このような状況が特化（集積）をもたらすのは容易に理解できる．なぜなら，何らかの理由から，ある産業で大規模な生産者としてスタートした国が存在する場合，その国では生産コストが十分低下しているため，その産業をまったく持たない国が新たに参入することは非常に困難になるからである[6]．また，技術的外部性を導入した貿易理論は，比較優位理論と同様に完全競争に基づいているため，一般均衡に基づくモデルの精緻化も比較的早い段階から行われている（例えば，Jones, 1968）．

　立地理論にせよ貿易理論にせよ，一般均衡に基づきながらケースⅢ（不完全競争）から集積や特化を説明する議論は，今まで紹介してきた議論と比較すると，最も新しいものといってよい．その理由は，一般均衡理論と整合的な不完全競争のモデル構築が，1970年代後半までなされることがなかったからである．寡占的な状況（2社以上の少数の企業が競争する状況）を想定する立地理論については，ホテリング（Hotelling, 1929）に始まる空間競争の理論がある．しかし，一連の空間競争の研究は，基本的に部分均衡に基づく立地理論である．寡占的な状況においては，消費者の反応だけでなく競争相手の反応をも考慮しなければならず，非常に複雑な戦略的依存関係を生み出すからである．状況は貿易理論においても同様であり，寡占的な状況を想定する貿易理論は基本的に

6）　加えて重要なのは，このような状況下では，貿易自由化がある国に対しては損失を与える可能性があるという点である（Graham, 1923）．なぜなら，現時点ではある産業が存在していなくても，潜在的な需要は十分にあり，自国で当該産業を育成できれば，先行する国から輸入するよりも安く供給できる場合が考えられるからである．このような理由から保護貿易を正当化する議論は「幼稚産業保護論」と呼ばれている．

部分均衡に基づくものにとどまっている．

一般均衡理論と整合的な不完全競争のモデル構築は，1970年代後半になってようやく，ディクシットとスティグリッツ（Dixit and Stiglitz, 1977）の手によってなされた．ただし，寡占的な状況ではなく**独占的競争**を想定してのものである．独占的競争の概念はもともとチェンバリン（Chamberlin, 1933）によって提唱されたものであり，その名のとおり，独占的な側面と競争的な側面をあわせ持つ状況である．具体的には，各企業は他企業と差別化された製品を生産するため価格支配力（独占力）を持っており，価格が他企業の製品より高かったとしても売上げはゼロにはならない．一方，寡占的状況とは異なり，多数の企業を想定しているため，他企業が設定する価格については所与とみなす．したがって，寡占的状況のような複雑な戦略的依存関係が生じることはなく，一般均衡分析を行うことが可能となったのである．そして，このモデルを貿易理論に導入し，経済活動の集積・特化を議論したのがクルーグマン（Krugman, 1979, 1980）である．

独占的競争モデルでは，企業レベルで生産規模にともなって平均コストが低下する「**内部的な規模の経済（収穫逓増）**」が仮定される．また消費者については，多様な財の消費をより好む選好が仮定される．これらの仮定によって，各企業は他企業と異なる1種類の財の生産に特化することになる．独占的競争モデルのこの特徴に財の輸送費が加わると，企業の集積力が生まれる．これは，各企業が輸送費を節約するために市場規模の大きな地域を好むからであり，結果としてそのような地域が収穫逓増産業の純輸出地域となる．これは，**自国市場効果**（Home Market Effect; HME）と呼ばれているものである．

なお，伝統的な貿易理論においては，任意の水準の輸送費用が考慮されることはほとんどなかった．完全な自由貿易経済（輸送費がゼロ）か，完全な自給自足経済（輸送費が無限）のどちらかが想定されることがほとんどであった．一方，クルーグマンのモデルは，後述するように任意の水準の輸送費用を扱えるフレームワークとなっており，この輸送費用の変化がいかに立地を変容させるかを明らかにした．もちろん，輸送部門とその活動を明示的に導入することは，一般均衡モデルを大変複雑なものにする（Takahashi, 2005）．そこで彼は**氷塊型輸送コスト**を仮定することで対処した（本章付録1参照）．

このように不完全競争の理論および輸送費用を導入して貿易理論を拡張する動きは，1980年代に活発になされ，**新貿易理論**（New Trade Theory; NTT）と呼ばれた[7]．しかし，ここにおいても，企業や家計が直接地域間を移動することを考えているわけではない．新貿易理論の成果を踏まえて，企業や家計の地域間移動を明示的に分析することを目的としているのが，**新経済地理学**（New Economic Geography; NEG）と呼ばれる分野になる．これは，上で紹介した独占的競争経済の貿易モデルに，クルーグマン自身が労働移動を考慮して新しいモデルを構築したことに端を発する（Krugman, 1991）．自国市場効果によって，企業は需要の大きな地域に集積した．家計は多様性を好む選好を持っているので，地域間移動が可能であれば，家計は企業が集積する地域をより好むだろう．こうして，企業の集積と家計の集積は互いに強化し合い，集積の累積過程（雪玉現象）を生み出すことが，この新しいモデルによって示されたのである．

以上から，NEGはオリーンの説いた貿易理論のあるべき姿に限りなく近づいていることが分かる．また，NTTとNEGで用いられたフレームワークは，フォン・チューネン-アロンゾ流の連続空間における立地分析にも適用され，都市の形成や都市の階層構造が市場メカニズムによって説明されるようになってきている（Fujita and Krugman, 1995; Fujita, Krugman, and Mori, 1999）．これらの成果は，藤田・クルーグマン・ベナブルズの手によってはじめて体系化され，*The Spatial Economy*（邦訳『空間経済学』）という研究書に結実している（Fujita, Krugman, and Venables, 1999）．したがって，NTTとNEGが現代の空間経済学の中核を成しているといっても過言ではない．

1.7 本書の特徴と構成

本書は，前節で述べた空間経済学の系譜のうち最も新しい部分，すなわち新貿易理論（NTT）と新経済地理学（NEG）に焦点を当てている．ただし，この分野は，いまなお多くの新しいモデルが構築・提案され，理論分析のみなら

---

7) その代表的な研究書に，Helpman and Krugman (1985) がある．

ず実証分析も活発に行われてきている.しかし,それらを包括的・網羅的に記述することは,著者の手には余る.加えて,本書を含むこのシリーズが「初学者から中級レベル」を対象としていることを考えると,内容をある程度絞り込むことが適切と思われた.その結果,本書は,空間経済学の領域の中でも,「2地域・静学モデルの理論分析」に特化する形を選択している[8].

「2地域のモデル」というと,「どのような2地域を扱うのか」と気になる人もいるかもしれない.期待外れかもしれないが,ここでいう2地域とは,日本と中国でもなければ,米国と欧州でもない.仮想上の2地域であり,しかもそれらは「第一の自然」の意味では完全に同質であると仮定される[9].現実の世界では,どんな2地域をとっても同質ではないから,このような仮定は非現実的で馬鹿げていると思われるかもしれない.しかし,このような仮定を置くのは,本書が「第二の自然」に焦点を当てているためである.たとえて言えば,第一の自然は「ミカンの皮」であり,第二の自然は「ミカンの実」である.ミカンの実(第二の自然)を知るためには,ミカンの皮(第一の自然)を取らなければならないのである.

類書には見られない本書の特徴として,以下を挙げておきたい.第一に,本書では,**賃金を内生化した**モデルの解説に多くの紙幅を割いている.後の章で説明するが,クルーグマンによって最初に提案されたNTT,NEGのモデルは,両地域で(非熟練)労働者の賃金が均等化するように構築されており,それに続く多くの研究でも同様の仮定が置かれている.しかし,これでは企業立地に与える労働費用の効果が表現できない.本章の最初でも述べたように,労働費用は企業の立地要因の中でも最も大きなウェイトを占めるものなのである.したがって,本書では,可能なかぎり賃金格差が内生的に生じるモデルを取り扱い,どのような地域が高賃金となるのか,高賃金は企業立地にどのように影響を与えるのか,について学んでいくことになる.

---

[8] 時間を通じた経済主体の意思決定を分析する経済モデルを動学モデルといい,静学モデルではこのような時間的要素は考慮しない.
[9] 第4章,第5章では,地域の人口規模について非対称性を仮定し,その規模がもたらす立地への効果を分析する.ただしその場合でも,規模以外については全く同質であることを仮定する.

本書の第二の特徴は，輸送費の低下が立地に与える「**非単調的・非対称的な効果**」を強調している点にある．これは第一の特徴とも密接に関係している．クルーグマンによって最初に提案された NTT, NEG のモデルは，後の章で説明するように，「輸送費の低下は企業の集積を促進させる」という結論を導いた．しかし，このような単調的な結果は，集積によって当該地域の生産コスト（賃金）が上昇することがないというモデルの特徴に依存している．したがって，賃金の内生化を行うことは，「一層の輸送費の低下は再分散をもたらす」という非単調的な（逆U字の）立地プロセスにつながるのである[10]．さらに重要なのは，輸送費が高いときの初期の分散と，輸送費が低いときの再分散では，同じ分散でも各地域の産業構成が異なる「非対称的」な立地であるという点である．これについては，多産業の分析を通して学んでいくことになる．

本書の構成は以下のとおりである（図1.5参照）．まず，第2章から第5章までは，労働の地域間移動を考えない新貿易理論のモデルについて学ぶ．第2章では，伝統的な貿易理論が説明しきれなかった事実（産業内貿易，レオンチェフの逆説など）を紹介し，新貿易理論が必要とされた背景について述べる．続いて第3章では，ディクシットとスティグリッツの独占的競争モデルについて紹介する．これは，新貿易理論のみならず，第6章以降の新経済地理学のモデルの基礎にもなっている．

そして，第4章と第5章において，新貿易理論のモデルを紹介する．まず，第4章では労働のみを生産要素とする1要素経済のモデルを扱う．ここでは，ブレンスタム・リンダー（Burenstam Linder, 1961）が主張した自国市場効果が，規模の経済と輸送費の存在といったシンプルな要因から生じることが示される．また，多くの新貿易理論のモデルでは二国間で賃金格差が生じないケースを扱っているが，ここでは農業財に輸送費がかかることで賃金格差が生じる一般的なケースを扱い，輸送費の低下が両国の厚生に与える影響についても議論する．一方，第5章では労働に加え地域間移動可能な資本を生産要素とする2要素経済のモデルを扱う．その結果，地域間移動可能な資本の存在が，自

---

[10] 同様の結果は，住宅費用や通勤費用などの都市費用の存在を考慮することでも得られる．

1.7 本書の特徴と構成　17

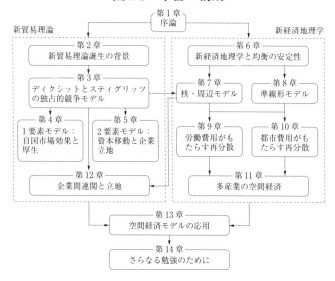

図1.5　本書の構成

国市場効果に対して本質的な影響を与えることが明らかになる．

　第6章から第11章までは，労働の地域間移動を考慮する新経済地理学のモデルについて学ぶ．まず，第6章では労働移動を考慮することで，どのような新しい問題が生じるのかを整理する．具体的には，労働移動の考慮は，企業および労働の累積的な集積過程を生み出すため，初期の人口分布が均等であっても集積が起こりうること，そしてまた複数均衡をもたらす可能性があり，どの均衡が実現しやすいかを考えるために安定性の分析が必要になってくることを示す．

　第7章と第8章は，新経済地理学の基本モデルの紹介である．第7章は，第3章のディクシットとスティグリッツのフレームワークに基づく新経済地理学モデルを扱う．ここでは，輸送費の低下とともに，対称分散立地から完全集積立地に移行するというクルーグマン（Krugman, 1991）の有名な結果が示される．なお，新経済地理学のモデルでは，企業は固定的投入として（地域間移動可能な）熟練労働者を用いることが仮定される．その結果，熟練労働者の賃金は立地する地域の市場規模に影響を受けることになる．一方，工業財需要に所得効果があることから，熟練労働者の賃金も市場規模に対して影響を与える

ことになる．この賃金と市場規模の相互依存関係はモデルを非常に複雑なものにしている．そこで，第8章では工業財需要に所得効果を発生させない準線形効用関数に基づくモデルを紹介する．準線形効用関数を用いることで，モデルを非常に簡素なものにすることができる．また，ディクシット–スティグリッツモデルには，工業財のマークアップ率が一定という特徴があるが，ここでは参入企業数が増えることでマークアップ率が低下するより現実的なモデルも示される．

「輸送費用が十分小さくなると，企業は一地域に完全に集積する」という新経済地理学モデルの結果は，必ずしも説得的なものではない．多数の企業が一地域に集まれば，労働費用や都市費用（住宅費や通勤費）が上昇し，企業や家計にとって立地コストが高くなるからである．第9章と第10章では，こういった要素を基本モデルに導入する．第9章では，農業財の輸送費や異質性を導入し，人口の一地域への集中は当該地域の農業財価格を上昇させ，労働費用を高めるというメカニズムを導入する．一方，第10章では，両地域がアロンゾ型の単一中心都市を形成していると仮定し，人口の増加が都市を拡大させ，都市費用を上昇させるというメカニズムを導入する．結果的には，輸送費の低下は，対称分散立地から完全集積立地に移行させた後，再度分散立地をもたらすことが示される．

第11章では，工業が多種類ある場合の立地を分析する．なおここでは，第9章，第10章で論じた再分散のメカニズムを導入する．実際，アメリカや日本では工業部門の再分散が顕著に起きており，それが安価な生産要素（労働，土地）や都市費用に基づいていることは間違いない．さらに重要な点は，輸送費用が大きいときの分散と輸送費用が小さいときの再分散とでは，各地域を構成する産業が必ずしも同じようにはならないという点である．この点は，多産業の分析によって初めて明らかにできる点である．

第12章では，中間財の取引を通した企業間の連関構造を，第4章で紹介した新貿易理論モデルに導入する．しかし，企業間の連関構造を仮定する場合，従来の新貿易理論モデルとは異なり，両地域が（人口規模を含め）完全に対称であっても，集積が生じうる．企業の増加は，中間財の市場規模・購入機会を拡大するため，一層企業を引き付けるように作用し，累積的な集積過程を生み出

すからである．したがって，このモデルは，人口移動はないが，第7章の新経済地理学のモデルと極めて似通った振る舞いを示すことになる．

第13章は，ここまで紹介してきた空間経済学モデルの応用である．まず，新経済地理学のモデルを用いて，地域間の租税競争を分析した研究を紹介する．そのあと，新貿易理論のモデルを応用して，環境規制が立地に与える影響や国際貿易が地域経済に与える影響について分析した研究を紹介する．

最後に，さらに空間経済学の勉強をすすめたい人に向けて，第14章では最近のトピックとなっている企業の異質性を考慮した新々貿易理論のモデルを紹介し，その後空間経済学に関する文献（書籍）を紹介する．

付録1：氷塊型輸送コストについて

現実の経済においては，企業が自社の製品を輸送する場合，輸送業者から輸送サービスを購入して輸送を行うことが多い．しかし，一般均衡のモデルにこのような輸送部門を明示的に導入することは，分析をとても複雑なものにしてしまう．そこで，「1単位の財を異なる地域に輸送した場合，1単位のうち$1/\tau$だけが実際に到着する（ただし，$\tau>1$とする）」と定式化されることが多い．つまり，残りの$1-1/\tau$は輸送過程で消滅し，それが輸送コストということになる．τは財1単位を送り届けるために必要な財の発送量ということもできる．このような輸送は氷塊型輸送と呼ばれ，サミュエルソン（Samuelson, 1952）によって経済分析に導入された．

16世紀のヨーロッパでは，アルプスの氷河から氷塊を運び，甘い蜂蜜や葡萄酒を冷却し，味わい楽しんだという．また同時期のインドでも，ムガール帝国の皇帝がヒマラヤの山から雪や氷を持って来て，暑さをしのいだという．当時は現代のような保冷技術はなかったため，文字通りの氷塊型輸送が行われていたといえよう．一方，1.5節で紹介したフォン・チューネンの『孤立国』においても，農産物の輸送費用を，それを運ぶ馬によって途中で消費される農産物相当分で考えており，氷塊型輸送の考えが使われている．

付録2：空間不可能性定理について

本章1.5節で述べたように，空間不可能性定理（Starrett, 1978）とは，「も

し空間が同質的であるならば,正の輸送費をともなう競争均衡は存在しない」ことを示すものである.このことを,藤田・ティス (Fujita and Thisse, 2013, pp.39-41) の方法を借りて,直観的に説明しよう.

最大1単位の財を生産する企業があるとしよう.この企業は地域1または地域2に立地することができ,どちらに立地しても,どれだけ生産しても,生産費用は一定であるとする.また財の輸送には,氷塊型の輸送コスト τ ($\tau>1$) がかかるものとする(本章付録1を参照).

さて,図1.6において,縦軸を地域1への供給量 x_1,横軸を地域2への供給量 x_2 とすれば,この企業が地域1に立地するときの生産可能集合は OAB の領域で表される.なぜなら,氷塊型輸送の仮定から,$x_1+\tau x_2 \leq 1$ が成立しているからである.逆に,この企業が地域2に立地するならば,生産可能集合は $OA'B'$ となる.したがって,立地が自由に選択できる状況においては,生産可能集合は非凸集合 $OACB'O$ となる.

この企業が地域1に立地し,生産する財は両地域から需要される(交易が生じる)としよう.この場合,両地域への財の供給量は AB 上の内点で表されることになる.もしその供給量が,完全競争の下で達成された(つまり,プライス・テイカーであるこの企業が利潤を最大化した結果として得られた)のだとすれば,この財の地域1での価格 p_1 の地域2での価格 p_2 に対する比率は $1/\tau$ であり,価格ベクトル (p_1, p_2) は図1.6の矢印で表されなければならない.そうでなければ,端点 A もしくは B が選択され,これは一方の地域からは需要がないことを意味するからである.しかし,価格ベクトルが (p_1, p_2) である場合,この企業は地域1に立地して AB 上の内点で表される生産を行うということはありえない.地域2に立地し,B' の生産を行う(生産する財は全て地域2に供給する)ことでより大きな利潤を得ることができるからである.このことは,完全競争の下では,交易をともなうような立地が生じない(そのような立地をもたらすような価格が存在しない)ことを意味している.

図1.6から明らかなように,このような奇妙な結果は生産可能集合の非凸性に起因している.そしてこの非凸性は,生産の不可分性の仮定によってもたらされている.もし,生産能力の半分を地域1に,残り半分を地域2にというように,生産拠点を自由にかつ追加的なコストをかけず分けることができるので

図1.6 空間不可能性定理

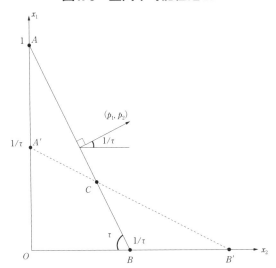

あれば，生産可能集合は AOB' となり，非凸性は生じない．この場合には，両地域に財を供給するという状態が，完全競争の下で達成されうる．しかし，線分 AB' 上での生産は，まったく輸送を行わない生産を意味するので，「正の輸送費をともなう競争均衡」とはなっていないのである．

練習問題

問題1.1 自分が住んでいる地域や都道府県において，代表的な都市を取り上げ，その都市が成立した理由を考えてみよう．

第2章

新貿易理論誕生の背景

2.1 はじめに

2008年，クルーグマンは，新貿易理論と新経済地理学の構築への貢献を認められ，ノーベル経済学賞を授与された．クルーグマンは，ノーベル賞受賞講演の冒頭で，次のように述べている（Krugman, 2009）.

> 助手として働き始めた最初の年，私が国際貿易理論について研究をしていると同僚に言うと，なぜその分野を選んだのか尋ねられた記憶がある．「貿易はもう完成された分野だ」とある人は言った．「もう出来上がっているから，面白いことは何も残っていないよ」と．しかし，当時から伝統的な貿易理論に対する不満は流れていた．私は，この不満の蔓延を，貿易理論におけるカウンターカルチャーと考えていた．

本章では，1970年代にはすでにあったとされる「伝統的な貿易理論に対する不満」を概観し，**新貿易理論**（New Trade Theory; NTT）がどういった学術的要請から誕生してきたかを示すこととしたい．

2.2 産業内貿易の増加

国はなぜ互いに貿易を行うのだろうか．この問いに対する，伝統的な貿易理論の解答は，「各国には比較優位が存在し，比較優位に基づく利益を確保するために貿易する」ということであろう．各国は生産性が「相対的に高い」産業，もしくは賦存量が「相対的に多い」生産要素を多用する産業に特化し，そうでない産業の生産を貿易相手国に委ねることで，自給自足の場合よりも大きな利益を目指す．これが伝統的な貿易理論，比較優位理論の骨子である．

このような伝統的な貿易理論は国際経済学の基礎を成すものであり，その有効性は今も失われてはいない．しかし，この数十年間の国際貿易の推移は，比較優位理論では説明できない新しい状況を示している．クルーグマンはそれを「類似国・類似財問題（the similar-similar problem）」と呼んだ．これは，例えばアメリカとカナダの間で，自動車の双方向貿易が大きくなったことに示されるように，世界貿易において，似たような国同士の似たような製品の交換が

表2.1　イギリスの貿易の構成

	1910年頃		1993年	
	輸出	輸入	輸出	輸入
製造業	75.4%	24.5%	97%	77.2%
非製造業	24.6%	75.5%	3%	22.8%

(出典) Baldwin and Martin (1999, Table 13).

大きなウェイトを占めるようになったことを指している．「異なる性質を持つ国が，異なる産業に特化する」ことが，貿易が生じる根本的理由だと説いていた比較優位理論では，確かに十分説明できない状況であった．

クルーグマン (Krugman, 2009) が用いたデータ (Baldwin and Martin, 1999) を見ながら，この状況を確認してみよう．表2.1の左半分は第1次世界大戦前（1910年頃）のイギリスの輸入・輸出における財構成を示している．この貿易パターンは，比較優位理論と完全に整合的である．すなわち，大きな人口と豊富な資本を持つが土地の限られたイギリスは，工業財を輸出し，原材料を輸入していたのである．これに対し，表2.1の右半分は同じイギリスの貿易について，1993年のデータを示している．しかし，こちらは比較優位理論と整合的ではない．イギリスの輸入と輸出はどちらも工業財が中心となっており，いわゆる「産業内貿易」が生じているのである．このような産業内貿易は，より細かい産業分類でみても生じていることが確認されている．

表2.2は，イギリスの貿易において，対ヨーロッパ貿易と対その他地域の貿易の比率を，1910年頃と1996年についてみたものである．第1次世界大戦以前は，今と比べて顕著に，ヨーロッパの隣国とあまり貿易をしておらず，イギリスが作れない安い農産品を作る遠方の国と貿易をしていたのである．しかし1990年になると，そのような貿易はなくなってはいないものの，少なくとも統計データからは，ヨーロッパ各国が自国で作れるものを互いに売って貿易しているように見える．

なお，産業内貿易の増加は，近年のアジア各国の貿易においても確認することができる．財団法人産業研究所は，アジアを中心とする10カ国（中国，韓国，台湾，シンガポール，マレーシア，タイ，フィリピン，インドネシア，日本，アメリカ）について，産業内貿易の程度を示すグルーベル-ロイド

表2.2 イギリス貿易の輸出先

	1910年頃	1996年
欧州	35.2%	59.7%
欧州以外	64.8%	40.3%

(出典) Baldwin and Martin (1999, Table 12).

(Grubel-Lloyd) 指数[11] を推計している (経済産業省, 2006). これによれば, 1990年から2000年にかけて, 消費財については産業内貿易の程度が低下している国が出てきているものの, 中間財や資本財についてはほとんどの国において上昇していることが分かる.

2.3 輸送・通信コストの低下と貿易自由化

輸送技術の進歩により, 19世紀には海運コストが劇的に低下し, 世界経済における「距離の障壁」は相当程度縮小した. バイローチ (Bairoch, 1989) によれば, 1812年のナポレオンの敗戦から1914年の第1次世界大戦開始までの間, ヨーロッパの貿易額は40倍に膨れ上がった. また, 20世紀に入ると新しい航空・通信技術も誕生し, 第2次世界大戦後にはそれらのコストが劇的に低下した (図2.1参照). 一方で, 自由貿易協定や関税同盟などが各地で締結され, 関税をはじめ様々な貿易障壁が低下し, 経済の地域的統合が進展してきている.

伝統的な国際経済学は輸送費をはじめとする貿易費用について具体的な議論を避けてきた. すなわち, 国際間・地域間の貿易は, 完全な自由貿易 (輸送費が0) か, または自給自足 (輸送費が無限) のどちらかが想定されることがほとんどであった. しかし前述のように, 現実の世界では輸送費は時代とともに低下し, 貿易量も貿易パターンもかなり変化している. 輸送費をはじめとする貿易費用を明示的に取り入れた理論が求められたのである.

---

11) この指数は $1 - \dfrac{輸出 - 輸入}{輸出 + 輸入}$ と定義され, 0から1の間の値を取る. 値が1に近いほど産業内貿易が多いことを示す.

図2.1 輸送費と通信費の変化

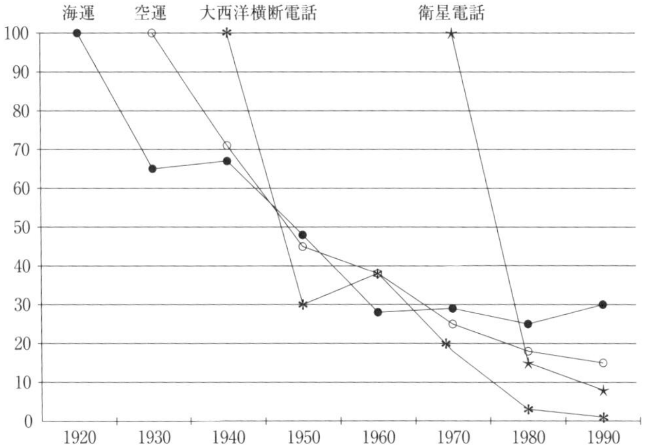

海運　空運　大西洋横断電話　衛星電話

(出典) Combes et al. (2008, p.9).

2.4 レオンチェフの逆説

　レオンチェフ (Leontief, 1953) は，用いられている生産要素に着目してアメリカの貿易を検討し，伝統的な貿易理論に対して疑問を投げかけた．表2.3は，1947年の産業連関表を用いて，レオンチェフが推計したものである．これは，アメリカの輸出100万ドルにおいて必要とされる資本と労働の量，輸入100万ドルを国内で生産する場合 (import replacements) に必要となる資本と労働の量をそれぞれ示している．

表2.3 レオンチェフの逆説(1)

	輸出部門	輸入部門
資本(ドル，1947年価格)	2,550,780	3,091,339
労働(年・人)	182.313	170.004
資本/労働	13,991.21	18,184.92

(出典) Leontief (1953).

　この表から分かるように，アメリカ経済では，輸出部門における資本・労働比率が，輸入部門における資本・労働比率より低かったのである．すなわち，

アメリカは資本集約財を輸入して，労働集約財を輸出していたと言える．当時，アメリカは世界中で最も資本が豊富な国であったため，ヘクシャー=オリーンの比較優位理論と矛盾したこの結果は，国際経済学の研究者に大きな衝撃を与えた．

この計測が行われた1947年は第2次世界大戦直後であり，非常時の影響が出ている可能性がある．また，いくつかのデータ計測上の問題点も指摘された[12]．それを受けてレオンチェフ（Leontief, 1956）は，1951年のデータに基づいて再計算を行ったが，結果は表2.4のとおりであり，依然として逆説は成り立っていた．

表2.4 レオンチェフの逆説(2)

	輸出部門	輸入部門
資本(ドル，1951年価格)	2,256,800	2,303,400
労働(年・人)	174	168
資本/労働	12,970.11	13,710.71

（出典）Leontief (1956).

さらに，ボルドウィン（Baldwin, 1971）は，経済がより安定した1962年のデータに基づいて同様の計算を行い，表2.5の推計値を得ている．基本的な結果はこれまでと同様であり，アメリカは資本集約財を輸入して，労働集約財を輸出していたのである．

表2.5 レオンチェフの逆説(3)

	輸出部門	輸入部門
資本(ドル，1962年価格)	1,876,000	2,132,000
労働(年・人)	131	119
資本/労働	14,320.61	17,915.97

（出典）Baldwin (1971).

このような検証は他の国についても行われている[13]．

---

12) そのような批判に，Swerling (1954) や Buchanan (1955) がある．

2.5 貿易理論における「カウンターカルチャー」

　伝統的貿易理論では説明しきれない産業内貿易やレオンチェフの逆説については，それを説明しようとする学説が古くから存在した（本章の付録を参照）．1970年代それらに出会ったクルーグマンは，それらを総称して貿易理論における「カウンターカルチャー」と呼んだのである．

　ヴァラヴァニス（Valavanis-Vail, 1954, pp.524-525）は，従来の貿易理論が供給側の条件（生産性や要素賦存）から貿易パターンが決まることを主張したのに対し，需要に基づく貿易理論を提唱した．具体的には，当該国に大きな需要がある財については，その財の供給条件にかかわらず，「輸入」される可能性があることを主張した．一方，ブレンスタム・リンダー（Burenstam Linder, 1961, p.87）は，同じように需要側の重要性を主張したものの，ヴァラヴァニスとは全く逆の見解を示した．つまり，財を「輸出」するためには，当該国に大きな需要があることが必要であるとした．大きな市場（需要）が国内に存在すれば，ある種の外部効果を通してその産業の技術が高まり，その産業に優位性を持つようになるからである．

　「国内に大きな市場（需要）がある産業に特化し，その財の輸出国になる」ということは，新貿易理論で**自国市場効果**と呼ばれているものにほかならない．新貿易理論では規模の経済と輸送費から，それが発生するメカニズムを一般均衡の枠組みで示している（詳細は，第4章を参照のこと）．したがって，ブレンスタム・リンダーが考えた自国市場効果の理由は，新貿易理論のそれとは異なる．しかし，供給側の条件の違いではなく，（市場規模という）需要側の条件の違いが貿易パターンを規定するという意味では彼らが主張したことは正しかったのである．

　一方，産業内貿易については，1960年代から経済学者に注目され始めた．バ

---

13) 例えば，Tatemoto and Ichimura (1959) は日本，Wahl (1961) はカナダ，Bharadwaj (1962) はインドを検証し，同様のパラドックスを見出している．一方，Stolper and Roskamp (1961) は（東）ドイツについて検証しているが，パラドックスは認められていない．

ラッサ (Balassa, 1966) は，ヨーロッパにおける産業内貿易の高まりについて，それをとても明快に説明している．それぞれの国は，各産業における潜在的な製品のうちある範囲のものだけを生産し，残りのものは輸入する．なぜなら，企業は特定の財の生産に特化すれば，生産の経験を通して規模の経済を獲得することができると考えたからである．この産業内貿易の理解については，新貿易理論のそれとほぼ同じといってもいいだろう．

残念ながら，彼らの主張は，1975年頃の国際貿易理論の標準体系においてはまったく含まれていなかった．しかし，彼らの考え，特にバラッサの主張は，それが理解されないから退けられていたわけではなかった．そうではなく，企業レベルでの規模の経済は必ず不完全競争をもたらすが，1970年代のその当時，そのような不完全競争をうまく扱えるモデルがなかったからである．より正確に言えば，不完全競争をうまく扱える一般均衡モデルがなく，その一方で，貿易理論は他のどんな応用経済分野よりも一般均衡分析を基盤にして構築されてきたからである．次章では，そのギャップを埋めることに大きく貢献した，ディクシットとスティグリッツ (Dixit and Stiglitz, 1977) の独占的競争モデルを詳しく紹介しよう．

付録：レオンチェフの逆説をめぐる議論

レオンチェフの逆説は，伝統的な貿易理論に一石を投じ，多くの議論を呼んだ．ただし，多くの国際経済学者は次のような修正や解釈によって，比較優位理論と整合的な説明を行った．

要素集約度の逆転 (Factor Intensity Reversal)．ジョーンズ (Jones, 1956) は財の生産要素集約度の逆転現象を指摘した．各国の生産要素の賦存量や価格は違うため，たとえ生産技術が同じであっても，同じ財が，資本豊富な国で資本集約財となり，労働力豊富な国では労働集約財となることがある．例えば，農業を考えよう．途上国では，賃金の安さから多くの労働を投入するので，農業は労働集約産業となる．一方，アメリカでは労働賃金が高いため，多くの資本を投入し，農業は資本集約産業となる．したがって，農業財を途上国からアメリカへ輸出することは，途上国においては逆説にならないが，アメリカでは逆説となる．逆に，アメリカから途上国に農業財を輸出することは，途

上国において逆説となる．ミンハス（Minhas, 1962）は19カ国の24産業を分析した結果，1/3程度の産業においてこのような要素集約度の逆転を見つけた．

アメリカの貿易政策．トラヴィス（Travis, 1964）はアメリカの貿易政策に注目した．自国の労働者を守るため，アメリカを含めた先進国は労働集約産業に対して手厚い保護政策を取り，資本集約産業に関しては様々な自由化政策を推進した．それにより，アメリカの労働集約財の輸入は難しくなり，資本集約財の輸入は容易になった．ボルドウィン（Baldwin, 1971）は，この種の貿易政策がレオンチェフの逆説の一因であると指摘している．

自然資源．ヴァネック（Vanek, 1963）はレオンチェフが自然資源の役割を認識しなかったことを指摘し，自然資源，労働，資本の3要素を入れたモデルにおいて，「資源集約財」の概念を導入する必要があるとしている．石油産業のような資源部門の生産には，探鉱・開発・精練・輸送など，大量の資本集約財を投入しなければならない．つまり，アメリカは資源部門の生産のために，多くの資本集約財を輸入しているのである．ハーティガン（Hartigan, 1981）は，資源部門の存在を考慮することで，レオンチェフの逆説は説明できるとしている．

異なる技術水準．キーシング（Keesing, 1966）は労働者の技術水準からレオンチェフの逆説を再検討した．レオンチェフの分析では，全ての労働者を総括して同じ生産要素として考えられていた．しかし，アメリカの労働集約産業に投入した労働の多くはより高い技術を持っている．そこで，キーシングはアメリカ労働者の受けた教育年限により8種類に分けた．最初の7種類は技術労働者であり，最後は非技術労働者である．分析の結果，熟練労働者の生産投入が多いほど輸出が多く，アメリカの輸出工業財における投入の55%は熟練労働者であり，輸入財の比率より高いことが分かった．すなわち，アメリカは熟練労働者の労働集約財を輸出し，非熟練労働者の労働集約財を輸入しているのである．アメリカは相対的に熟練労働者が多いため，この結果は比較優位理論と整合的である[14]．アメリカはこれまで革新的な技術による新しい財の生産に比較優位を持ってきた．そのような財は熟練労働と革新的企業家によって生産さ

---

[14] Kravis（1956）やKenen（1965）によっても同様の主張がなされている．

れ，必ずしも資本集約的ではない（むしろ労働集約的である）．一方，そういった技術が成熟し普及すると，大量生産が可能になり，生産は資本集約的となる．

　このように，レオンチェフの逆説をめぐっては様々な説が提案されている．実際には，どれか一つの説によって説明されるというよりは，いくつかの説が複合的に関係していると考えるのが現実的であろう．

練習問題

問題2.1　クルーグマンのノーベル経済学賞受賞講演（Krugman, 2009）を読み，感想を述べよ．

問題2.2　日常生活においても，通説と一見矛盾するような逆説（パラドックス）が見られることがある．そのような例を挙げ，その逆説がどのように説明できるか考えてみよう．

第3章 ディクシットとスティグリッツの独占的競争モデル

3.1 はじめに

本章では，新貿易理論，新経済地理学の基礎を成しているディクシットとスティグリッツの独占的競争モデル（Dixit and Stiglitz, 1977）について説明する．このモデルの概要は以下のとおりである．

企業は潜在的にたくさん存在する差別化されたバラエティの中から，自由に選択して生産することができる．どのバラエティを生産しようと費用の構造は同じであり，一定の固定的（労働）投入と一定の限界的（労働）投入が生じる．すなわち，各バラエティは全て対称的で，それぞれにおいて生産規模にともなって平均コストが低下する「内部的な規模の経済」が仮定される．一方，消費者は多様な消費をより好むが，選好においても各バラエティは対称的とされる．以上の仮定によって，各企業は他企業と異なる1種類のバラエティの生産に特化することになる．

生産においては規模の経済があるため，各企業はなるべく多くの生産をして，多くの利潤を稼ぎたい．しかし，消費者はなるべく多様な消費を好むから，もし企業に正の利潤が生じているのであれば，新規企業を立ち上げて新しいバラエティを生産する誘因が出てくる．この自由参入条件によって，各企業の生産規模（労働投入量）が決まり，労働の需給均衡から企業数が内生的に決定される．

以上の説明からも分かるように，このモデルは各企業が完全に対称的なものと仮定されており，非常に特殊な例を扱っていることが分かる．しかし，こういった仮定によって分析が簡素化され，これまで分析対象とならなかった領域に歩を進めることができたのである．

3.2 需要関数と競争効果

財は工業財と農業財の大きく2種類あるとしよう．農業財は全て同質的であるが，工業財は多くの差別化されたバラエティから構成されると考える．そして，これらに対する消費者の選好は，次の効用関数 U で表されるとする．

$$U = M^\mu A^{1-\mu}, \qquad 0 < \mu < 1, \tag{3-1}$$

$$M = \left[\int_0^n q(i)^\rho di \right]^{\frac{1}{\rho}}, \qquad 0 < \rho < 1 \tag{3-2}$$

A は農業財の消費量，$q(i)$ は工業財のバラエティ i の消費量，M は工業財のバラエティから決定される部分効用（あるいは工業財バラエティからなる合成財）である．すなわち，効用を規定する上位の関数 (3-1) がコブ・ダグラス型関数であり，部分効用を規定する下位の関数 (3-2) は代替の弾力性 (Elasticity of Substitution) が一定である CES (Constant Elasticity of Substitution) 関数であるとしている[15]．なお，$\sigma \equiv 1/(1-\rho)$ と定義すれば，σ は任意の 2 つのバラエティの間の代替の弾力性を表している．ここでは，$0 < \rho < 1$（すなわち $1 < \sigma < \infty$）を仮定しているので，コブ・ダグラス型関数で表現される場合よりもバラエティ間の代替性は強いが，完全に代替的ではない状況が想定されている．一方，区間 $[0, n]$ の長さ n は，工業財のバラエティ数を表現している．各バラエティは区間 $[0, n]$ 上の点に対応するため，各バラエティの市場シェアはゼロだと考えられる．まとめると，工業部門においては，似通ってはいるがある程度差別化されているバラエティが多数生産されており，チェンバリンが想定した独占的競争市場がこれによって表現されているのである．

所得 y，農業財価格 p^a，各工業財価格 $p(i)$ を所与とすれば，消費者は，予算制約

$$p^a A + \int_0^n p(i) q(i) di = y$$

のもとで効用関数 (3-1) を最大にする．需要関数を導出するには，以下のように 2 段階に分けて解くと分かりやすい．

第 1 段階は，部分効用 M を所与とし，そのための費用最小化問題を解く．

$$\min \int_0^n p(i) q(i) di$$

---

[15] CES 関数および代替の弾力性については，本章付録 1 を参照のこと．

$$\text{s.t.} \quad \left[\int_0^n q(i)^\rho di\right]^{\frac{1}{\rho}} = M \qquad (3\text{-}3)$$

この費用最小化問題の1階の条件は，任意のバラエティ i, j について，限界代替率と価格比が等しくなること，すなわち，

$$\frac{q(i)^{\rho-1}}{q(j)^{\rho-1}} = \frac{p(i)}{p(j)}$$

である．この条件から，

$$q(i) = q(j)\left[\frac{p(j)}{p(i)}\right]^{\frac{1}{1-\rho}}$$

が得られる．この式を制約条件 (3-3) に代入して，共通項 $q(j)p(j)^{1/(1-\rho)}$ を積分記号の外にくくり出し，$q(j)$ について解けば，

$$q(j) = \frac{p(j)^{\frac{1}{\rho-1}}}{\left[\int_0^n p(i)^{\frac{\rho}{\rho-1}}di\right]^{\frac{1}{\rho}}} M \qquad (3\text{-}4)$$

が得られる．これは，バラエティ j の（部分効用 M を所与としたときの）補償需要関数である．また，最小化された費用は，(3-4) 式を費用の式に代入することで，

$$\int_0^n p(j)q(j)dj = \left[\int_0^n p(i)^{\frac{\rho}{\rho-1}}di\right]^{\frac{\rho-1}{\rho}} M$$

となる．この式の右辺の [ ] の項を，

$$P \equiv \left[\int_0^n p(i)^{\frac{\rho}{\rho-1}}di\right]^{\frac{\rho-1}{\rho}} = \left[\int_0^n p(i)^{1-\sigma}di\right]^{\frac{1}{1-\sigma}} \qquad (3\text{-}5)$$

とすれば，P は1単位の部分効用を得るための最小費用である．したがって，P は工業財の**価格指数**（price index）と考えることができる．最後に，(3-5) 式を (3-4) 式に代入すれば，補償需要 $q(j)$ は，

$$q(j) = \left[\frac{p(j)}{P}\right]^{\frac{1}{\rho-1}} M \qquad (3\text{-}6)$$

と書くことができる．

第2段階は，所得 y を所与とし，その制約下で効用を最大にする農業財消費量 A と合成財消費量（部分効用）M を決定することである．

$$\max\ U = M^\mu A^{1-\mu}$$
$$\text{s.t.}\quad PM + p^a A = y$$

この効用最大化問題の1階条件は,

$$M = \mu \frac{y}{P}, \quad A = (1-\mu)\frac{y}{p^a}$$

である.(3-6)式を代入すれば,バラエティ j の需要関数は,

$$q(j) = \frac{p(j)^{-\sigma}}{P^{1-\sigma}} \mu y \tag{3-7}$$

となる.最後に,これらを用いれば,消費者の間接効用関数は

$$V = \mu^\mu (1-\mu)^{1-\mu} y P^{-\mu} (p^a)^{-(1-\mu)} \tag{3-8}$$

となる.

需要関数(3-7)式の意味を考えてみよう.本章付録1で説明しているように,代替の弾力性 σ が1のとき,CES関数はコブ・ダグラス型関数に一致する.実際,(3-7)式に $\sigma=1$ を代入すると,$q(j) = \mu y / p(j)$ となり,支出シェア一定の需要関数となる.この状況から σ を大きくすると,需要関数に2つの変化が現れる.第一は,需要の価格弾力性が1から σ に高まるという点である.これは,バラエティの間の代替性が高まるために生じる.第二は,需要関数に価格指数の影響が入ってくるという点である.価格指数が低くなるほど,バラエティの需要は小さくなることが分かる.これは(企業の参入や価格競争など)産業内での競争が激化するほど,1つ1つのバラエティの需要が低下する**競争効果**を意味している.仮に全てのバラエティの価格が同一で p であるとしよう.このとき,(3-5)式より価格指数は,

$$P = (np^{1-\sigma})^{\frac{1}{1-\sigma}} = n^{\frac{1}{1-\sigma}} p$$

と書ける.この式より,価格指数の低下(競争の激化)は,各バラエティの価格 p の低下,およびバラエティ数 n の増加によってもたらされることが分かる.

3.3 輸送費の導入

2つの国（国1と国2）があり，自国で工業財を販売する場合には輸送費はかからないが，他国に輸出する場合には氷塊型の輸送費 τ がかかるものとする（第1章付録1を参照のこと）．τ は財1単位を送り届けるために必要な財の発送量であるから，国 i で生産された工業財が国 i において価格 p_i で販売されるとすれば，この財の国 j における販売価格は $p_{ij}=p_i\tau$ となる．(3-5) 式により，各国の価格指数は

$$P_1=\left[n_1 p_1^{1-\sigma}+n_2(p_2\tau)^{1-\sigma}\right]^{\frac{1}{1-\sigma}}, \quad P_2=\left[n_1(p_1\tau)^{1-\sigma}+n_2 p_2^{1-\sigma}\right]^{\frac{1}{1-\sigma}} \quad (3-9)$$

となる．ただし，n_1, n_2 はそれぞれ国1, 国2で生産される工業財バラエティの種類である．また，(3-7) 式より，国 i で生産された財に対する国 j における消費需要は，$q_{ij}=\mu Y_j(p_i\tau)^{-\sigma}P_j^{\sigma-1}$ となるから，氷塊型輸送費分も含めた総需要は

$$q_i=q_{ii}+\tau q_{ij}=\mu p_i^{-\sigma}\left(\frac{Y_i}{P_i^{1-\sigma}}+\frac{\phi Y_j}{P_j^{1-\sigma}}\right) \quad (3-10)$$

となる．ただし，Y_i は国 i の総所得である．また，$\phi\equiv\tau^{1-\sigma}$ であり，ϕ は**交易の自由度**（trade freeness）と呼ばれるものである．交易の自由度 ϕ はその定義から，$(0,1)$ の範囲の値をとり，大きな値ほど輸送費が低いことを意味している．なお，氷塊型輸送を仮定していることから，外国の需要に対応するためには，需要量の τ 倍生産が必要になることに注意されたい．

3.4 企業行動と企業数の決定

次に，国 i に立地する企業の生産行動を見よう．工業の生産は収穫逓増の技術の下で行われる．単純化のため，全ての企業の生産技術は同一で，固定費用 C^f と限界費用 C^m を定数としよう．生産者価格（mill price）を p_i とすれば，企業の利潤は

$$\Pi_i = p_i q_i - (C^f + C^m q_i) \tag{3-11}$$

となる．各企業は差別化された財を生産するので，総需要 (3-10) 式を所与として，利潤 (3-11) 式を最大化するように価格 p_i を設定する．またここで，企業全体の集合から見た場合，1つの企業の影響力は無視できると考えられるため，自社の価格 p_i は市場の価格指数に影響を与えない．よって，需要の価格に関する微分は，

$$\frac{dq_i}{dp_i} = -\sigma\mu p_i^{-\sigma-1}\frac{Y_i}{P_i^{1-\sigma}} - \sigma\mu p_i^{-\sigma-1}\frac{\phi Y_j}{P_j^{1-\sigma}} = -\sigma\frac{q_i}{p_i}$$

となる．したがって，利潤最大化の1階条件より，均衡価格は

$$p_i = \frac{\sigma}{\sigma-1}C^m = \frac{1}{\rho}C^m \tag{3-12}$$

となる．この式は，価格の限界費用に対する比率が $\sigma/(\sigma-1)=1/\rho$ で一定であることを示している．また，企業 i のマークアップ率を $(p_i-C^m)/p_i$ で定義すれば，企業 i が独占的な価格付けを行うならば，一般にマークアップ率は「需要の価格弾力性の逆数」に等しくなる．本章のモデルの場合，需要の価格弾力性は σ に等しいので（(3-10) 式から確認できる），マークアップ率は $1/\sigma$ で一定となる．通常，参入する企業が増加するとマークアップ率が低下するように思われるが，CES 型効用関数に基づくディクシット-スティグリッツモデルではこれが一定となり，分析を簡素なものにしている[16]．

これを利潤 (3-11) 式に代入すると，

$$\Pi_i = \frac{C^m}{\sigma-1}q_i - C^f \tag{3-13}$$

が得られる．一方，企業は自由に参入できるので，利潤 (3-13) 式はゼロとなる．よって，以下の自由参入条件が得られる．

$$C^f = \frac{C^m q_i}{\sigma-1} = \frac{1}{\sigma}p_i q_i \tag{3-14}$$

---

[16] 8.2節で紹介する Ottaviano et al. (2002) の準線形効用関数を用いると，参入企業数によって低下するマークアップ率を得ることができる．

この式は企業の固定投入はちょうど売上の $1/\sigma$ であることを意味する．すなわち，固定マークアップ率と自由参入を仮定するディクシット-スティグリッツモデルでは以下の特徴を持つ．

補題3.4.1（一定の費用構成比） ディクシット-スティグリッツの独占的競争モデルにおいては，企業の固定費用は売上の $1/\sigma$，可変費用は売上の $(\sigma-1)/\sigma$ となる．

いま，生産要素が労働だけのケースを考えてみよう．賃金を w，固定労働投入量を F，限界労働投入量を m とすれば，$C^f = Fw$, $C^m = mw$ となる．これらを (3-14) 式に代入し，生産量 q_i について解くと，

$$q_i = \frac{F(\sigma-1)}{m} \tag{3-15}$$

が得られる．これは，正の利潤が存在しているかぎり，新たな企業の参入が起こり，最終的には各参入企業が一定量の生産を行うことを意味している．同時にこれは，各参入企業が，$F + mq = F\sigma$ の労働投入を行うことを意味している．したがって，工業部門への総労働供給を L とすれば，参入企業数は，

$$n = \frac{L}{F\sigma}$$

に定まることになる．これらの式から，バラエティ間の代替性が弱い（σ が小さい）ときには，消費者は多くのバラエティを必要とするので，企業数は増加し，参入企業あたりの生産量は減少することが分かる．また，固定投入 F が小さいときには，新規企業の設立が容易になるので，やはり企業数は増加し，参入企業あたりの生産量は減少する．

付録1：CES関数

本章では，工業財の部分効用を CES 関数と呼ばれる関数型で表現した．(3-2) 式は，工業財のバラエティ全体を連続体としてとらえ，積分を用いた表現をしていたが，これを離散的に表現すれば以下のようになる．

$$M = \left[\sum_{i=1}^{n} q(i)^{\rho}\right]^{\frac{1}{\rho}}$$

この付録では，2財の場合に限定して，CES関数の意味を考えてみよう．

もし，ある定数 $\alpha \in (0,1)$, $\rho < 1$ があり[17]，消費者の2財に関しての効用関数が

$$u(\boldsymbol{x}) = [\alpha x_1^{\rho} + (1-\alpha) x_2^{\rho}]^{\frac{1}{\rho}}$$

であるならば，効用最大化の1階の条件（限界代替率＝価格比）は以下のように書ける．

$$\frac{\alpha x_1^{\rho-1}}{(1-\alpha) x_2^{\rho-1}} = \frac{p_1}{p_2} \Leftrightarrow \frac{x_1}{x_2} = \left(\frac{1-\alpha}{\alpha} \frac{p_1}{p_2}\right)^{\frac{1}{\rho-1}}$$

この式より，相対価格が変化したときの，2財の需要量の比率の弾力性を求めることができる．

$$-\frac{\frac{p_1}{p_2}}{\frac{x_1}{x_2}} \frac{\partial\left(\frac{x_1}{x_2}\right)}{\partial\left(\frac{p_1}{p_2}\right)} = \frac{1}{1-\rho} = \sigma$$

これを，（当該の2財の需要における）**代替の弾力性**と呼ぶ．上の結果から，代替の弾力性は各財の消費量に依存せず，常に σ となることが分かる．そのため，この関数を CES（Constant Elasticity of Substitution）関数と呼ぶ．ρ が1に近い（σ が ∞ に近づく）ほど差別化財はより代替的であり，逆に ρ が $-\infty$ に近づく（σ が0に近い）ほど補完的であることを意味している．

CES関数は，経済学でよく用いられる以下の関数型を特殊ケースとして含んでいる．まず，$\rho = 1$ の場合，CES関数は線形関数 $u(\boldsymbol{x}) = \alpha_1 x_1 + \alpha_2 x_2$ になる．これは，両財が完全代替のケースである．

次に，$\rho \to 0$ の場合，

---

[17] 本章で用いた (3.2) 式は，全ての財（バラエティ）を対称的に扱った．2財の場合には，$\alpha = 1/2$ が対称的なケースに相当する．

$$\lim_{\rho\to 0}\ln u(\boldsymbol{x})=\lim_{\rho\to 0}\frac{\ln[\alpha x_1^\rho+(1-\alpha)x_2^\rho]}{\rho}=\lim_{\rho\to 0}\frac{\alpha x_1^\rho\ln x_1+(1-\alpha)x_2^\rho\ln x_2}{\alpha x_1^\rho+(1-\alpha)x_2^\rho}$$
$$=\frac{\alpha\ln x_1+(1-\alpha)\ln x_2}{\alpha+1-\alpha}=\ln x_1^\alpha x_2^{1-\alpha}$$

なので,

$$\lim_{\rho\to 0}u(\boldsymbol{x})=x_1^\alpha x_2^{1-\alpha}$$

となる.これは,コブ・ダグラス(Cobb-Douglas)関数と呼ばれているものである.

最後に,本章の本文では$\rho>0$を仮定しているが,$\rho\to-\infty$の場合には,CES 関数はレオンチェフ(Leontief)関数 $\min\{x_1,x_2\}$ になる.これを証明するため,一般性を失うことなく,$x_1\leq x_2$ としよう.このとき,

$$\alpha x_1^\rho\leq \alpha x_1^\rho+(1-\alpha)x_2^\rho\leq(\alpha+1-\alpha)x_1^\rho=x_1^\rho$$

により,

$$\alpha^{\frac{1}{\rho}}x_1\geq u(\boldsymbol{x})\geq x_1$$

となる.さらに,$\alpha^{\frac{1}{\rho}}\to 1$ なので,$\lim_{\rho\to-\infty}u(\boldsymbol{x})=x_1=\min\{x_1,x_2\}$ を得る.

付録 2:ディクシット-スティグリッツモデルの一般化

最近の研究において,ディクシット-スティグリッツモデルの一般化が行われている(Zhelobodko et al., 2012).具体的には,x_i をバラエティ i の消費量としたとき,効用関数を

$$U=\int_0^n u(x_i)di \tag{3-16}$$

とする.ここで,$u(x_i)=x_i^\rho$ であれば,(3-16) 式は CES 関数(3-2)となるが,より一般的に $u(\cdot)$ を増加凹関数として扱うことができる.消費者が多様なバラエティを好む程度は

$$r_u(x)=-\frac{xu''(x)}{u'(x)}>0$$

で表すことができる.これはアロー–プラットの相対的リスク回避度(Arrow-Pratt measure of relative risk aversion,または coefficient of relative risk aversion)と呼ばれている.このとき,バラエティ間の代替の弾力性は $\sigma(x)=1/r_u(x)$ となる.CES 関数の場合 $r_u(x)$ および $\sigma(x)$ は x に依存しない定数であるのに対し,この一般的な場合は $r_u(x)$ および $\sigma(x)$ は消費量 x に依存する.

支出額が E で,バラエティ i の価格が p_i のとき,消費者は

$$\max U \quad \text{s.t.} \int_0^n p_i x_i di = E$$

によって需要量を決める.この最大化問題のラグランジュ関数は

$$U + \lambda \left(E - \int_0^n p_i x_i di \right)$$

であり,最大化の1階条件より,$u'(x_i) = \lambda p_i$ が成り立つ.これを予算制約式に代入すれば,ラグランジュ乗数について,

$$\lambda = \frac{1}{E} \int_0^n x_i u'(x_i) di$$

が得られる.そして,逆需要関数は

$$p_i(x_i) = \frac{u'(x_i)}{\lambda}$$

となる.

次に企業の行動を考えよう.固定費用 C^f,限界費用 C^m より,企業の利潤最大化は以下のように書ける.

$$\max_{x_i} \prod(x_i;\lambda) = \left[\frac{u'(x_i)}{\lambda} - C^m \right] L x_i - C^f$$

ただし,L は消費者の数である.バラエティ i の均衡生産量を $\bar{x}_i$ とすれば,最大化の1階条件は

$$u'(\bar{x}_i) + \bar{x}_i u''(\bar{x}_i) = \lambda C^m$$

となるから,3.3節で定義したマークアップ率は以下のように計算できる.

$$\frac{p_i - C^m}{p_i} = 1 - \frac{\lambda C^m}{u'(\bar{x}_i)} = -\frac{\bar{x}_i u''(\bar{x}_i)}{u'(\bar{x}_i)} = r_u(\bar{x}_i)$$

CES 関数以外の場合，r_u は定数でないから，マークアップ率も定数でなくなる．例えば，絶対的リスク回避度一定（constant absolute risk aversion; CARA）と呼ばれる効用関数の下では，マークアップ率は一定でない (Behrens and Murata, 2007)．また，補題3.4.1と異なり，売上に対する固定費用・可変費用の割合も一定でなくなる．

バラエティの対称性から，$\bar{x}_i$ を $\bar{x}$，$\bar{p}_i$ を $\bar{p}$ と表せば，

$$\bar{x} = \frac{E}{n\bar{p}}, \quad \bar{p} = \frac{C^m}{1 - r_u(\bar{x})}$$

となる．さらに，企業の自由参入条件により，均衡利潤が 0 となるから，$(\bar{p} - C^m)L\bar{x} = C^f$ が成り立つ．これら3つの方程式より3つの内生変数 $(\bar{x}, \bar{p}, n)$ を決めることができる．

このように，一般的な関数 $u(x_i)$ に対しても，内生変数を決める方程式を比較的簡単に得ることができる．

練習問題

問題3.1 家計および企業が全て同質的であるとすれば，ディクシット-スティグリッツモデルにおける厚生の最大化は以下によって表すことができる．

$$\max_{n,q} M^\mu A^{1-\mu} = (qn^{\frac{1}{\rho}})^\mu [L - n(F + mq)]^{1-\mu}$$

これを解いて，最適な企業数 n^0 と最適な生産量 q^0 を求めよ．

第4章
1要素モデル：自国市場効果と厚生

4.1 はじめに

本章では，前章で説明したディクシット-スティグリッツのモデルを用いて，2国1要素経済の貿易モデルを示す．なお，資本を導入した2要素経済のモデルについては次章で扱う．本章で紹介するモデルの出発点は，クルーグマンが1980年に発表した論文（Krugman, 1980）である．この論文でクルーグマンは，ブレンスタム・リンダー（Burenstam Linder, 1961）が主張した**自国市場効果**（Home Market Effect; HME）が正しいこと，しかもブレンスタム・リンダーが考えていたよりもずっとシンプルな要因で生じることを示した．すなわち，規模の経済と輸送費の存在である．工業部門（差別化財産業）に企業レベルでの規模の経済が存在すれば，各企業は1つのバラエティの生産に特化する．もし二国間で貿易ができないのであれば，市場規模に比例した企業分布となるだろう．ある国に企業が偏ると，その国では競争によって利益が小さくなるからである．しかし，輸送費をかけて貿易できるとしたらどうだろうか．この場合，消費の多様性から，立地しない国にも売ることができるため，なるべく市場の大きな国に立地して，輸送費用を節約しようとする誘因が働くであろう．こうして，「大きな市場を有する国は，市場シェア以上の（当該）工業部門を抱え，（当該）工業財の純輸出国となる」という自国市場効果が生まれるのである．

定義4.1.1 自国市場効果とは，大きな市場を有する国が（当該）工業財の純輸出国となる現象である．

本章ではまず4.2節において，両国の賃金が同一になるシンプルなケースを扱う．この場合，企業の立地は**市場規模**と**競争度**のバランスによって決まることになる．そしてそのバランスの結果，自国市場効果が生じることが示される．4.3節では，両国の賃金が異なってくるケースを扱う．二国が人口規模のみにおいて違いがある場合，大国の賃金が高くなることが示される．またこの場合，企業の立地は，市場規模，競争度，**価格優位性**（労働費用の優位性）の三者の

バランスで決まることになり，場合によっては自国市場効果が生じないことが示される．4.4 節では，4.3 節のモデルを用いて輸送費の低下と厚生の関係を分析する．

4.2 両国の賃金が同一になるケース

4.2.1 対称な 2 つの工業からなるモデル

これはクルーグマンが初めて自国市場効果の理論的基礎を示したモデルである．2 つの国（国 1 と国 2）があり，自国で財を販売する場合には輸送費はかからないが，他国に輸出する場合には氷塊型の輸送費がかかるものとする．また，2 つの工業部門（x 部門と y 部門）があり，どちらも同一の収穫逓増技術によって生産を行うとする．この経済には 2 種類の消費者（x タイプと y タイプ）が同数 L ずついおり，x タイプの消費者は x 部門のバラエティだけを消費し，y タイプの消費者は y 部門のバラエティだけを消費する．両者の効用関数は CES 関数，

$$U^x = \int_0^n q^\rho(i^x) di^x, \quad U^y = \int_0^n q^\rho(i^y) di^y$$

で表されるものとする．また，これらのタイプの消費者は，表 4.1 にあるように両国に分布している．両国の人口は同一であるが，$\theta \in (1/2, 1)$ を仮定し，国 1 には x タイプが多く，国 2 には y タイプが多い状況を想定する．消費者タイプの構成比は国によって異なるものの，両国の人口は同一，両産業の技術も同一であるので，両国の賃金も同一となる．これは現実にはありえない極端な仮定であるが，賃金格差の発生を回避して，自国市場効果の存在をより簡易

表 4.1　消費者の分布

	国 1	国 2
x タイプ	$L_1^x = \theta L$	$L_2^x = (1-\theta) L$
y タイプ	$L_1^y = (1-\theta) L$	$L_2^y = \theta L$
総人口	L	L

な形で検証するための工夫と言えよう[18].

両国の賃金を w で表し,各企業の固定労働投入を F,限界労働投入を ρ とする[19].第3章の結果より,国 i の x 部門で生産されるバラエティに対する,国 j の x タイプの労働者1人あたりの需要 q_{ij}^x は次のように表される.

$$q_{ii}^x = \frac{(p_i^x)^{-\sigma}}{(P_i)^{1-\sigma}}w, \quad q_{ij}^x = \frac{(\tau p_i^x)^{-\sigma}}{(P_j)^{1-\sigma}}w = \frac{\phi}{\tau}\frac{(p_i^x)^{-\sigma}}{(P_j)^{1-\sigma}}w, \quad i,j=1,2, \quad i \neq j \quad (4\text{-}1)$$

ただし,p_i^x はこのバラエティの生産者価格,$\tau \in (1, \infty)$ は両産業で共通の氷塊型輸送費である.また,P_i^x は i 国における x 部門の価格指数であり,i 国における x 部門の企業数を n_i^x とすれば,次の式で与えられる.

$$\begin{aligned}P_i^x &= \left[\int_0^{n_i^x}(p_i^x)^{1-\sigma}ds + \phi\int_0^{n_j^x}(p_j^x)^{1-\sigma}ds\right]^{\frac{1}{1-\sigma}} \\ &= p_i^x(n_i^x + \phi n_j^x)^{\frac{1}{1-\sigma}}, \quad i,j=1,2, \quad i \neq j\end{aligned} \quad (4\text{-}2)$$

なお,両国で賃金は同一であるから,(3-11)式より $p_i^x = p_j^x$ が成立し,最後の等号ではこの関係式を用いている.

y 部門についても同様に考え,第3章の結果より,国 i に立地する企業の均衡価格と均衡生産量は以下のようになる.

$$p_i^x = p_i^y = w, \quad q_i^x = q_i^y = F\sigma, \quad i=1,2 \quad (4\text{-}3)$$

したがって,(4-1),(4-2),(4-3) 式より,国1で生産される x 部門バラエティの市場清算条件と,国2で生産される x 部門バラエティの市場清算条件はそれぞれ以下のようになる.

$$\frac{\theta L}{n_1^x + \phi n_2^x} + \phi\frac{(1-\theta)L}{\phi n_1^x + n_2^x} = q_1^x \quad (4\text{-}4)$$

---

18) クルーグマンはノーベル賞受賞講演において,「新貿易理論は,馬鹿げていると思えるほど特殊なケースに焦点をあてた.あえて馬鹿になることは,研究における私の信念の1つである」と述べている(Krugman, 2009).

19) パラメータ ρ は,「多様性を嗜好する程度」を表す効用関数のパラメータであるが,これが限界労働投入に等しくなるよう,労働の単位を適当にとっている.こうすることで,以下の数式の表記が簡素化される.

$$\phi\frac{\theta L}{n_1^x+\phi n_2^x}+\frac{(1-\theta)L}{\phi n_1^x+n_2^x}=q_2^x=q_1^x \tag{4-5}$$

(4-4) 式から (4-5) 式を引き，$1-\phi\in(0,1)$ で割れば，以下を得る．

$$\frac{\theta L}{n_1^x+\phi n_2^x}=\frac{(1-\theta)L}{\phi n_1^x+n_2^x} \tag{4-6}$$

これにより，

$$\frac{n_1^x}{n_1^x+n_2^x}=\theta+(2\theta-1)\frac{\phi}{1-\phi}>\theta \tag{4-7}$$

が導かれる．(4-7) 式の左辺は x 部門における国1の企業シェアを表している．したがって，右辺が1以下になる場合のみこの等式は成立する．右辺が1を超える場合には，$n_1^x/(n_1^x+n_2^x)=1$，すなわち x 部門が完全に国1に集積することを意味する．このようなことが起きるための条件は，$\phi\geq(1-\theta)/\theta$，あるいは $\theta\geq 1/(1+\phi)$ と書ける．つまり，交易の自由度が非常に高い，もしくは消費者タイプの構成が非常に偏っているときに，完全集積が起きやすい．なお，各部門の企業が両国に立地する均衡のことを**内点均衡**あるいは**内点解**といい，完全集積のようにどちらかの国にしか立地しない均衡のことを**端点均衡**あるいは**端点解**という．

図4.1は，横軸に θ をとり，(4-7) 式に基づいて x 部門における国1のシェアをグラフで表したものである．国1が x タイプの消費者を多く抱える（$\theta>1/2$）と仮定しているので，企業シェアのグラフは45度線より上にあるということになる．これは，x タイプの人が多い国1においては，x 部門において市場シェア以上の企業が立地していることを示している．全く同様の結論が，国2における y 部門についても得られる．

次に，国際収支を計算してみよう．国1の x 部門の純輸出額について，以下が成立する．

$$B^x=n_1^x\phi\frac{w(1-\theta)L}{\phi n_1^x+n_2^x}-n_2^x\phi\frac{w\theta L}{n_1^x+\phi n_2^x}=\frac{\phi w(1-\theta)L}{\phi n_1^x+n_2^x}(n_1^x-n_2^x) \tag{4-8}$$

ただし，2番目の等式は (4-6) 式による．貿易バランスより，y 部門については $B^y=-B^x$ が得られる[20]．(4-7)，(4-8) 式により，($\phi>0$ であるかぎり) x 部門について国1は純輸出国で，y 部門については国2が純輸出国とい

図4.1 x 部門の立地

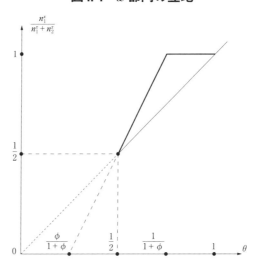

うことが分かる．したがって，x タイプ（y タイプ）の人が多い国1（国2）は，x 部門（y 部門）における純輸出国であり，自国市場効果が生じていることが分かる．なお（4-8）式より，この場合，自国市場効果が起きることと，**「大きな市場を有する国が，市場シェア以上の（当該）工業部門を抱えること」** は同値であることが分かる．

最後に，どういったメカニズムでこのような現象が生じるのかを考えてみよう．各部門の立地は，**市場規模**と**競争度**のバランスで決まる．つまり企業は，輸送費を節約するためになるべく大きな市場に立地しようとするが，一方でたくさんの企業が集まり，安い価格で販売している競争の激しい地域は利益を減らしてしまう．（4-6）式はこの2つのバランスを表している．分子は各国の市場規模を，分母は各国の価格指数の逆数（競争度）を表しており，両国でそ

20）1要素モデルの場合，必ず貿易収支はバランスする．1要素モデルの場合，一国の所得は国内製品の生産額に等しい．一方，支出は国内製品の消費額と輸入製品の消費額からなる．したがって，「所得＝支出」が成立するためには，「輸出額（国内生産額－国内消費額）＝輸入額」が一国全体として成立しなければならず，これは貿易収支のバランスを意味する．

れらの相対的な力が均等化することを意味している.

$$\frac{\text{国1の市場規模}}{\text{国1の競争度}} = \frac{\text{国2の市場規模}}{\text{国2の競争度}}$$

輸送費が無限大で貿易ができない状況($\phi \to 0$)を考えてみよう. この場合, (4-6) 式は

$$\frac{\theta L}{n_1^x + 0} = \frac{(1-\theta)L}{0 + n_2^x}$$

となる. したがって, 上のバランスが成り立つためには, 企業シェアは人口シェア ($\theta : 1-\theta$) に等しくならなければならない. $\phi \to 0$ で自国市場効果が発生しないのはこのためである. では, 輸送費が有限で, 貿易が可能になった状況を考えてみよう. もしその場合でも企業シェアが人口シェアに等しいままだとしたら,

$$\frac{\text{国1の市場規模}}{\text{国1の競争度}} = \frac{\theta L}{\theta + \phi(1-\theta)} > \frac{(1-\theta)L}{\phi\theta + (1-\theta)} = \frac{\text{国2の市場規模}}{\text{国2の競争度}}$$

が成立することになる. 貿易が行われるようになると, 相手国にも競争相手が現れることになり, もともと企業が多く立地している国1では新たな競争の影響は弱いが, 企業が少ない国2ではその影響は強い. したがって, 国1の方が競争度に比して市場規模が大きいので, 国1の企業シェアが増加し, 人口シェア以上の企業が立地する結果となる. これが自国市場効果の生じる理由である.

4.2.2 農業(同質財)部門を持つモデル

クルーグマンが示した自国市場効果は, その発生メカニズムから考えて, 収穫逓増技術を持つ工業(差別化財)部門に固有の現象である. ヘルプマンとクルーグマンは, その点を強調するために, 1つの工業に加え, 収穫一定技術を持つ農業(同質財)部門を持つモデルを考えた(Helpman and Krugman, 1985, 10.4節). そして2国の差異を人口規模のみとした. 自国市場効果が工業部門に固有のものであるとすれば, 大きな人口(市場)を抱える国が工業部門をより引き付け, 工業の純輸出国となるはずである. 以下, 彼らのモデルに基づいて, それが正しいことを示そう.

国1の人口は θL で, 国2の人口は $(1-\theta)L$ とする. 国1が大国であること

を想定し，$\theta \in (1/2, 1)$ を仮定する．消費者は同じ効用関数（3-1）を持ち，工業財と農業財を消費する．農業部門では完全競争の下で，1人の労働者によって1単位の財が作られるとする．また，農業財の需要は十分あり（工業財の支出シェア μ が十分小さく），両国で農業生産が行われるものとする．さらに，農業財には輸送費がかからないことを仮定する．以上の仮定により，両国の農業財価格，および両国の賃金は，全て等しくなる．したがって，農業財を価値基準財とすれば，両国の賃金も1となる．

工業生産はこれまでと同様に，固定労働投入を F，限界労働投入を ρ とする．よって，これまでと同様の計算により，均衡生産者価格は $p_1 = p_2 = 1$，均衡生産量は $q_1 = q_2 = F\sigma$ となる．両国の工業財価格指数はそれぞれ

$$P_1 = (n_1 + \phi n_2)^{\frac{1}{1-\sigma}}, \quad P_2 = (\phi n_1 + n_2)^{\frac{1}{1-\sigma}}$$

と表され，国 i で生産される工業財バラエティに対する，国 j の消費者1人あたりの需要 q_{ij} は，

$$q_{11} = \frac{\mu}{n_1 + \phi n_2}, \quad q_{12} = \frac{\phi}{\tau} \frac{\mu}{\phi n_1 + n_2},$$

$$q_{22} = \frac{\mu}{\phi n_1 + n_2}, \quad q_{21} = \frac{\phi}{\tau} \frac{\mu}{n_1 + \phi n_2}$$

と書ける．工業部門の市場清算条件により，(4-4)，(4-5) 式と同じような式

$$\frac{\mu}{n_1 + \phi n_2} \theta L + \frac{\phi \mu}{\phi n_1 + n_2} (1-\theta) L = F\sigma,$$

$$\frac{\phi \mu}{n_1 + \phi n_2} \theta L + \frac{\mu}{\phi n_1 + n_2} (1-\theta) L = F\sigma$$

が得られる．したがって，(4-7) 式と同様，市場規模と競争度のバランス式

$$\frac{\theta}{n_1 + \phi n_2} = \frac{1-\theta}{\phi n_1 + n_2} \tag{4-9}$$

および，国1の企業シェア決定式

$$\frac{n_1}{n_1 + n_2} = \theta + (2\theta - 1) \frac{\phi}{1-\phi} > \theta \tag{4-10}$$

が成立する．この式は，大きな人口を抱える国1が，その人口シェア以上に工業部門を抱えることを意味している．また，4.2.1項と同様に，このことは大きな人口を抱える国1が工業部門の輸出国になること，すなわち自国市場効果と同値となる[21]．自国市場効果が発生するメカニズムも4.2.1項と同様に説明することができる．

(4-10) 式は，国1の企業シェアが工業財の交易自由度ϕの増加関数であることを示している．このことは，自国市場効果の**二次的拡大効果**（Secondary Magnification Effect; SME）と呼ばれている．これは，工業部門の市場統合（輸送費の低下）が進行すると，小国に脱工業化をもたらすことを意味している．両国で技術や賦存資源の水準が同一であっても，人口規模が小さいという理由だけで工業の縮小が起きるというこの結果はとてもインパクトがあり，多くの研究者の関心を集めた．

4.3 両国の賃金が異なるケース

前節で紹介したモデルは，どちらも2国間で賃金格差が生じないモデルであった．しかし，1.2節で示したように，企業の立地要因として最も重要と考えられているものは「人件費が安価」であることであった．つまり，**労働費用**の格差を考慮しない前節のモデルは，現実を考えるうえで，不十分なものと言わざるを得ない．そこで，本節では4.2.2項のモデルを拡張し，賃金格差が内生的に生じるモデルを考える．自然な拡張によって賃金を内生化するためには，いくつかの方法が考えられる．第一は，農業部門の輸送費を考える方法である．この場合，農業財輸入国の農業財価格は輸送費分だけ輸出国よりも高くなる．このことによって，農業財輸入国の賃金は輸出国よりも高くなる．第二は，各国が異なる農業財を生産する状況を考える方法である．この場合，工業部門が多く集まる国においては，農業部門に労働がまわせないため供給が少なくなり，当該農業財の価格を上昇させる．これが当該国の賃金を高めることになる．第三は農業部門を捨象する方法である．4.2.2項のモデルで賃金が均等化したの

---

21) これはより一般的な状況で成立する（補題4.3.1を参照のこと）．

は，農業部門（およびその輸送費）に理由があったのだから，この部門を取り去ることも賃金格差を発生させることになる．ここでは，第一の方法を用いることとする[22]．

両部門とも氷塊型輸送費がかかると考え，工業部門の輸送費を $\tau^m \in (1, \infty)$，農業部門の輸送費を $\tau^a \geq 1$ で表す．また，$\phi^m \equiv (\tau^m)^{1-\sigma}$, $\phi^a \equiv (\tau^a)^{1-\sigma}$ はそれぞれの交易自由度を表す．それ以外の仮定は，4.2.2項と同様である．

国2の労働を価値基準財と考え，その賃金を1とする．国1の賃金を w で表せば，各国の農業財の価格は，

$$p_1^a = w, \quad p_2^a = 1 \tag{4-11}$$

となる．賃金が唯一の所得であるため，各国の総所得はそれぞれ以下のようになる．

$$Y_1 = \theta L w, \quad Y_2 = (1-\theta)L \tag{4-12}$$

第3章の結果より，国 i で生産され，国 j に販売される工業財の均衡価格 p_{ij} は

$$p_{11} = w, \quad p_{22} = 1, \quad p_{21} = \tau^m, \quad p_{12} = w\tau^m \tag{4-13}$$

となり，各国の工業価格指数は

$$P_1 = (w^{1-\sigma} n_1 + \phi^m n_2)^{\frac{1}{1-\sigma}}, \quad P_2 = (w^{1-\sigma} \phi^m n_1 + n_2)^{\frac{1}{1-\sigma}} \tag{4-14}$$

となる．

需要関数 (3-7) から，国 i で生産される工業財バラエティに対する，国 j

---

[22] 第二の方法については，Crozet and Trionfetti (2008) が行っているが，モデルが複雑になるため，数値シミュレーションに頼らざるを得ない．第三の方法については，Krugman (1980, Section II) で行われているが，後述するように，第一の方法の特殊ケースになっている．第一の方法については，Davis (1998) が，工業部門と農業部門が同じ輸送費を持つ場合，自国市場効果がなくなることを示した．本節の議論は，両部門が任意の輸送費を持つ場合について分析した Takatsuka and Zeng (2012a) に基づいている．

の消費者1人あたりの需要 q_{ij}^m は

$$q_{11}^m = \frac{\mu w^{1-\sigma}}{w^{1-\sigma}n_1 + \phi^m n_2}\theta L, \quad q_{12}^m = \frac{\phi^m}{\tau^m}\frac{\mu w^{-\sigma}}{w^{1-\sigma}\phi^m n_1 + n_2}(1-\theta)L, \quad (4\text{-}15)$$

$$q_{22}^m = \frac{\mu}{w^{1-\sigma}\phi^m n_1 + n_2}(1-\theta)L, \quad q_{21}^m = \frac{\phi^m}{\tau^m}\frac{\mu w}{w^{1-\sigma}n_1 + \phi^m n_2}\theta L, \quad (4\text{-}16)$$

であり,各国の農業財に対する需要は

$$q_1^a = (1-\mu)\theta L, \quad q_2^a = (1-\mu)(1-\theta)L \tag{4-17}$$

となる.

さらに,補題3.3.1から,各企業の均衡生産量は

$$q_1 = q_2 = F\sigma, \tag{4-18}$$

各企業に必要な労働投入は

$$l_1 = l_2 = F\sigma \tag{4-19}$$

となる.(4-15),(4-16),(4-18)式により,工業部門の市場清算条件は次のようになる.

$$\mu w^{-\sigma}\left[\frac{\theta L w}{w^{1-\sigma}n_1 + \phi^m n_2} + \frac{\phi^m(1-\theta)L}{w^{1-\sigma}\phi^m n_1 + n_2}\right] = F\sigma, \tag{4-20}$$

$$\mu\left[\frac{(1-\theta)L}{w^{1-\sigma}\phi^m n_1 + n_2} + \frac{\phi^m w\theta L}{w^{1-\sigma}n_1 + \phi^m n_2}\right] = F\sigma. \tag{4-21}$$

国1の賃金 w が決まれば(w の決定については後述する),前節のモデルと同じように,この2つの方程式から企業の立地は決定される.(4-20)式から(4-21)式を引き,整理すれば以下を得る.

$$\frac{(\theta w)(w^{-\sigma}-\phi^m)}{w^{1-\sigma}n_1+\phi^m n_2} = \frac{(1-\theta)(1-w^{-\sigma}\phi^m)}{w^{1-\sigma}\phi^m n_1+n_2} \tag{4-22}$$

この式は,4.2.2項における市場規模と競争度のバランス式(4-9)を,賃金格差がある場合に拡張したものである.分母が**競争度**,分子の第1項目が**市場規模**,そして分子の第2項目は輸入品に対する国内製品の**価格優位性**を表して

いる[23]．上の式は，両国でこれらの力が下記の形で均等化することを意味している．

$$\frac{(国1の市場規模)(国1の価格優位性)}{国1の競争度}=\frac{(国2の市場規模)(国2の価格優位性)}{国2の競争度}$$

重要なのは，**労働費用**（賃金w）が立地に影響を与えるということ，さらにはこの賃金は価格優位性のみならず，競争度，市場規模にも影響を与えている点である．1つずつ見ていこう．賃金が上昇すれば，工業財バラエティの価格が上昇するので，明らかに価格優位性を低下させる．しかし，そのような価格上昇は国内他企業でも同様に生じるので，同国の競争度を弱める．他方，賃金の上昇は，所得を高め，市場規模を大きくする効果も持ち合わせている．まとめれば，賃金上昇の効果は，価格優位性を低めるデメリットがある一方，競争度を緩和し，市場規模を拡大するというメリットがあり，これらが合わさって立地に影響を与える，ということになる．

特殊ケースとして，工業部門の輸送費が無限大で貿易ができない状況（$\phi^m \to 0$）を考えてみよう．この場合，(4-22) 式は

$$\frac{(\theta w)w^{-\sigma}}{w^{1-\sigma}n_1}=\frac{(1-\theta)1}{n_2}$$

となる．この場合，賃金がもたらすメリット・デメリットは完全にキャンセルされ，企業シェアは人口シェア（$\theta:1-\theta$）に等しくなることが分かる．それ以外の場合については，後で詳しく述べる．

具体的な立地の分析に入る前に，便利な補題を導出しておこう．4.2.1項において，「大きな市場を抱える国が，その人口シェア以上に当該工業部門を抱えること」は，自国市場効果（定義4.1.1）と同値であった．このことは，本節の2部門モデルでも成立する．

---

23) このような解釈は，需要関数 (3.7) に立ち返ればよく分かるであろう．需要関数 (3.7) において製品の価格は $p^{-\sigma}$ の形で入っている．(4.13) 式にあるように，国1では国内製品価格が w，輸入品価格が τ^m となる．需要関数の形に基づいて単純に国1の価格優位性を表せば $w^{-\sigma}-(\tau^m)^{-\sigma}$ となるが，氷塊型輸送においては輸入をする場合，需要を τ^m 倍に増幅させる．この点を考慮すれば，国1の価格優位性は $w^{-\sigma}-\tau^m(\tau^m)^{-\sigma}=w^{-\sigma}-\phi^m$ と表せるのである．

補題4.3.1 大国がその人口シェア以上に工業部門をもつことは，自国市場効果があることにほかならない．

証明：各国の工業部門に投入される労働者数をそれぞれ L_1^m, L_2^m とする．各企業に投入される労働者数は（4-19）式にあるとおり両国で同一であるので，国1が人口シェア以上に工業部門を持つということは以下のような状況である．

$$L_1^m > \frac{\theta}{1-\theta} L_2^m$$

上の不等式は，

$$L_1 - L_1^m < \frac{\theta}{1-\theta}(L_2 - L_2^m)$$

と書き換えられ，これは国1における農業部門への労働配分率が，国2のそれよりも小さいことを意味する．一方，（4-17）式から，

$$\frac{q_1^a}{q_2^a} = \frac{(1-\mu)\theta L}{(1-\mu)(1-\theta)L} = \frac{\theta}{1-\theta}$$

が成り立ち，両国の農業需要の比率は人口比と同じになる．したがって，国1は農業財の純輸入国でなければならない．貿易バランスから，これは国1が工業財の純輸出国となること，すなわち自国市場効果があることにほかならない． ■

それでは，立地の分析に入ろう．まず，農業部門の輸送費が十分に高く，**両国間で貿易が行われない場合**を考えよう．各国は農業を自給しなくてはならないので，農業労働者数はそれぞれ $(1-\mu)\theta L, (1-\mu)(1-\theta)L$ となる．したがって，工業労働者数はそれぞれ $\mu L, \mu(1-\theta)L$ となるので，各国の企業数は，（4-19）式から

$$n_1 = \frac{\mu \theta L}{F\sigma}, \quad n_2 = \frac{\mu(1-\theta)L}{F\sigma} \tag{4-23}$$

となる．これは，農業財の貿易がない場合，企業シェアは人口シェアに等しくなり，自国市場効果は生じないことを示している．（4-23）式を（4-21）式

に代入し，整理すれば，

$$F(w) \equiv (w^{1-\sigma} - w\phi^m)\theta - (w^\sigma - \phi^m)(1-\theta) = 0 \tag{4-24}$$

が得られる．したがって，農業財が交易されなければ，国1の均衡賃金は(4-24)式の解となる．明らかに $F(w)$ は w の減少関数であり，

$$\begin{aligned} F(1) &= (1-\phi^m)(2\theta-1) > 0, \\ F((\tau^m)^{\frac{\sigma-1}{\sigma}}) &= -\left(\frac{1}{\phi^m} - \phi^m\right)(1-\theta) < 0 \end{aligned} \tag{4-25}$$

が成り立つ．したがって，$F(w)=0$ の解は唯一で，それは区間 $(1,(\tau^m)^{(\sigma-1)/\sigma})$ に存在する．つまり，このとき大国の方が，賃金が高くなるのである[24]．この均衡賃金を $\tilde{w}$ と表記しよう．

逆に農業部門の輸送費がゼロであれば，4.2.2項の分析から，大国が農業財を輸入する．農業部門の輸送費がゼロでなくても十分小さければ，同様のことが成り立つと期待できるだろう．大国が農業財を輸入する限りは，同国において国内農業財と輸入農業財の価格は一致しなくてはならないので，$w = \tau^a$ が成立する．ここで，農業部門の輸送費がゼロ（$\tau^a=1$）の状態から，少しずつ輸送費を増加させることを考えてみよう．それにともなって，大国での農業財価格および賃金は上昇し，小国からの輸入は減少していく．先ほどの考察から，τ^a が $\tilde{w}$ に等しくなるまで上昇すると，農業財の交易がなくなる．農業財の交易がない状況では，τ^a は均衡に対して何ら影響を与えないので，τ^a が $\tilde{w}$ より大きくなったとしても均衡は変化しない（図4.2参照）．

このことは厳密に証明することができる[25]．すなわち，$\tau^a < \tilde{w}$ のとき大国は農業財を輸入し，工業財の純輸出国となり，$\tau^a \geq \tilde{w}$ のとき農業財の貿易はなくなり，自国市場効果もなくなる．$\tilde{w}$ は農業財の交易の有無を決める農業財輸送費の閾値でもあるから，これをあらためて $\tilde{\tau}^a$ と表記しよう．補題4.3.1が成り立つことを考えれば，以上の結果は次の命題にまとめることができる．

---

[24] 以上の議論は，農業部門がない場合（$\mu=1$）にも成立する．Krugman（1980, SectionⅡ）はこのケースを扱った．

[25] 本節および次節の命題の証明については，Takatsuka and Zeng（2012a）を参照のこと．

図4.2 農業財の輸送費と大国の賃金

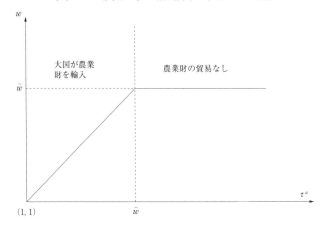

図4.3 HMEの存在性

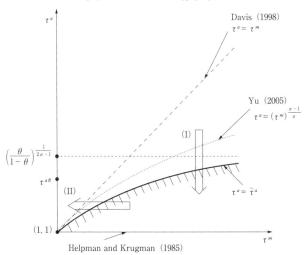

命題4.3.1 （ⅰ）$\tau^a < \tilde{\tau}^a$ のとき農業財の貿易が行われ，$\tau^a \geq \tilde{\tau}^a$ のとき農業財の貿易は行われない．（ⅱ）$\tau^a < \tilde{\tau}^a$ のとき自国市場効果が生じ，大国は人口シェア以上の企業シェアを持つ．$\tau^a \geq \tilde{\tau}^a$ のとき自国市場効果はなくなり，各国の企業シェアは人口シェアに一致する．

図4.3の下側の斜線エリアは，横軸にτ^m，縦軸にτ^aをとったときに，自国市場効果が生じる領域を表している．4.2.2項のモデル（Helpman and Krugman, 1985）は$\tau^a=1$のケースであるから，このエリアに入っている．一方，デイヴィスは，工業財と農業財が同じ輸送費を持つ場合，自国市場効果がなくなることを示したが（Davis, 1998），このケースは45度線$\tau^a=\tau^m$に対応し，確かに下側の斜線エリアに入っていないことが分かる[26]．

さらに，以下の命題は，輸送費τ^m，τ^aが低下する場合，企業の立地がどのように変化するかを教えてくれる．

命題4.3.2 農業財が交易される内点均衡においては，（ⅰ）τ^aの低下にともない，大国の企業数は単調に増加し，小国の企業数は単調に減少する．（ⅱ）$\tau^a>1$であれば，τ^mの低下にともない，大国の企業数は逆U字型に変化し，小国の企業数はU字型に変化する．$\tau^m\to\infty$のとき，企業シェアは人口シェアに一致する．

命題4.3.2（ⅰ）は，逆にいえば，「農業財の輸送費が上昇すると，大国の企業数は減少し，小国の企業数は増加する」ということになる．農業財の輸送費上昇が生み出す賃金格差は，大国の市場規模を拡大し，また競争の程度を緩和するという大国への集積を促す働きも持つが，大国の価格優位性を低下させるという逆の働きもある．命題4.3.2（ⅰ）は，結局のところ後者の働きの方が支配的となり，賃金格差の拡大は，大国への集積を弱めることを意味している．図4.3の矢印（Ⅰ）は，農業財の輸送費が低下し，賃金格差が縮小する場合の動きを示している．こういった農業財の輸送費の変化にともなう企業数の変化については，図4.5の上段に数値例を示す．

一方，命題4.3.2（ⅱ）は，4.2.2項のモデルで示された自国市場効果の二次的拡大効果が一般的には成立しないことを意味している．すなわち，工業部門の輸送費の低下は確かに大国の工業を拡大（小国の工業を縮小）させるかもし

---

[26] さらに Yu（2005, p.261）は，農業財が交易されないための条件として，$\tau^a\geq(\tau^m)^{(\sigma-1)/\sigma}$ を提示したが，この図から分かるとおり，この条件も十分条件にすぎない．

れないが,一層の低下が起きると大国の工業は縮小し始めるのである.これは,工業部門の輸送費が十分小さい場合には,賃金格差が立地を支配するからである.このことは,(4-22)式から確認することができる.極端なケースとして,$\phi^m \to 1$の場合を考えよう.この場合,(4-22)式は

$$\frac{(\theta w)(w^{-\sigma}-1)}{w^{1-\sigma}n_1+n_2} = \frac{(1-\theta)(1-w^{-\sigma})}{w^{1-\sigma}n_1+n_2}$$

となり,競争の度合い(分母)は両国で同一となる.そして,簡単な計算から,$w>1$であるかぎり,小国に立地することが有利である(右辺が大きい)ことが分かる.これは,小国の企業数を増加させるよう働き,大国の相対賃金を押し下げる.この変化は賃金が均等化する($w=1$)まで続く.こういった工業財の輸送費の変化にともなう企業数の変化については,図4.4の上段に数値例を示す.

以上の結果をまとめると,工業部門の輸送費の低下(図4.3の矢印(II))は必ずしも小国の脱工業化をもたらすとはいえない.むしろ,農業部門の輸送費の低下(図4.3の矢印(I))が小国の工業の縮小を招くのである.ただし,工業部門が拡大するから良い,縮小するから悪いとは必ずしもいえない.その国

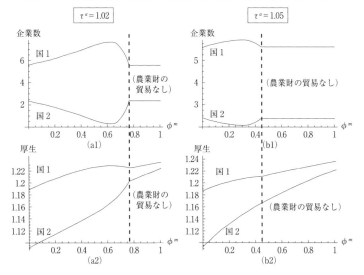

図4.4 工業部門の交易自由度と企業立地および厚生水準

図4.5 農業部門の交易自由度と企業立地および厚生水準

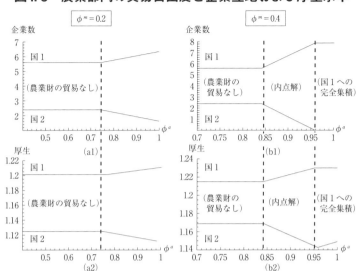

にとって望ましいか否かについては，厚生によって判断する必要がある．次節では，この厚生に焦点をあてる．

4.4 輸送費の低下と厚生の変化

間接効用関数（3-8）式に，（4-13）式と（4-14）式を代入すれば，各国の厚生水準（実質賃金）は下記のように表すことができる[27]．

$$V_1 = (n_1 + n_2 \phi^m w^{\sigma-1})^{\frac{\mu}{\sigma-1}}, \quad V_2 = \left(\frac{n_1 \phi^m}{w^{\sigma-1}} + n_2\right)^{\frac{\mu}{\sigma-1}} \quad (4-26)$$

これらの式から，各国の厚生水準は，**工業部門の交易自由度** ϕ^m（あるいは輸送費 τ^m），各国の**企業数** n_i，大国の**相対賃金** w の3つの要素から決まることが分かる．明らかに前二者の要素は，両国の厚生に対して正の影響を与える．一方，最後の要素については，大国においては正の効果を持つが，小国に対し

---

[27] （3-8）式にある係数 $\mu^\mu (1-\mu)^{1-\mu}$ は省略している．よって（4-26）式は，賃金 w_i を価格指数 $P_i^\mu (p_i^a)^{1-\mu}$ ($i=1,2$) で除した実質賃金を表している．

ては負の効果を持つ．賃金の上昇は当該国の製品価格を上昇させるので，それを輸入する小国の厚生は低下する．他方，賃金の上昇は当該国の所得を上昇させる．大国においてはその正の効果が国内製品価格上昇の負の効果を凌駕するため，厚生が高まるのである．

大国においては，国内製品の価格が高いものの，国内で供給されるバラエティが豊富であり，賃金水準も高いので，小国より高い実質賃金を示す．

命題4.4.1 大国の実質賃金は小国の実質賃金よりも常に高い．

証明：前節の分析から，農業財が貿易されるならば $w=\tau^a$，貿易されないならば $w=\tilde{\tau}^a$ となる．(4-25) 式と $\tilde{\tau}^a$ の定義から，どちらのケースにおいても $w<(\tau^m)^{(\sigma-1)/\sigma}<\tau^m$ が成り立ち，これは $w^{1-\sigma}>\phi^m>\phi^m w^{1-\sigma}$ を意味している．したがって，以下の関係式が得られる．

$$\frac{n_1}{n_2}>1>\frac{w^{1-\sigma}-\phi^m}{w^{1-\sigma}-\phi^m(w^{1-\sigma})^2}=\frac{w^{1-\sigma}-\phi^m}{w^{1-\sigma}(1-\phi^m w^{1-\sigma})}$$

ただし，最初の不等号は，命題4.3.1（ⅱ）の結果を使っている．この不等式から，

$$n_1 w^{1-\sigma}(1-\phi^m w^{1-\sigma})>n_2(w^{1-\sigma}-\phi^m)$$

が得られるが，(4-26) 式とあわせれば，$V_1>V_2$ が分かる． ∎

次に，輸送費の変化が，これら厚生水準に与える影響を見よう．

4.4.1 工業部門の輸送費が低下する場合

(4-26) 式を評価する場合，企業数 (n_1, n_2) も相対賃金 (w) も，工業部門の輸送費 τ^m（あるいはその交易自由度 ϕ^m）に依存することに注意しなくてはならない．まず農業財の貿易が行われている場合を考えてみよう．このとき，前節の分析から，$w=p^a=\tau^a$ が成立する．この事実と，(4-20) 式，(4-21) 式より，各国の企業数について，以下が成り立つことが分かる．

$$n_1=\frac{\tau^a \mu L}{F\sigma}\frac{(1-\theta)(\tau^a)^{-\sigma}(\phi^m)^2-[1+(\tau^a-1)\theta]\phi^m+\theta\phi^a}{(\phi^a-\tau^a\phi^m)(\tau^a-\phi^a\phi^m)} \qquad (4-27)$$

$$n_2 = \frac{\tau^a \phi^a \mu L}{F\sigma} \frac{\theta \tau^a (\phi^m)^2 - [1+(\tau^a-1)\theta](\tau^a)^{-\sigma}\phi^m + (1-\theta)}{(\phi^a - \tau^a \phi^m)(\tau^a - \phi^a \phi^m)} \tag{4-28}$$

ただし，これらの等式は右辺が非負の場合のみ成立し，そうでなければ以下の端点解となる[28]．

$$n_1 = \frac{\mu(\theta\tau^a + 1 - \theta)L}{F\sigma\tau^a}, \quad n_2 = 0 \tag{4-29}$$

これらの式を (4-26) 式に代入し，ϕ^m で微分すると，以下の結論を得ることができる．

命題4.4.2 もし農業財が貿易される（すなわち，$\tau^a \in (1, \bar{\tau}^a)$）ならば，(i) 工業部門の輸送費低下にともない，小国の厚生は改善し，実質賃金比 V_1/V_2 は低下する．(ii) 内点解においては，$\tau^a > \tau^{\#}$ であれば工業部門の輸送費低下にともない大国の厚生は改善するが，$\tau^a < \tau^{\#}$ であれば大国の厚生水準は逆U字型に変化する．ただし $\tau^{\#}$ は，区間 $(1, [\theta/(1-\theta)]^{1/(\sigma-1)})$ にある定数である．(iii) 端点解においては，大国の厚生は工業部門の輸送費に依存しない．

工業部門の輸送費の低下にともない，小国の企業数はU字型に変化した（命題4.3.2 (ii)）．しかし，命題4.4.2 (i) は，小国の厚生は単調に上昇することを示している．これは，輸入工業財の価格が低下する正の効果が，企業数が減少する負の効果を凌駕するということを示唆している．興味深いのは，これが大国については必ずしも言えず，農業部門の輸送費が小さいときには，工業部門の輸送費低下が厚生を下げる可能性があるということである．これは，直観的には次のように説明することができる．農業部門の輸送費が小さい場合，賃金格差は小さく，4.2.2項の状況に近いため，多くの（場合によっては全ての）企業が大国に集中する．しかし，工業部門の輸送費が十分低下すると，農業部門の輸送費が相対的に大きくなり，農業財の貿易が行われなくなる（図4.3の矢印（Ⅱ）参照）．命題4.3.1から，これは企業シェアが人口シェアに回帰することを意味するので，大国における企業シェアの低下は急激なものとな

---

[28] 前節の分析から，国2へ集中する端点解はありえない．

る．したがってこの場合，企業数減少の負の効果が，輸入工業財価格低下の正の効果を凌駕し，大国の厚生は低下するのである．

4.2.2項のモデルは $\tau^a=1$ のケースに相当する．この場合，結果は次のようになる．（ⅰ）内点解においては，工業部門の輸送費低下にともない両国の厚生は上昇し，実質賃金比 V_1/V_2 は変わらない．（ⅱ）端点解においては，大国の厚生は工業部門の輸送費に依存しないが，小国の厚生は上昇し，実質賃金比 V_1/V_2 は低下する．以上の結果から，この場合，両国とも厚生は低下しないということになる[29]．このような結果の違いは，農業部門の輸送費用を無視する場合，大国における逆U字型の立地変化を捉えられないことに起因する．

次に，農業財の貿易が行われていない場合を考えてみよう．命題4.3.1から，このとき企業シェアは人口シェアに一致し，各国の企業数は（4-23）式で与えられる．また，大国の賃金は（4-24）式の解 $\tilde{w}$ となる．$\tilde{w}=\tilde{\tau}^a \in (1, (\tau^m)^{(\sigma-1)/\sigma})$ であること，また $\tilde{w}$ は τ^m の増加関数（ϕ^mの減少関数）[30]であることに注意し，（4-26）式を評価すれば，以下の結論を得ることができる．

命題4.4.3 もし農業財が貿易されない（すなわち，$\tau^a \geq \tilde{\tau}^a$）ならば，工業部門の輸送費低下にともない，両国の厚生は改善し，実質賃金比 V_1/V_2 は低下する．

図4.3における $\tilde{\tau}^a(=\tilde{w})$ のグラフが右上がりであることから分かるように，工業部門の輸送費低下にともない，大国の賃金は減少する．一方，企業数は一定であることに注意しよう．したがって，小国においては，輸入工業財の価格が安くなるメリットのみ生じるので，厚生は改善する．大国については，賃金減少により所得が低下するが，一方で国内工業製品も輸入工業製品も安くなる．後者のメリットが前者のデメリットを上回るために厚生が改善するのである[31]．

図4.4は，$\sigma=5$，$\mu=0.4$，$\theta=0.7$ の場合に，工業部門の輸送費（交易自由

---

[29] Baldwin and Robert-Nicoud（2000, Section 3）は，次章で説明する2要素経済のモデル（農業財の輸送費はゼロ）を用いて，これと同様の結果を得ている．
[30] （4-24）式に陰関数定理を適用することで得られる．

度）の変化にともなって，各国の企業数（上段の図）と厚生（下段の図）がどのように変化するかを示したものである．左側が農業部門の輸送費が小さいケース（$\tau^a=1.02<\tau^\#$）に，右側が農業部門の輸送費が大きいケースに対応している（$\tau^a=1.05>\tau^\#$）．命題4.3.1のとおり，工業部門の輸送費が十分小さくなると農業財が貿易されなくなることに注意しよう．企業数と厚生の変化は，これまでの分析結果と整合的になっていることが分かる．

4.4.2　農業部門の輸送費が低下する場合

農業部門の輸送費 τ^a（あるいはその交易自由度 ϕ^a）は，企業数（n_1, n_2）および相対賃金（w）に影響を与え，厚生水準（4-26）を変化させる．（4-26）式に，（4-27），（4-28），（4-29）式を代入し，τ^a で微分すれば，以下の結論を得ることができる．

命題4.4.4　もし農業財が貿易される（すなわち，$\tau^a \in (1, \tilde{\tau}^a)$）ならば，（ⅰ）工業部門の輸送費低下にともない，大国の厚生は改善する．（ⅱ）内点解においては，農業部門の輸送費低下にともない小国の厚生は悪化し，実質賃金比 V_1/V_2 は上昇する．（ⅲ）端点解においては，農業部門の輸送費低下にともない小国の厚生は改善し，実質賃金比 V_1/V_2 は低下する．

農業部門の輸送費が低下すると，相対賃金（$w=\tau^a$）が低下し，大国の企業数は増加，小国の企業数は減少する（命題4.3.2（ⅰ））．したがって大国においては，賃金（所得）低下のデメリットと国内企業数増加のメリットがもたらされるが，命題4.4.4は，後者の正の効果が前者の負の効果を上回ることを示している．一方，小国においては，輸入工業財価格低下のメリットと国内企業数減少のデメリットがもたらされるが，後者の負の効果が前者の正の効果を上回ることが示されている．

小国は農業財の輸出国なので，「農業部門の輸送費低下（輸出価格低下）は

31）命題4.4.3は，農業部門がない場合（$\mu=1$）にも成立する．Krugman (1980, Section Ⅱ) はこのケースに相当する．

小国の厚生を悪化させる」という命題4.4.4（ⅱ）については，意外に感じるかもしれない．しかし，これは企業数の変化（産業構造の変化）を考慮しているからである．もし企業数の変化を認めないならば，農業財の輸出価格の低下によって，小国の農業需要は増加し，農業部門における労働需要は増えるであろう．労働の部門間移動を認めなければ，これは同国の農業労働者賃金を上昇させることになる．もともと小国は農業労働者の比率が高いので，このような賃金変化は同国の厚生を高めるように働く．つまり，企業数の変化を認めないならば，農業部門の輸送費低下は，小国の厚生を改善させるのである．

図4.5は，図4.4と同じパラメータ値（ただしϕ^mとϕ^aを除く）を用いた数値シミュレーションの結果である．農業部門の輸送費（交易自由度）の変化にともなって，各国の企業数（上段の図）と厚生（下段の図）がどのように変化するかを示している．左側が工業部門の輸送費が大きいケース（$\phi^m=0.2$）に，右側が工業部門の輸送費が小さいケースに対応している（$\phi^m=0.4$）．命題4.3.1のとおり，農業部門の輸送費が十分大きくなると農業財は貿易されなくなる．企業数と厚生の変化は，これまでの分析結果と整合的になっていることが分かる．

4.4.3 インプリケーション

内点解のケースに限定すると，命題4.3.1〜4.4.4の結果は，表4.2にまとめられる．この表では，工業部門の輸送費低下を「$\phi^m\uparrow$」で，農業部門の輸送費低下を「$\phi^a\uparrow$」で表している．

厚生への影響についていえば，農業部門の輸送費低下の効果は，工業部門の輸送費低下の効果と対照的であることが分かる．事実，工業部門の輸送費が低下する場合，小国の厚生は改善し，実質賃金格差は縮小する．しかし，農業部門の輸送費が低下する場合には，小国の厚生は悪化し，実質賃金格差は拡大する．つまり，小国にとって脅威なのは，工業部門の市場統合ではなく，農業部門の市場統合なのである．一方，大国においては，農業部門の市場統合は厚生改善をもたらすが，工業部門の市場統合は厚生を悪化させる可能性がある．

ここでの輸送費を，関税や貿易における技術的障壁といったコストも含むと考え，政策によって低下させうるものだと考えてみよう．そうすると表4.2の

表4.2　内点解における輸送費低下の影響

			n_1	n_2	w	V_1	V_2	V_1/V_2
$\phi^m\uparrow$	農業財が交易可能	ϕ^mが小	＋	－	0	＋	＋	－
		ϕ^mが大　ϕ^aが小	－	＋	0	＋	＋	－
		ϕ^mが大　ϕ^aが大	－	＋	0	□－□	＋	－
	農業財が交易不可能		0	0	－	＋	＋	－
$\phi^a\uparrow$			＋	－	－	＋	□−□	＋

(注) ＋：増加．－：減少．0：変化なし．

結果は，双方的な貿易自由化政策が二国間に利害の対立をもたらすかもしれないことを示している．より具体的にいえば，工業部門の市場統合は，両部門の貿易コストが小さいときに利害対立をもたらし，農業部門の市場統合は必ず利害対立をもたらす．

この理由から，一方の産業だけを自由化する政策は，両国から支持されない可能性がある．このような利害対立を緩和するためには，両産業を適度に自由化することが効果的である．大国（小国）は，たとえ工業（農業）部門の自由化によって厚生損失を被ったとしても，農業（工業）部門の自由化によって必ず厚生は改善する．つまり，一方の部門の自由化によって厚生が悪化したとしても，他方の部門の貿易コストも若干下げれば，相手国の厚生を自由化前より良い状態に保ちながら，自国の厚生損失も緩和することができるのである．

キンドルバーガー（Kindleberger, 1975, p.33）によれば，19世紀のイギリスには，ヨーロッパ他国の工業化を遅延させる手段として農業部門の貿易自由化を提唱していた政治経済学者がいたようである．つまり，穀物法の廃止（1846年）をすれば，他国は農業部門により投資する必要が生じ，工業化の進展を遅らせざるを得ないだろうと考えたのである．このストーリーは，前節と本節で解説したモデルと整合的である．実際，穀物法廃止の影響はすぐには出なかったが（Grigg, 1989, p.21），1870年以降，イギリスにおける農業部門の衰退は進み，一方で工業集積は進んでいったのである．

一方，近年の自由貿易協定（Free Trade Agreement; FTA）においては，先進国から新興国に工業が移転することに関連して対立が生じているようである．先進国はこれを避けるために，工業財の自由化に反対することがある．例

えば，アメリカと韓国は2010年11月に米韓自由貿易交渉を締結したが，自動車自由化をめぐって交渉は難航した．結局，アメリカの要求によって，締結5年後まではアメリカに2.5%の輸入関税を認める形となった．前節と本節で解説したモデルでは，輸送費が小さい状況下では賃金格差の効果が立地を支配するため工業が大国から出て行き，厚生を悪化させた．上記のアメリカの要求は，このような工業空洞化による厚生悪化を回避するための措置として理解することもできる．

4.5 まとめ

本章では，ディクシット-スティグリッツのモデルを用いて，2国1要素経済の貿易モデルについて解説した．特に，独占的競争市場で収穫逓増技術を用いて生産する工業部門と完全競争市場で収穫一定技術を用いて生産する農業部門の2部門からなるモデルを中心に分析し，以下のことが分かった．第一に，企業の立地は，各国の市場規模，競争度，価格優位性のバランスによって決まる．第二に，農業財の貿易が行われない場合には自国市場効果は発生しないが，そうでないかぎり自国市場効果は発生する．第三に，工業財・農業財の貿易費用の低下は企業の立地シェアを変化させ，場合によっては各国の利害対立をもたらす．

本章で扱ったモデルは1要素モデルであるため，企業の立地シェアが変化するといっても，実際に生産要素の移動が起きているわけではない．各国の中で，労働の部門間移動が生じ，企業数が変化しているのである．次章では，国際移動可能な資本を導入し，それがわれわれの結論にどのような影響を与えるかを分析する．

練習問題

問題4.1 (4-9) 式から (4-10) 式を導きなさい．

問題4.2 (4-20) と (4-21) 式により，均衡賃金が区間 $((\phi^m)^{1/\sigma}, (\phi^m)^{-1/\sigma})$ の中にあることを証明せよ．

問題4.3 陰関数方程式（4-24）式の解 w が ϕ^m の減少関数であることを証明しなさい．

問題4.4 最近の自由貿易協定（FTA）締結の事例を調べ，どのような点が論点になったか議論してみよう．

第5章

2要素モデル：
資本移動と企業立地

5.1 はじめに

前章では労働を唯一の生産要素とした1要素経済モデルを扱った．本章では，新たに資本を導入する2要素経済モデルについて解説し，国際移動可能な資本が企業の立地にどのような影響を与えるかを考える．多くの先進国では，労働の国際移動については厳しく制限されているが，資本の国際移動は広く行われている．特に，1970年代初頭のブレトンウッズ体制の崩壊後は，資本の国際移動は飛躍的に増加している．さらに，ここ30年ほど，海外直接投資（foreign direct investment; FDI）も年々増加している．図5.1に示されているように，先進国におけるFDI流入ストックは1980年に0.4兆ドル未満であったが，2013年には16兆ドルを超えた．したがって，現実の世界経済を考えれば，前章の1要素モデルよりも，資本を考慮した2要素モデルがより適切であると考えられる．

本章でも前章と同様に，5.2節では両国の賃金が同一になるシンプルなケースを扱う．そして，この場合，企業の立地に関する結論は1要素経済モデルとほとんど同じになることが示される．5.3節では，農業部門の輸送費を考慮することで，両国の賃金が異なってくるケースを扱う．この場合には，1要素経済モデルとは異なり，自国市場効果は任意の輸送費水準において発生することが示される．自国市場効果は工業部門で貿易不均衡が発生することを意味するが，2要素経済モデルにおいては資本の国際移動がこの不均衡を吸収する役目を果たすからである．5.4節では，農業部門を捨象したモデルを紹介する．ここでは，自国市場効果，賃金格差，市場統合にともなう逆U字型発展プロセスなど，これまで理論研究や実証研究で得られている結果を，とてもシンプルなモデルによって記述できることが示される．

5.2 両国の賃金が同一になるケース

本節では，1要素経済の4.2.2項のモデルに，国際移動可能な資本を導入する[32]．1.6節で述べたように，ここもできるだけ第一の自然をなくして第二の

図5.1　FDI 流入ストック（1980-2013）

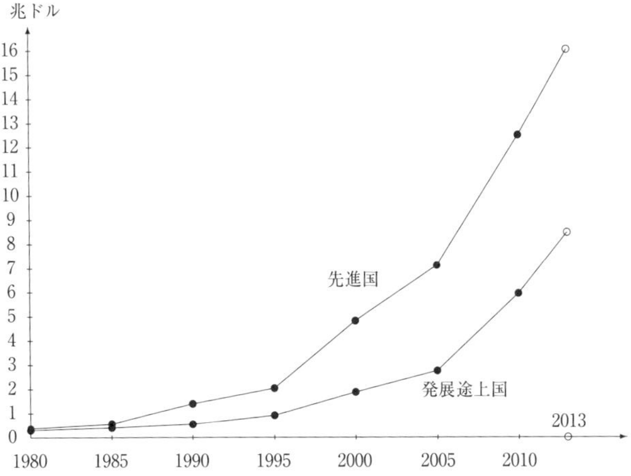

兆ドル

（縦軸：0〜16、横軸：1980, 1985, 1990, 1995, 2000, 2005, 2010, 2013）

先進国

発展途上国

（出典）UNCTAD（2003, p.257; 2006, p.303; 2011, p.191; 2014, p.209）．

自然の力を見るため，国1と国2の唯一の違いは人口規模のみであり，リカードやヘクシャー=オリーンの比較優位は考えない．各労働者は1単位の労働に加え，κ 単位の資本を所有し，それらを非弾力的に供給する．したがって，労働者の所得は賃金所得と資本所得からなる．資本は自国のみならず他国でも追加的なコストなしで自由に投資することができる．このような状況下では資本レントの高い国に資本が集まるので，もし両国において投資がなされているとしたら両国の資本レントは等しくなる．

工業部門の生産においては，資本を固定的投入，労働を可変的投入として生産を行う．具体的には，固定資本投入を1，限界労働投入を ρ とする．各企業はこの収穫逓増技術を用いて，独占的競争市場下で生産を行う．その他の仮定は，4.2.2項と同様である．農業財が価値基準財であり，その輸送費はゼロであるため，両国の賃金はともに1となる．また，これまでと同様の計算によ

32）　本節で紹介するモデルは，FC モデル（footloose capital model）と呼ばれている．Martin and Rogers（1995）によって初めて分析されたときには，国内輸送費も考慮され，国際・国内輸送インフラの整備効果の分析に焦点が当てられた．本節で示す国内輸送費をゼロとする簡易モデルは，Baldwin et al.（2003）や Ottaviano and Thisse（2004）によって分析された．

り，国 i における均衡生産者価格は $p_i=1$ となり，国 i における資本レントを r_i とすれば，(3-14) 式から均衡生産量は $q_i=\sigma r_i$ となる．

各労働者は κ 単位の資本を所有しているので，経済全体の資本量は $K=\kappa L$ となる．そのうちの $K_1=kK$ が国1に投資され，残りの $K_2=(1-k)K$ が国2に投資されるとしよう．ここで，国1の投下資本シェア k は同国の企業シェアに等しいが，必ずしも同国の所有資本シェア θ に一致しないことに注意されたい．仮定より，各国の企業数は以下のように表される．

$$n_1=kK=k\kappa L, \quad n_2=(1-k)K=(1-k)\kappa L \tag{5-1}$$

一方，各国の総所得は以下のようになる．

$$Y_1=\theta L(1+\kappa \bar{r}) \tag{5-2}$$
$$Y_2=(1-\theta)L(1+\kappa \bar{r}) \tag{5-3}$$

ただし，$\bar{r}=\max\{r_1,r_2\}$ である．(3-7)，(3-9)，(5-2)，(5-3) 式，$p_i=1$，$q_i=\sigma r_i$ を利用すれば，工業財の市場清算条件：

$$\mu\left[\frac{\theta L(1+\kappa \bar{r})}{n_1+\phi n_2}+\frac{\phi(1-\theta)L(1+\kappa \bar{r})}{\phi n_1+n_2}\right]=\sigma r_1 \tag{5-4}$$

$$\mu\left[\frac{\phi\theta L(1+\kappa \bar{r})}{n_1+\phi n_2}+\frac{(1-\theta)L(1+\kappa \bar{r})}{\phi n_1+n_2}\right]=\sigma r_2 \tag{5-5}$$

を得ることができる．

$k\in(0,1)$，すなわち内点均衡であることを仮定すれば，$r_1=r_2=\bar{r}$ が成り立つ．この式と (5-1)，(5-4)，(5-5) 式から，国1の企業シェア k について解けば，以下の均衡企業シェア k^* を得る．

$$k^*=\theta+\frac{\phi}{1-\phi}(2\theta-1) \tag{5-6}$$

ただしこの式は，$k^*\in(0,1)$ のときのみ国1の均衡企業シェアを表す．もし $k^*\geq 1$ であれば，全ての企業が国1に集積する端点均衡となり，$k^*\leq 0$ であれば，全ての企業が国2に集積するような端点均衡となる．

(5-6) 式は，4.2.2項の1要素経済モデルで得られた均衡企業シェア (4-10) 式と同一であり，大国が人口シェア以上の企業シェアを持つことを意味し

ている.さらにこのことは,次節でより一般的な状況で証明するが(補題 5.3.1),大国が工業財の純輸出国であること(すなわち自国市場効果)と同値である.したがって,1要素であるか,2要素であるかにかかわらず,両国の賃金が同一であれば,企業立地に関する以下の結果は共通に成立する.

命題5.2.1 両国の賃金が同一であれば,自国市場効果は必ず発生する.またこのとき,自国市場効果は,大国が人口シェア以上に企業シェアを持つことと同値である.

命題5.2.2 両国の賃金が同一であれば,大国の人口シェア θ が大きくなるほど,大国の企業シェアは大きくなる.

命題5.2.3 両国の賃金が同一であれば,工業財の交易自由度 ϕ が高くなるほど,大国の企業シェアは大きくなる.

なぜ1要素から2要素にしても全く同じ結果が得られるのだろうか.賃金格差が発生しないのであれば,両国のバラエティの間に価格差も発生しない.したがって,4.2.1項,4.2.2項で説明したとおり,企業立地は市場規模と競争度のバランスによって決まる.モデルに資本を導入したことによって影響を受けるのは市場規模である.各国の所得に,賃金所得に加え,資本所得が入ってくるからである.しかし,もともと賃金は両国で同一であり,加わる資本所得も同一であるから,相対的な市場規模は変わらない(人口規模に比例).実際,(5-4)式,(5-5)式から,

$$\frac{\theta L(1+\kappa\bar{r})}{n_1+\phi n_2} = \frac{(1-\theta)L(1+\kappa\bar{r})}{\phi n_1+n_2}$$

が得られる.個人所得は $(1+\kappa\bar{r})$ で同一であるため,この式は(4-6)式と実質的に同じ式であり,

$$\frac{国1の市場規模}{国1の競争度} = \frac{国2の市場規模}{国2の競争度}$$

のバランスによって企業立地が決まることを意味している.したがって,1要

素のケースと全く同じ結果が得られるのである．

しかし，逆にいえば，賃金格差が発生している場合，資本を導入することで結果が変わってくる可能性がある．相対的な市場規模が変わってくるからである．次節では，農業部門の輸送費を考慮した2要素経済モデルを分析することで，この問題を考えてみよう．

5.3 両国の賃金が異なるケース：農業部門の輸送費

本節では前節のモデルを拡張し，内生的な賃金格差が生じるモデルを考えよう[33]．具体的には，4.3節と同様に，農業部門の輸送費を仮定することで賃金格差が発生する状況を考える．それ以外の仮定は，前節と全く同じである．

4.3節と同様に，国2の労働を価値基準財（賃金を1）とし，国1の賃金を w で表そう．農業財価格，工業財価格，工業財の価格指数については，4.3節と同じで，それぞれ (4-11), (4-13), (4-14) と表される．一方，(3-14) 式から均衡生産量は，以下のようになる．

$$q_1 = \frac{\sigma r_1}{w}, \quad q_2 = \sigma r_2 \tag{5-7}$$

これは賃金が供給面に与える影響を表している．すなわち，他の条件が一定の下で賃金が高くなると，企業は設定価格を高くし，生産規模を小さくするということを示している．

各国の総所得は，(4-12) 式に，それぞれ1人当たり $\kappa \bar{r}$ の資本所得が加わることになる．以上の事実と需要関数 (3-7) 式から，工業財の市場清算条件は次のようになる．

$$\mu w^{-\sigma} \left[\frac{\theta L(w+\kappa\bar{r})}{w^{1-\sigma}n_1 + \phi^m n_2} + \frac{\phi^m (1-\theta)L(1+\kappa\bar{r})}{w^{1-\sigma}\phi^m n_1 + n_2} \right] = \frac{\sigma r_1}{w} \tag{5-8}$$

$$\mu \left[\frac{(1-\theta)L(1+\kappa\bar{r})}{w^{1-\sigma}\phi^m n_1 + n_2} + \frac{\phi^m \theta L(w+\kappa\bar{r})}{w^{1-\sigma}n_1 + \phi^m n_2} \right] = \sigma r_2 \tag{5-9}$$

---

[33] 本節の議論は，Takatsuka and Zeng (2012b) に基づいている．命題の厳密な証明については，同論文を参照のこと．

今までと同じように，この二式から企業立地の基本メカニズムを理解することができる．内点均衡に限定し，$r_1=r_2=\bar{r}(\equiv r)$ が成り立っているとしよう．(5-8) 式の両辺に w を乗じ，そこから (5-9) 式を引き，整理すれば以下を得る．

$$\frac{[\theta(w+\kappa r)](w^{1-\sigma}-\phi^m)}{w^{1-\sigma}n_1+\phi^m n_2}=\frac{[(1-\theta)(1+\kappa r)](1-w^{1-\sigma}\phi^m)}{w^{1-\sigma}\phi^m n_1+n_2} \quad (5\text{-}10)$$

この式の解釈は基本的に，賃金格差を考慮した1要素経済モデルの (4-22) 式と同様である．すなわち，分母が競争度，分子の第1項目が市場規模，そして分子の第2項目は輸入品に対する国内製品の価格優位性を表している．

$$\frac{(国1の市場規模)(国1の価格優位性)}{国1の競争度}=\frac{(国2の市場規模)(国2の価格優位性)}{国2の競争度}$$

ただし，次の2点において (4-22) 式と異なる．第一は，市場規模を表す項に資本所得が入っている点である．賃金一定の下で考えると，このことは市場規模格差の緩和につながる．なぜなら，1人当たり資本所得は両国で同一だからである．第二は，価格優位性格差についても緩和されている点である．これは価格優位性を表す項の $w^{-\sigma}$ が $w^{1-\sigma}$ になっていることから分かる．2要素モデルの場合，賃金が高ければ投入労働量を減らすことで，その影響を弱めることができるからである[34]．まとめると，資本を導入することで高賃金国においては，市場規模格差が縮小するというデメリットがある一方，価格優位性格差が縮小するというメリットがある．結果として企業立地にどのような影響を与えるかについては後で詳しく述べる．

なお，2要素経済モデルの場合，貿易収支は必ずしもバランスしない．しかし，貿易収支のインバランスは必ず資本収支でオフセットされ，各国において「貿易収支＋資本収支＝0」が成立する[35]．一方，4.3節で成立した補題4.3.1

---

[34] このモデルでは可変投入は労働のみであるため，資本を導入しても工業財の価格式 (4-13) は変わらない．しかし，(5-7) 式にあるように，高賃金国では生産規模を縮小するので，工業立地については，価格優位性格差を緩和するのと同じ効果を与える．

[35] 2要素モデルの場合，一国の所得は国内生産額に等しくならない．国内資本を海外に投資することで得られるリターンを加え，海外資本が国内に投資されることで流出するリターンを減じる必要がある．これは資本収支に他ならない．したがって，「貿易収支＋資本収支＝0」が成立する．

については，2要素経済モデルにおいても成立する．

補題5.3.1 2要素経済モデルにおいても，（ⅰ）自国市場効果があることと，（ⅱ）大国がその人口シェア以上に工業部門をもつことは，同値である．

証明：ケース（a）：全ての企業が大国に集積する場合．このとき，（ⅰ）も（ⅱ）も，ともに成立する．ケース（b）：全ての企業が小国に集積する場合．このとき，（ⅰ）も（ⅱ）も，ともに成立しない．ケース（c）：企業が両国に立地し，農業財が貿易されない場合．このとき，貿易と資本の収支バランスから，工業財の純輸出国が資本の輸入国になることは明らか．ケース（d）：企業が両国に立地し，大国が農業財を輸入する場合．このとき，$w=\tau^a\geq 1$ が成立するので，(5-7) 式から $x\leq x^*$ が成り立つ．もし，（ⅱ）が成り立たないならば，$n/n^*\leq \theta/(1-\theta)$ であり，工業部門への投入労働の両国間の比について $nx/(n^*x^*)\leq \theta/(1-\theta)$ が成立する．したがって，大国の農業部門への投入労働は，小国のそれに対して，$\theta/(1-\theta)$ 倍以上あるはずである．しかし，農業財に対する需要の比を計算すると

$$\frac{d_1^a}{d_2^a}=\frac{\frac{(w+\kappa r)L_1}{w}}{(1+\kappa r)L_2}=\frac{\frac{\kappa r}{w}+1}{\kappa r+1}\frac{\theta}{1-\theta}\leq \frac{\theta}{1-\theta}$$

となり，これは大国が農業財を輸入しないことを示している．これは矛盾であるから，（ⅱ）が成立し，貿易と資本の収支バランスから（ⅰ）も成立する．ケース（e）：企業が両国に立地し，大国が農業財を輸出する場合．ケース（d）と同じような方法で，（ⅱ）が成立しないことを示すことができる．このとき，貿易と資本のバランスから（ⅰ）も成立しない． ∎

4.3節と同じように，農業部門の輸送費が十分に高く，**両国間で貿易が行われない場合**から考えよう．また，議論を内点均衡の場合に限定しよう[36]．各

---

[36] 4.3節の1要素経済モデルと異なり，農業財の交易が行われない場合でも，端点均衡（大国に全ての企業が集中）が生じうる．

国は農業を自給しなくてはならないので，各国の農業労働者数は各国の農業需要：

$$d_1^a = \frac{(1-\mu)(w+\kappa r)\theta L}{w}, \quad d_2^a = (1-\mu)(1+\kappa r)(1-\theta)L \quad (5\text{-}11)$$

に等しい．したがって，工業労働者数はそれぞれ以下のようになる．

$$\rho q_1 n_1 = \theta L - \frac{(1-\mu)(w+\kappa r)\theta L}{w} = \frac{[\mu w - (1-\mu)\kappa r]\theta L}{w}$$

$$\rho q_2 n_2 = (1-\theta)L - (1-\mu)(1+\kappa r)(1-\theta)L = [\mu - (1-\mu)\kappa r](1-\theta)L$$

これらの式と (5-7) 式から

$$\frac{n_1}{\theta L} = \frac{\mu - (1-\mu)\frac{\kappa r}{w}}{\frac{\kappa r(\sigma-1)}{w}}, \quad \frac{n_2}{(1-\theta)L} = \frac{\mu - (1-\mu)\kappa r}{\kappa r(\sigma-1)} \quad (5\text{-}12)$$

が得られ，さらに (5-1) 式を用いれば，資本レントが以下のように決まる．

$$r = \frac{\mu(\theta w + 1 - \theta)}{\kappa(\sigma - \mu)} \quad (5\text{-}13)$$

これを (5-12) 式に代入して，大国の企業シェアを計算すれば，以下を得る．

$$k = \theta + \frac{\theta(1-\theta)(\sigma-\mu)(w-1)}{[1+(w-1)\theta](\sigma-1)}$$

 この式は，$k > \theta$（補題5.3.1から，これは自国市場効果と同値）と，大国の賃金が小国の賃金より高いこと（$w > 1$）が同値であることを示している．(5-12) 式と (5-13) 式を (5-10) 式に代入すれば，賃金 w を決定する方程式を求めることができる．これを分析すると，w は唯一に決まり，$w = \tilde{\tau}^a (>1)$ となることが分かる[37]．4.3節の $\tilde{\tau}^a$ と同様に，$\tilde{\tau}^a$ は農業財の貿易を遮断する最小の農業財輸送費である．すなわち，τ^a が $\tilde{\tau}^a$ 以上のとき，農業財は貿易されないが，$\tilde{\tau}^a$ 未満の場合は貿易される．そして，後者の場合，大国が農業財を輸入し，自国市場効果が生じることも示すことができる[38]．以上の結果は次の命題にまとめることができる．

---

[37] Takatsuka and Zeng (2012b, Appendix A.4) を参照のこと．
[38] Takatsuka and Zeng (2012b, Appendix A.2) を参照のこと．

命題5.3.1 （ⅰ）$\tau^a < \tilde{\tau}^a$ のとき大国が農業財を輸入するが，$\tau^a \geq \tilde{\tau}^a$ のとき農業財の貿易は行われない．（ⅱ）農業財の貿易の有無にかかわらず，自国市場効果は常に生じる．

4.3節の1要素経済モデルとの違いは明らかである．すなわち，2要素経済モデルの場合，農業財の貿易が行われない場合でも，自国市場効果が発生するのである．1要素経済の場合，農業財が各国で自給されるということは，工業部門の貿易がバランスすることを意味する．しかし2要素経済の場合は，資本の国際移動があるため工業部門の貿易不均衡が可能になるのである．

では，なぜ大国が工業の純輸出国になるのかを考えてみよう．大国の方が小国より賃金が高ければ，(5-7) 式から分かるように，大国の方が企業あたりの労働投入は小さくなる．一方で，高い賃金は高い農業財価格および高い所得を意味するが，大国の相対所得 ($Y_1/Y_2 = (w + \kappa r)/(1 + \kappa r)$) は相対賃金 ($w$) ほど大きくない．なぜなら，所得には両国で同一の資本所得も含まれるからである．したがって，(5-11) 式から分かるように，大国では相対的に農業需要が小さくなり，農業部門への労働投入も小さくなる．まとめれば，大国においては，**企業あたりの労働投入が小さく**（(5-12) 式の分母），かつ**工業部門の労働比率が大きい**（(5-12) 式の分子）．このため，大国の企業シェアは人口シェアより大きくなり，農業財が自給されている状況であっても自国市場効果が生じるのである．これに対し，1要素経済の場合は，企業あたりの労働投入は両国で同一であり，農業財が自給の場合は工業部門の労働比率も同一になる．よって，企業シェアは人口シェアに一致するのである．

5.4 両国の賃金が異なるケース：農業部門の捨象

最後に，農業部門を捨象することで，賃金格差が発生するモデルを考えてみよう．このモデルには以下のような利点がある．第一に，農業部門を持つモデルと比較してシンプルで分析がしやすい．農業部門がある場合，農業財の貿易の有無，および内点均衡であるか否かに応じて，多様な均衡のパターンがあり，分析が複雑になる．それに対し，農業部門がない場合には，農業財の貿易に留

意する必要はないし，均衡は必ず内点均衡になる．第二に，それにもかかわらず，自国市場効果，賃金格差，市場統合にともなう逆U字型発展プロセスなど，これまで理論研究や実証研究で得られている結果を記述できる．

モデルは，5.2節のモデル（もしくは前節のモデル）から，農業部門を取り除くだけである．したがって，$\mu=1$ のケースに相当し，消費者の効用関数は

$$U = \left[\int_0^n q(i)^{\frac{\sigma-1}{\sigma}} di \right]^{\frac{\sigma}{\sigma-1}} \tag{5-14}$$

となる．それ以外の仮定は，5.2節と同じである．

各国における労働の市場清算条件は，農業部門がないので以下のように書ける．

$$\rho q_1 n_1 = \theta L, \quad \rho q_2 n_2 = (1-\theta) L$$

これらの式と，(5-1)，(5-7) 式を利用すれば，

$$r = \frac{\theta w + 1 - \theta}{\kappa(\sigma-1)} \tag{5-15}$$

$$k = \frac{\theta w}{\theta w + 1 - \theta} \tag{5-16}$$

が得られる．(5-16) 式は，企業シェアと相対賃金の間にとてもシンプルな関係式が成立することを示している．まず，両者は正の相関を持ち，企業シェアが上昇すれば必ず相対賃金も上昇するという関係にあることが分かる．また，両国の賃金が等しくなるのは，企業シェアが人口シェアに等しい場合に限られることも分かる．さらに，(5-16) 式は以下のように書き直すことができる．

$$k - \theta = \frac{\theta(1-\theta)(w-1)}{\theta w + 1 - \theta}$$

この式から，大国が人口シェア θ 以上の企業シェア k を持つことは，大国が高賃金国であることと同値であることが分かる．また前者については，貿易と資本の収支バランスから，自国市場効果があることにほかならない．以上をまとめると以下の補題が得られる．

補題5.4.1 1部門2要素経済モデルでは，(ⅰ) 企業シェアと相対賃金は正の相関を持つ．(ⅱ) 大国が高賃金国になること，大国が人口シェア以上の企業

シェアをもつこと,自国市場効果があること,これらは全て同値である.

補題5.4.1(i)は,これまでのモデルには見られない新しい性質である.まず1部門1要素モデルについてはクルーグマン(Krugman, 1980, Section II)によって分析されたが,4.3節でも述べたとおり,交易の自由度によって賃金は変化するが,貿易バランスから企業シェアは常に一定となる.よって,両者には相関は発生しない.一方,農業部門をもつ2部門モデルについては,交易の自由度によって企業シェアは変化する.しかし,必ずしもそれにともなって賃金も変化するとは限らない.農業部門がなければ,企業シェアが増加すると,工業労働需要が増え,賃金が上がる.しかし,農業部門があれば,足りない労働需要を農業部門からの労働シフトによって補い,それによって減少した農業財供給は輸入によって賄うことができる.したがって,農業財が貿易されている状況においては,賃金上昇は発生しないのである.

他方,補題5.4.1(ii)については,(結果的には)前節のモデルでも成立する.補題5.3.1,命題5.3.1より,農業部門の輸送費が正であるかぎり,常にこの三者が成立するからである.

5.4.1 賃金方程式の性質

(5-1), (5-15), (5-16)式を,(5-10)式に代入すれば,賃金を決定する以下の方程式を得ることができる[39].

$$F(w) \equiv Q_0(w) + Q_1(w)\phi + Q_2(w)\phi^2 = 0, \tag{5-17}$$

ただし,

$Q_0(w) \equiv (w-1)\theta(1-\theta),$
$Q_1(w) \equiv w^{2-\sigma}[(1-\theta)w^{2\sigma-3} - \theta]\sigma,$
$Q_2(w) \equiv \theta(\sigma-1+\theta)w - (1-\theta)(\sigma-\theta).$

(5-17)式を**賃金方程式**と呼ぼう.

賃金方程式(5-17)は w の陰関数である.また,w のべき乗項を含むので,

---

[39] ただし,(5-10)式の ϕ^m については,ここでは単に ϕ と表す.

図5.2 賃金の逆U字カーブ

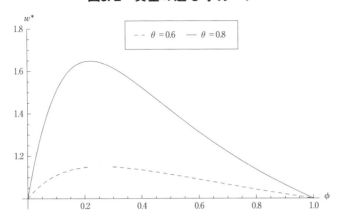

一般的な σ において明示的に w を解くことはできない.特殊ケースとして,$\sigma=2$ の場合について w を解くと,

$$w^* = 1 + \frac{2(2\theta-1)(1-\phi)\phi}{2\phi(1-\theta)+\theta(1-\theta)+\theta(1+\theta)\phi^2}$$

が得られる.図5.2は,この大国の賃金をグラフで示したものである.横軸を交易の自由度 ϕ とし,$\theta=0.6$,$\theta=0.8$ の2つの場合について示している.この図から以下のことが分かる.第一に,いかなる $\phi \in (0,1)$ に対しても,$w>1$ が成立する.どの家計も資本所得は同一であるので,賃金所得が高いぶん,大国の家計の方が高い所得を得ていることになる.第二に,交易の自由度が高まるにつれて,賃金は逆U字型に変化する.具体的には,

$$\phi^\# \equiv \frac{\sqrt{2\theta(1-\theta)}-\theta(1-\theta)}{2-\theta+\theta^2}$$

とすれば,w は $\phi \in (0, \phi^\#)$ のとき単調に増加し,$\phi \in (\phi^\#, 1)$ のとき単調に減少する.以上の性質は一般的な σ に対しても成立する[40].

補題 5.4.2 (i) 賃金方程式 (5-17) は唯一の解 w^* を持ち,任意の $\phi \in (0,1)$ に対して,$w^* \in (1, \infty)$ となる.さらに $\partial F(w^*)/\partial w > 0$ が成り立つ.

---

40) 証明については,Takahashi et al. (2013, Appendix A-C) を参照のこと.

（ii）$\phi=0,1$ のとき，$w^*=1$ となる．（iii）ある $\phi^{\#}\in(0,1)$ が存在して，w^* は $\phi\in(0,\phi^{\#})$ のとき ϕ の増加関数となり，$\phi\in(\phi^{\#},1)$ のとき ϕ の減少関数となる．

5.4.2 均衡の特徴

補題5.4.2からただちにいくつかの結果が得られる．第一に，補題5.4.2（i）より以下が得られる．

命題5.4.1 $\phi\in(0,1)$ であれば常に自国市場効果は生じる．また，そのとき常に大国が高賃金国となる．

この結果は，直観的には以下のように説明することができる．もし工業財が貿易できない状況 ($\phi\to 0$) であれば，企業シェアは人口シェアに等しくなり，両国の賃金も等しくなる（補題5.4.2（ii））．しかし，貿易が行われるようになると，相手国にも競争相手が現れることになる．もともと企業が多く立地している大国では新たな競争の影響は弱いが，企業が少ない小国ではその影響が強く働く．よって，大国に立地することが企業にとって有利になる．大国により多くの企業が立地するようになると，労働需要の増加によって，大国の賃金を高めることになる．前節の結果（命題5.3.1）とあわせて考えれば，この結果は2要素経済モデルであれば，農業部門の有無にかかわらず成立する，かなり一般的な結果であると考えることができる．

ここで，OECD諸国における法人税のデータを紹介しよう[41]．OECD諸国の中で，人口が2000万人以下の国（具体的には，オーストリア，ベルギー，フィンランド，ギリシャ，アイルランド，オランダ，ノルウェー，ポルトガル，スウェーデン，スイス）を「小国」，2000万人以上の国（具体的には，オーストラリア，カナダ，フランス，ドイツ，イタリア，日本，スペイン，アメリカ）を「大国」と呼ぶとしよう．表5.1は，1982年から2005年までの大国・小国別平均法人税率である．表中の Δ は「大国の平均税率－小国の平均税率」

---

[41] データの出典は，Devereux et al.(2002).

表5.1 OECD国の平均法人税率

年次	大国	小国	Δ	年次	大国	小国	Δ
1982	48%	47%	1%	1994	40%	31%	9%
1983	49%	47%	2%	1995	42%	31%	11%
1984	49%	46%	3%	1996	42%	32%	10%
1985	48%	46%	2%	1997	42%	32%	10%
1986	47%	45%	2%	1998	40%	31%	9%
1987	46%	43%	3%	1999	39%	31%	8%
1988	44%	43%	1%	2000	38%	31%	7%
1989	43%	40%	3%	2001	36%	31%	5%
1990	42%	38%	4%	2002	36%	31%	5%
1991	42%	36%	6%	2003	36%	30%	6%
1992	42%	33%	9%	2004	36%	30%	6%
1993	41%	32%	9%	2005	35%	28%	7%

であり，全ての年において大国が小国を上回っていることが分かる．このことは，命題5.4.1に関連付けて次のように解釈することができる．大国が人口シェア以上の企業シェアを持つというこの結果は，税金を考えなければ資本は小国から大国に流入するということを意味している．これは大国に立地することで得られる利得が，小国に立地することで得られる利得を上回っているからである．この利得の差を**集積レント**（agglomeration rent）と呼んでいる（Baldwin and Krugman, 2004，および本書の13.2節を参照）．この集積レントが存在すると，大国では小国より少しくらい高い税率をかけても企業は出て行かない．集積レントが存在する分，大国では税率が高くなる傾向があるのである．次に，5.2節で得られた命題5.2.2の結果は，ここでも成立する．

命題5.4.2 大国の企業シェアおよび相対賃金は，その人口シェアの増加関数である．

証明：(5-8) 式と (5-9) 式において，$r_1=r_2=\bar{r}=r, \mu=1$ であることを利用すれば，

$$\frac{\theta(w+r)L}{w^{1-\sigma}n_1+\phi n_2}=\frac{\sigma r(w^{\sigma-1}-\phi)}{1-\phi^2}, \quad \frac{(1-\theta)(1+r)L}{w^{1-\sigma}\phi n_1+n_2}=\frac{\sigma r(1-\phi w^{\sigma-1})}{1-\phi^2}$$

を得ることができる．両式とも左辺が正であるため，賃金に関する上限と下限が以下のように得られる．

$$\phi<w^{\sigma-1}<\frac{1}{\phi} \tag{5-18}$$

一方，関数 $F(w)$ は大国の人口シェアにも依存するので，$F(w)$ を $F(w,\theta)$ と書き表そう．$F(w,\theta)$ の θ に関する偏微分は

$$\begin{aligned}\frac{\partial F(w^*,\phi)}{\partial \theta}=&-(2\theta-1)(w^*-1)(1-\phi^2)\\&-\sigma\phi[w^{*\sigma-1}-\phi+w^*(w^{*1-\sigma}-\phi)]<0\end{aligned}$$

ただし，不等式は (5-18) から得られる．補題5.4.2（ⅰ）と陰関数定理（例えば，入谷・加茂，2016，第9章を参照）から

$$\frac{\partial w^*}{\partial \theta}=-\frac{\frac{\partial F(w^*,\theta)}{\partial \theta}}{\frac{\partial F(w^*,\theta)}{\partial w}}>0$$

が成り立つ．さらに，(5-16) 式より，他を一定としたとき，大国の企業シェアは賃金および人口シェアの増加関数である．したがって，大国の企業シェアは人口シェアの増加関数である． ∎

次に，補題5.4.2（ⅱ）から，輸送費用が全くかからない場合と無限大（貿易が不可能）の場合，両国の賃金が均等化され，補題5.4.1（ⅱ）より自国市場効果も生じないことが分かる．すなわち，正でかつ有限な輸送費用が，自国市場効果発生の条件となる．伝統的な国際経済学では，輸送費用が全くかからない，もしくは貿易が全く行われないケースに分析を限定しがちであったが，ここでの結果は，それらのケースがいかに特殊なケースであるかを教えてくれる．

最後に，補題5.4.2（ⅲ）は自国市場効果が輸送費用の低下にともなってどのように変化するかを教えてくれる．(5-16) 式とあわせて考えれば，以下が

図5.3 企業シェアの逆U字カーブ

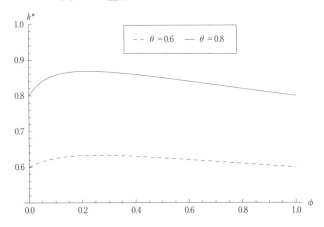

得られる.

命題5.4.3 大国の企業シェアおよび相対賃金は，交易の自由度が高まるにつれて逆U字型に変化する．

これは，5.2節で得られた命題5.2.3と対照的である．$\sigma = 2$の場合については，図5.2, 図5.3にそれぞれ，大国の相対賃金，企業シェアの変化を示している．

命題5.4.1のところで，なぜ貿易が可能になると自国市場効果が生まれるのかについて説明した．貿易が可能になると小国での競争が相対的に激しくなるため，大国で企業が増加し，賃金が上昇するということであった．しかし，輸送費用が十分小さくなると，どちらの国に立地しようが競争の程度は同程度になる．したがって，それに代わって，労働費用（賃金）が立地を決める上で重要な要素になってくる．企業が小国（低賃金国）に戻っていくのはそのためである．大国の賃金もそれにともなって低下し始めることになる．

経済発展にともなって，所得の地域間格差が逆U字型を描くということについては，多くの実証研究によって支持されている．ウィリアムソン（Williamson, 1965）はその代表的なものであり，アメリカの州レベルの所得デー

タから，同国の経済発展にともなって地域間所得格差が逆U字型に推移することを示した．このような所得格差の変化については，様々な理由が考えられよう．その1つとして，輸送費用の低下に基づく本モデルのメカニズムも考えられるであろう．

一方，企業立地の逆U字型推移を支持する実証研究もある（Barrios and Strobl, 2009）．また，新貿易理論や新経済地理学に基づいてこのような企業立地パターンを説明するモデルはほかにも存在する[42]．しかしそれらは全て農業部門を含み，結果は農業部門の諸仮定（輸送費用，生産技術，財の差別化）に依存する．本モデルは，農業部門を捨象したとしても，移動可能な資本がありさえすれば，企業立地や賃金格差が逆U字型に推移することを示しているのである．

5.5 まとめ

本章では，前章で説明した新貿易理論のモデルのフレームを継承しつつ，国際移動可能な資本を導入した2要素経済モデルについて解説した．前章と本章の各節をモデルの設定によって整理すると，表5.2のようにまとめられる．

これらの分析を通して，以下のことが明らかになった．第一に，国際移動可能な資本を導入すると，任意の輸送費用の下で自国市場効果が発生する．特に，1要素モデルと異なり，農業財の貿易や農業部門そのものの有無に関係なく，

表5.2 第4章と第5章のモデルの整理

	1要素経済モデル	2要素経済モデル
農業部門の輸送費なし	4.2.2項	5.2節
農業部門の輸送費あり	4.3節, 4.4節	5.3節
農業部門なし	(4.3節)	5.4節

---

[42] 前章4.3節で紹介したモデルは，農業部門の輸送費用から説明している．Krugman and Venables (1990, Section 5), Venables (1996), Puga (1999) は，農業部門の収穫逓減技術によって説明した．また，Zeng and Kikuchi (2009) は，国ごとに差別化された農業財がそのようなパターンを生むことを示した．

自国市場効果が生じることが分かった．第二に，この結果から，移動可能な資本が企業立地に与える影響について明らかにすることができた．資本の国際移動は，必ず工業財の貿易不均衡を吸収するように働いた．言い換えれば，移動可能な資本は収穫逓増産業の集積を促す役割を持っているのである．第三に，逆に移動可能な資本さえ導入すれば，自国市場効果，賃金格差，立地や所得の逆 U 字型変化など，これまで理論研究や実証研究で得られている結果をうまく説明できることが分かった[43]．

練習問題

問題5.1 本章のモデルでは海外直接投資（FDI）を行う場合，自国で投資を行う場合と比較して，追加的な費用は生じないことを仮定している．しかし，現実の世界では様々な追加的費用が考えられる．どのような費用が考えられるか列挙しなさい．

---

[43] 5.4節で紹介したモデルはより一般的な経済空間まで拡張できる．例えば，Tan and Zeng (2014) は生産技術や資源の比較優位が存在する場合を分析し，Zeng and Uchikawa (2014) は多国の場合に拡張した．また，Zeng (2016) は資本の移動コストが企業立地と労働賃金に与える影響を分析し，Takatsuka and Zeng (2016) は貿易費用が非対称なケースを考え，非関税保護貿易の効果を分析した．

第6章

新経済地理学と均衡の安定性

6.1 はじめに

1.6節でも指摘したとおり，オリーンは彼の主著 *Interregional and International Trade* (Ohlin, 1933) の中で，国際貿易理論は本来，財の輸送費と生産要素の移動可能性を考える立地理論であるべきだとした．その意味で，資本の国際移動を考慮し，企業の移動を明示的に考えた前章のモデルは，オリーンの考える本来の貿易理論に近いものだということができよう．しかしそうだとしても，それは「国際貿易 (international trade)」のモデルであって，「地域間交易 (interregional trade)」のモデルとはいえない．一国内の地域間の話になると，労働の移動が無視できなくなってくるからである．

しかし，収穫逓増と輸送費用が産業集積をもたらすというロジックは，労働移動が可能な状況においても有効である．そして実際にその分析は，新貿易理論を創始したクルーグマン自身の手によって開始された (Krugman, 1991)．**新経済地理学**（New Economic Geography; NEG）の誕生である．クルーグマンは，次のように述べている (Krugman, 2009)．

> なぜ，地理学は貿易理論家に無視されてきたのだろうか．主な理由は，地理的パターンにおいては明らかに収穫逓増が中心的な役割を果たすからだ．実際，シリコンバレーが外生的な生産要素に恵まれているとか，リカードの比較優位があるとか，誰も考えないだろう（神はサンタクララバレーを，半導体のためではなく，アプリコットのために創ったのだ）．貿易理論家が収穫逓増にしり込みしているあいだ，経済地理学はずっと見向きもされなかったのである．

本章ではまず，これまでのモデルに労働の地域間移動を導入すると，モデルにどのような変更がもたらされるかを説明する．そしてこの労働移動の考慮が，これまでのモデルでは見られなかった「複数均衡」をもたらす可能性があり，どの均衡が実現しやすいかを考えるために安定性の分析が必要になってくることを示す．

6.2 前方連関効果と後方連関効果

　経済発展論の分野においてハーシュマン（Hirschman, 1958）は，産業間で相互に及ぼしあう影響について，**前方連関効果**（forward-linkage effect）および**後方連関効果**（backward-linkage effect）という考え方で整理した．簡単に説明すると以下のようになる．いま，図6.1のように，A，B，Cの3つの産業があり，A産業はB産業に製品を販売し，B産業はC産業に製品を販売するという，産業間の連関構造があるとする．このとき，B産業の成長をもたらすような外生的なショックが発生したとしよう．このショックは他の産業に対してどのような効果をもたらすだろうか．第一は，B産業に製品を販売するA産業への効果である．B産業の生産が拡大すれば，それにともないA産業からの販売額も拡大するだろう．この効果はB産業から見れば「後方（川上）」に位置する産業への効果なので，後方連関効果と呼ばれる．第二は，B産業から製品を購入するC産業への効果である．B産業が成長し，それによって製品の価格が低下したり，質が向上したりすれば，それはC産業に好ましい影響を与える．この効果はB産業から見れば「前方（川下）」に位置する産業への効果なので，前方連関効果と呼ばれる．

　同じような考え方を，企業部門と家計（労働）部門に適用することもできる．企業部門は家計部門から労働を雇って生産を行うので，この意味では，家計部門が企業部門の川上に位置すると言える．しかし，家計部門は企業部門から財を購入するので，この意味では，企業部門が家計部門の川上に位置するとも言える．したがって，企業部門と家計部門の関係は，図6.2のように，無限に続くループの関係にあると言える．

　この図に従って，企業と家計の間で発生しうる前方連関効果と後方連関効果

図6.1　前方連関効果と後方連関効果

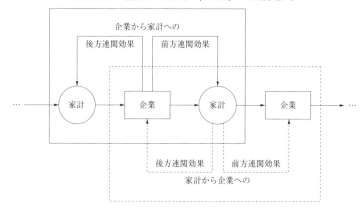

図6.2　企業・家計（労働）の連関図

を考えてみよう．まず，図6.2の点線ボックスに焦点を当て，家計から企業への効果を考える．ある地域において家計が増加すると，市場規模が拡大するので，そこで財を販売する企業に好ましい影響を与える．これは，「**家計から企業への後方連関効果**」と呼ぶことができる．一方，家計が増加すると，労働供給が増え，賃金が低下するので，労働を雇用する企業に好ましい影響を与える．これは，「**家計から企業への前方連関効果**」である．どちらの効果も企業にとっては好ましいので，この地域において企業を増やすよう働く．ただし，企業が増加すると今度は，労働需要が増えて賃金が上昇し，企業間の競争も激しくなる．これらは企業を減らすよう作用することに注意しよう．

次に，図6.2の実線ボックスの部分に焦点を当て，企業から家計への効果を考えよう．ある地域において企業が増加すると，労働需要が増えて賃金が上昇するので，そこで働く家計に好ましい影響を与える．これは，「**企業から家計への後方連関効果**」と呼ぶことができる．一方，企業が増加すると，その地域で生産される財のバラエティが増加するので，財を消費する家計に好ましい影響を与える．これは，「**企業から家計への前方連関効果**」である．どちらの効果も家計にとっては好ましいので，この地域において家計を増やすよう働く．ただし，家計の増加が，住宅費用や通勤費用といった都市費用の上昇をもたらすと，これらは家計を減らすよう作用することになる．

いま，企業や家計（労働）の数を含め，全ての点において対称な二つの地域

があるとしよう．そこに，片方の地域から他方の地域に家計が移動するという外生的ショックが生じたとする．このとき，家計部門のショックは企業部門に対して，前方・後方連関効果を生む．これによって企業は増加するが，同時に賃金の上昇，競争の激化が起こるので，これらの効果のバランスによって企業数が決まることになる．第4章，第5章で述べた，市場規模，価格優位性，競争度の3つのバランスによって立地が決まるというメカニズムである．結果的には，家計の増加は，その増加割合以上に同地域で企業を増加させ，この現象を自国市場効果と呼んだ．

もし，この外生的なショックの後，内生的な労働移動が起きえないとすれば，ここで話は終わりである．しかし，もし内生的な労働移動が可能であるとすれば，企業の増加が今度は家計の増加をもたらす可能性がある．その地域で生産される財のバラエティの増加，賃金の上昇が生じ，「企業から家計への前方・後方連関効果」が生じるからである．これらは，1.3節で述べた家計の立地要因（消費の多様性，賃金所得）に対応する．このように，**「家計から企業への前方・後方連関効果」**と**「企業から家計への前方・後方連関効果」**が同時に生じると，企業部門の集積と家計部門の集積が互いに強化し合い，**集積の累積過程**（雪玉現象）を生み出す可能性が出てくる．これが，新貿易理論では扱われなかった，新経済地理学固有の問題である．

6.3 複数均衡の可能性と均衡の安定性

労働の地域間移動がモデルに与えるこのような影響は，分析上新たな問題をもたらすことになる．それは複数均衡と均衡選択の問題である．

まず簡単なケースとして，工業部門が1種類の産業から構成される場合を考えよう．企業は移動可能な熟練労働者によって経営され，生産技術は同一である．経済は地域1と地域2からなり，地域1の熟練労働者シェアをλとする．地域iにおける移動可能な家計の効用は労働分布の関数で与えられ，$u_i(\lambda)$と表すことにする[44]．地域間の移動コストを無視できると仮定すれば，移動できる家計は効用の高い地域へ移動する．よって，均衡状態であれば，どの地域においても，同じ効用水準u^*が享受できるはずである．一般的には，もしu^*

が存在し，

$\lambda^* \in (0,1)$ ならば，$u_i(\lambda^*) = u^*$
$\lambda^* = 1$ ならば，$u_2(\lambda^*) \leq u_1(\lambda^*) = u^*$
$\lambda^* = 0$ ならば，$u_1(\lambda^*) \leq u_2(\lambda^*) = u^*$

を満たせば，労働分布 λ^* を均衡と呼ぶ．ここでの不等式は「誰もいない地域があるとすれば，その地域に移ったときの効用は，そうでない地域に属するときの効用より低い」ということを示している．効用関数 $u_i(\lambda)$ が連続であれば，均衡は必ず存在することが知られている（Ginsburgh et al., 1985）．均衡 λ^* において，もしどの地域にも熟練労働者がいる（$\lambda^* \in (0,1)$）ならば，この均衡を**内点均衡**または**内点解**と呼び，そうでない均衡を**端点均衡**または**端点解**と呼ぶ．

2つの地域が全く同一の性質を持っているとすれば，労働分布 $\lambda = 1/2$ は必ず均衡となる．しかし，前節で述べたような集積の累積過程が生じる場合，これが唯一の均衡とは限らない．すなわち，労働が片方の地域に偏るような分布も均衡になりうるのである．したがって，どの均衡が実現しやすいかを考えるために，均衡の安定性分析が必要となる．ある均衡が**安定**（厳密には**漸近安定**）であるとは，その均衡から少し外れた状態から出発しても，十分時間が経てば同じ均衡に戻ってくる状態のことをいう．逆に，ある均衡から少し外れた状態から出発して，同じ均衡に戻らないとき，その均衡を**不安定**という．もちろん，不安定な均衡より安定な均衡が実現しやすいと考えられる．

一般的に安定性は，移動に仮定される動学システムに依存する．人口移動に関する研究においては，次の複製動学（replicator dynamics）が広く使われてきた．

$$\frac{d\lambda}{dt} = \lambda(1-\lambda)[u_1(\lambda) - u_2(\lambda)] \tag{6-1}$$

ここで，記号 t は時間を表す．労働者はより高い効用水準を求めるため，もし地域1の効用水準が地域2より高ければ，λ が増加し，逆に地域1の効用水準

---

44) もちろん，通常の経済学が教えるように，人々の間接効用はその人が直面する価格や得る所得の関数である．しかし，ここでは，労働分布が与えられれば，企業の利潤最大化や財市場の均衡によって，各地域の価格や所得は瞬時に決まってくると考えている．効用を労働分布のみの関数としているのはそのためである．

が地域2より低ければ，λ が減少する．動学システム (6-1) 式はこの移動特性を表現している．一方，労働者の移動速度は両地域の人口シェア λ，$1-\lambda$ にも比例する．このとき，内点均衡 λ^* が安定であるための条件は，$u_1'(\lambda^*) < u_2'(\lambda^*)$ として与えられる[45]．

この安定性条件は直観的に分かりやすい．(6-1) 式の右辺を $f(\lambda)$ として (6-1) 式を

$$\frac{d\lambda}{dt} = f(\lambda) \tag{6-2}$$

と書き直す．このとき，均衡 λ^* は $f(\lambda)=0$ の解であり，上述の安定性条件は $f'(\lambda^*)<0$ と書ける．図6.3では2つの均衡 λ^1 と λ^2 がある場合を描いている．まず左の均衡 λ^1 を考えよう．もし偶然人口分布が λ^1 から $\lambda^1-\Delta\lambda$ に変化するとしたら，$f(\lambda^1-\Delta\lambda)>0$ なので，(6-2) 式が正となり，人口シェア λ は増加する．逆に，人口分布が λ^1 から $\lambda^1+\Delta\lambda$ に変化するとしたら，$f(\lambda^1+\Delta\lambda)<0$ なので，(6-2) 式が負となり，人口シェア λ は減少する．すなわち，偶発的に均衡から離れたとしても均衡に戻る力がある．この力は $f'(\lambda^1)<0$ であることよって生まれる．したがって，$f'(\lambda^1)<0$ が均衡 λ^1 の安定性条件となるのである．一方，右の均衡 λ^2 においては，$f'(\lambda^2)>0$ が成り立つ．人口シェア λ が増えた場合，(6-2) 式が正となるので，さらなる人口増加が生じ，均衡からどんどん遠ざかっていく．つまりこの均衡は不安定な均衡ということになる．図6.3では，黒丸で安定均衡を，白丸で不安定均衡を表している．

以上の結果は多産業の場合に拡張できる．いま，工業部門に $K \geq 1$ 種類の産業があるとしよう．各産業において必要な技術が異なり，熟練労働者の産業間移動はできないとする．よって，$\lambda_k \in [0,1]$ を産業 k の熟練労働者のうち地域1に立地する比率とすれば，$1-\lambda_k$ が同熟練労働者のうち地域2に立地する比率となる．可能な労働分布の集合は，

$$\Lambda = \{\boldsymbol{\lambda} = (\lambda_1, \cdots, \lambda_K)^T \mid 0 \leq \lambda_k \leq 1\}$$

---

[45] Tabuchi and Zeng (2004) によれば，この安定性条件は (6-1) よりかなり一般的な動学システムに対して成立する．

図6.3 安定性条件

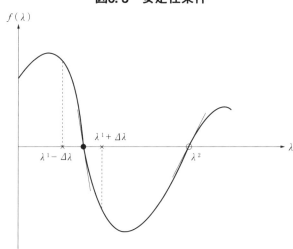

と書ける．各地域・各産業の住民の効用は労働分布の関数で与えられるものと仮定し，$u_{ik}(\lambda)$ と表す．住民は効用の高い地域へ移動し，均衡状態であれば，どの地域においても，同じ産業の人は同じ効用水準 u_k^* を享受する．すなわち，もし u_k^* が存在し，

$\lambda_{ik}^* > 0$ なら $u_{ik}(\lambda^*) = u_k^*$
$\lambda_{ik}^* = 0$ なら $u_{ik}(\lambda^*) \leq u_k^*$

を満たせば，労働分布 $\lambda^* \in \Lambda$ を均衡と呼ぶ．ただし，$\lambda_{1k}^* = \lambda_k^*$，$\lambda_{2k}^* = 1 - \lambda_k^*$ である．この場合でも，効用関数 $u_{ik}(\lambda^*)$ が連続であれば，均衡は必ず存在することが知られている（Ginsburgh et al., 1985）．均衡 λ^* において，もしどの地域のどの産業にも熟練労働者がいる（$\lambda_{ik}^* \in (0,1)$）ならば，この均衡を**内点均衡**または**内点解**と呼び，そうでない均衡を**端点均衡**または**端点解**と呼ぶ．

(6-2) 式を一般化し，多産業の場合の労働移動が動学システム

$$\frac{d\lambda}{dt} \equiv \begin{pmatrix} \dfrac{d\lambda_1}{dt} \\ \vdots \\ \dfrac{d\lambda_K}{dt} \end{pmatrix} = \begin{pmatrix} f_1(\lambda) \\ \vdots \\ f_K(\lambda) \end{pmatrix} \tag{6-3}$$

に従うとしよう．この微分方程式を，均衡 λ^* のまわりで線形近似すれば以下のように書ける．

$$\frac{d\lambda}{dt} = A(\lambda - \lambda^*)$$

ただし，行列 A は

$$A \equiv \begin{pmatrix} \frac{\partial f_1(\lambda^*)}{\partial \lambda_1} & \cdots & \frac{\partial f_1(\lambda^*)}{\partial \lambda_K} \\ \vdots & \ddots & \vdots \\ \frac{\partial f_K(\lambda^*)}{\partial \lambda_1} & \cdots & \frac{\partial f_K(\lambda^*)}{\partial \lambda_K} \end{pmatrix}$$

と定義される．このとき，以下の定理が知られている[46]．

定理6.3.1 行列 A の全ての固有値の実部が負であれば，動学システム (6-3) の均衡 λ^* は漸近安定である．行列 A の固有値に実部が正のものが1つでもあれば，均衡 λ^* は不安定である．

これよりただちに以下が得られる．

系6.3.1 動学システム (6-3) の均衡 λ^* は漸近安定であれば，$\text{Tr}(A) < 0$, $|A| > 0$ である．なお，行列 A が 2×2 の場合は，$\text{Tr}(A) < 0$ かつ $|A| > 0$ であることは，λ^* が漸近安定であることの必要十分条件である．

証明：行列 A の固有方程式は

$$t^K - \text{Tr}(A)|t^{K-1} + \cdots + (-1)^K |A| = 0$$

と書ける．一方，行列 A の固有値を $t_1, t_2, \cdots, t_K$ と表せば，固有値・固有方程式の定義から，

---

[46] 証明は，小山 (2011, pp.267-268) または入谷・加茂 (2016, 第9章) を参照のこと．

$$\sum_{k=1}^{K} t_k = \mathrm{Tr}(A), \quad \prod_{k=1}^{K} t_k = (-1)^K |A| \tag{6-4}$$

を得る．行列 A の全ての固有値の実部が負であれば，

$$\sum_{k=1}^{K} t_k < 0, \quad \mathrm{sgn} \prod_{k=1}^{K} t_k = \mathrm{sgn}(-1)^K$$

であるので，$\mathrm{Tr}(A)<0$，$|A|>0$ が得られる．最後に，行列 A が 2×2 のとき，$\mathrm{Tr}(A)<0$ かつ $|A|>0$ であるならば，関係式 (6-4) と簡単な計算から，A の全ての固有値の実部が負であることが分かる．■

また，行列 A が対称行列であれば固有値は全て実数となるが，それらが全て負になることは行列 A が負定値 (negative definite) であることと同値である．また，そのことは行列 A の奇数次（偶数次）の首座小行列式が全て負（正）になることと同値である[47]．よって，行列 A の k 次首座小行列を A_k とすれば，定理6.3.1より以下が得られる．

系6.3.2 行列 A が対称行列であるとする．このとき，$(-1)^k|A_k|>0$ $(k=1,\cdots,K)$ であればそのときに限り，動学システム (6-3) の均衡 λ^* は漸近安定である．

練習問題

問題6.1 行列が負定値であることの定義と判定方法をまとめよ．

---

[47] 例えば，小山 (2010, pp.337-341) などを参照のこと．

第7章 核・周辺モデル

7.1 はじめに

　前章でも述べたとおり，クルーグマンは自身の国際貿易モデル（Krugman, 1980）を拡張し，一国内における企業立地，地域間人口移動を描写する新しい地域経済モデルを構築した（Krugman, 1991）．この研究は，それまでの技術的外部性に基づく地域経済（都市システム）モデル（例えば，Henderson, 1974）と比較して，以下の2つの点で大きく異なっている．第一は，企業立地および人口移動のメカニズムが，前章で説明した「連関効果」に基づいているとした点である．具体的には，財・サービスの供給主体が集まる所に需要主体は立地する傾向があるとする「企業から家計への連関効果」と，逆に需要主体が集まる所に供給主体は立地する傾向があるとする「家計から企業への連関効果」の2つが互いに強化しあい，集積の力となっている．現実の世界では，技術的外部性も連関効果もともに存在すると考えられるので（Marshall, 1920），その意味では2つのアプローチは補完的であると言える．第二の違いは，クルーグマンのアプローチにおいては，技術的外部性を仮定しないため，経済の均衡状態が全て選好や技術といった基本的な構造パラメータによって記述できるという点である．この点は，例えば構築されたモデルをもとに政策分析を行う場合，有用であると言える（Fujita and Thisse, 2002, p.299）．一方，技術的外部性を仮定するアプローチでは，集積を生み出す根源がいわばブラックボックス化されているため，そこから導かれる政策的含意が曖昧なものとなる傾向がある．

　本章では，新経済地理学を生み出す契機ともなった，クルーグマンの「核・周辺モデル（core-periphery model）」を紹介する．なお，以下で説明するとおり，このモデルは解析が困難で，多くの分析を数値シミュレーションに依存しなくてはならない．その点を改善しつつ，クルーグマンのモデルとほぼ同様の結果を導くモデル（Forslid and Ottaviano, 2003）についても紹介する．

7.2 モデル

　ここでは，4.2.2項のモデルに以下のような変更が加えられる．第一に，4.2.2項では労働者は全て同質であったが，ここでは2種類の労働者がいると考える．具体的には，「熟練労働者（skilled worker）」と「非熟練労働者（unskilled worker）」であり，それぞれの総数は外生的に与えられているものとする．第二に，工業部門が熟練労働者を雇用し，農業部門は非熟練労働者のみを用いるものとする．ただし，4.2.2項と同様に，工業部門においては独占的競争下で収穫逓増技術を用いて生産が行われ，農業部門においては完全競争下で収穫一定技術を用いて生産が行われる．第三に，非熟練労働者は2地域間を移動できないが，熟練労働者は2地域間を自由に移動できるものとする．なお，これまで2つの地域を「国」と呼んでいたが，今後は労働移動を認めるモデルを考えていくので「地域」と呼ぶこととする．また，本章では，4.2.2項のモデルと同様，工業部門には氷塊型の輸送費用を仮定するが，農業部門については輸送費用がかからないものとする．さらに農業財を価値基準財とするので，非熟練労働者の賃金は1となる．農業部門の輸送費は後の章において扱う．

7.2.1 クルーグマンのモデル

　クルーグマンのオリジナルのモデルでは，工業生産は熟練労働者のみによって行われ，非熟練労働者は農業生産に従事すると仮定される．各労働者の総数は固定されているので，労働者の部門間移動はない．4.2.2項と同様に，工業生産における固定労働投入を F，限界労働投入を ρ とする．地域 $r(=1,2)$ での熟練労働者の賃金を w_r で表すとすれば，(3-12) 式と (3-15) 式より，地域 r の均衡生産者価格，均衡生産量，均衡労働投入量はそれぞれ

$$p_r = w_r, \quad q_r = F\sigma, \quad l_r = F\sigma \tag{7-1}$$

となる．また，地域 r の熟練労働者数が H_r であるとすれば，そこに立地する企業の数は以下のようになる．

$$n_r = \frac{H_r}{l_r} = \frac{H_r}{F\sigma} \tag{7-2}$$

さらに，総需要量 (3-10) が企業の生産量 q_r に等しいことから，以下の関係式が得られる．

$$w_r^\sigma = \frac{\mu}{F\sigma}(Y_r P_r^{\sigma-1} + Y_s P_s^{\sigma-1} \phi) \tag{7-3}$$

(7-2) 式より，総企業数は一定となるので，これを1とする．さらに，総労働者数も1とし，そのうち μ が熟練労働者数，$1-\mu$ が非熟練労働者数とする．よって，(7-2) 式から $F=\mu/\sigma$ となり，これを (7-1) 式に代入すれば，$q_r = l_r = \mu$ となる．非熟練労働者数 L_r は，両地域で同数であり，$L_r = (1-\mu)/2$ を仮定する．また，熟練労働者のうち地域1に立地する割合を $\lambda \in [0,1]$ で表すと，$H_1 = \mu\lambda$，$H_2 = \mu(1-\lambda)$ となり，(7-2) 式より，$n_1 = \lambda$，$n_2 = 1-\lambda$ となる．

以上の結果および (3-9) 式より，各地域の地域所得と価格指数は，

$$Y_1 = \mu\lambda w_1 + \frac{1-\mu}{2}, \quad Y_2 = \mu(1-\lambda)w_2 + \frac{1-\mu}{2} \tag{7-4}$$

$$P_1 = [\lambda w_1^{1-\sigma} + (1-\lambda)w_2^{1-\sigma}\phi]^{\frac{1}{1-\sigma}}, \quad P_2 = [\lambda w_1^{1-\sigma}\phi + (1-\lambda)w_2^{1-\sigma}]^{\frac{1}{1-\sigma}} \tag{7-5}$$

となる．さらに (7-3) 式より，賃金は

$$w_1 = [Y_1 P_1^{\sigma-1} + Y_2 P_2^{\sigma-1}\phi]^{\frac{1}{\sigma}}, \quad w_2 = [Y_1 P_1^{\sigma-1}\phi + Y_2 P_2^{\sigma-1}]^{\frac{1}{\sigma}} \tag{7-6}$$

となる．したがって，(3-8) 式より，地域1に立地する熟練労働者の間接効用は以下のように表せる．

$$V_1 = \mu^\mu (1-\mu)^{1-\mu} w_1 P_1^{-\mu}$$
$$= \mu^\mu (1-\mu)^{1-\mu} \underbrace{[Y_1 P_1^{\sigma-1} + Y_2 P_2^{\sigma-1}\phi]^{\frac{1}{\sigma}}}_{\text{賃金を通した立地効果}} \underbrace{[\lambda w_1^{1-\sigma} + (1-\lambda)w_2^{1-\sigma}\phi]^{\frac{\mu}{\sigma-1}}}_{\text{生計費を通した立地効果}} \tag{7-7}$$

この間接効用は熟練労働者の立地を規定する．ただし，このモデルにおいては，熟練労働者の移動は企業の移動そのものである ((7-2) 式を参照のこと)．したがって，間接効用は企業の立地をも規定していることに注意したい．

ある地域において企業（熟練労働者）が増加した場合，それが間接効用，ひいては企業（熟練労働者）の再立地にどう影響するだろうか．(7-7) 式から，その影響は，**賃金を通した立地効果**と**生計費を通した立地効果**に分けて考えることができる．すなわち，企業の増加が，他地域と比較して大きな賃金所得の増加や生計費の低下をもたらせば，一層企業は増加するが，逆の効果が働けば企業は減少に転じていく．

短期均衡においては，熟練労働者のシェア λ を所与として，熟練労働者の賃金などが決定される．しかし，(7-4)，(7-5)，(7-6) 式は，w_1, w_2 のべき乗項を含む連立方程式なので，明示的に w_1, w_2 を求めることはできない．したがって，クルーグマンは分析の多くを数値シミュレーションに頼らざるを得なかった．次項では，このモデルに少し修正を加え，賃金が明示的に得られるモデルを紹介する．

7.2.2 フォースリッドとオタヴィアーノのモデル

フォースリッドとオタヴィアーノ（Forslid and Ottaviano, 2003）は，クルーグマンのモデルに対して，一点のみ変更を行った．それは，工業部門の生産は熟練労働者だけで行われるのではなく，非熟練労働者も用いられるとした点である．具体的には，固定投入を熟練労働者 F 単位，限界投入を非熟練労働者 ρ 単位とした．したがって，彼らのモデルは，5.2節のモデルにおいて，資本を熟練労働者に置き換えたものと考えることもできる．なお，ボルドウィンほか（Baldwin et al., 2003）では，5.2節の **FC モデル**（footloose capital model）に対比させて，本節のモデルを **FE モデル**（footloose entrepreneur model）と呼んでいる．

地域 r での熟練労働者の賃金を w_r とすると，固定費用は $C^f = Fw_r$，限界費用は $C^m = \rho$ となる．補題3.4.1より，

$$Fw_r = \frac{p_r q_r}{\sigma}, \quad \rho q_r = \rho p_r q_r$$

となり，

$$p_r = 1, \quad q_r = F\sigma w_r \tag{7-8}$$

が得られる．ここで，工業製品の生産者価格が定数（賃金と無関係）となっている点が重要である．実際，この生産者価格を（3-9）式に代入すると，価格指数が

$$P_1 = (n_1 + n_2\phi)^{\frac{1}{1-\sigma}}, \quad P_2 = (n_1\phi + n_2)^{\frac{1}{1-\sigma}} \tag{7-9}$$

となり，w_1, w_2 のべき乗項を含まない簡易な形で得ることができる．以下，賃金が明示的に求められることを確認しよう．

地域 r の熟練労働者数が H_r であるとすれば，そこに立地する企業の数は

$$n_r = \frac{H_r}{F} \tag{7-10}$$

となる．総需要量（3-10）が，企業の生産量（7-8）と等しいことから，

$$F\sigma w_1 = \mu(Y_1 P_1^{\sigma-1} + Y_2 P_2^{\sigma-1}\phi), \quad \sigma F w_2 = \mu(Y_1 P_1^{\sigma-1}\phi + Y_2 P_2^{\sigma-1})$$

が得られるが，これと（7-9）式より，熟練労働者の賃金は

$$w_1 = \frac{\mu}{F\sigma}\left(\frac{Y_1}{n_1+\phi n_2} + \frac{\phi Y_2}{\phi n_1 + n_2}\right), \quad w_2 = \frac{\mu}{\sigma F}\left(\frac{\phi Y_1}{n_1 + \phi n_2} + \frac{Y_2}{\phi n_1 + n_2}\right) \tag{7-11}$$

となる．

各地域に居住する非熟練労働者数をそれぞれ L，熟練労働者の総数を H としよう．また地域 1 に立地する企業（熟練労働者）のシェアを λ とすると，地域 1 の熟練労働者数は $H_1 = \lambda H$，地域 2 の熟練労働者数は $H_2 = (1-\lambda)H$ となる．よって，（7-10）式から，$n_1 = \lambda H/F$, $n_2 = (1-\lambda)H/F$ となる．それを（7-11）式に代入すれば，

$$\begin{aligned}w_1 &= \frac{\mu}{\sigma H}\left[\frac{Y_1}{\lambda + \phi(1-\lambda)} + \frac{\phi Y_2}{\phi\lambda + 1 - \lambda}\right], \\ w_2 &= \frac{\mu}{\sigma H}\left[\frac{\phi Y_1}{\lambda + \phi(1-\lambda)} + \frac{Y_2}{\phi\lambda + 1 - \lambda}\right]\end{aligned} \tag{7-12}$$

となる．一方，各地域の総所得は，

$$Y_1 = L + w_1 \lambda H, \quad Y_2 = L + w_2(1-\lambda)H \tag{7-13}$$

となる．（7-12）と（7-13）は w_1, w_2, Y_1, Y_2 の 4 変数に関する 4 つの方

程式である．これらを解けば，

$$w_1 = \frac{\frac{\mu}{\sigma}L}{1-\frac{\mu}{\sigma}} \frac{2\phi\lambda + \left[1-\frac{\mu}{\sigma}+\left(1+\frac{\mu}{\sigma}\right)\phi^2\right](1-\lambda)}{\phi[\lambda^2+(1-\lambda)^2]H + \left[1-\frac{\mu}{\sigma}+\left(1+\frac{\mu}{\sigma}\right)\phi^2\right]\lambda(1-\lambda)H} \quad (7\text{-}14)$$

$$w_2 = \frac{\frac{\mu}{\sigma}L}{1-\frac{\mu}{\sigma}} \frac{2\phi(1-\lambda) + \left[1-\frac{\mu}{\sigma}+\left(1+\frac{\mu}{\sigma}\right)\phi^2\right]\lambda}{\phi[\lambda^2+(1-\lambda)^2]H + \left[1-\frac{\mu}{\sigma}+\left(1+\frac{\mu}{\sigma}\right)\phi^2\right]\lambda(1-\lambda)H} \quad (7\text{-}15)$$

が得られる．これにより，主要な内生変数である賃金，地域所得，価格指数全てについて，明示的な解を得ることができた．

最後に，(3-8) 式から，地域 r の熟練労働者の間接効用（実質賃金）は以下のようになる．

$$V_r = \mu^\mu(1-\mu)^{1-\mu} w_r P_r^{-\mu} \quad (7\text{-}16)$$

この式から，ある地域で企業（熟練労働者）が増えたときの立地への影響は，クルーグマンのモデルと同様に，**賃金を通した立地効果**と**生計費を通した立地効果**に分けて考えることができる．(7-9) 式より，ある地域の企業が増えると，その地域の価格指数は（$\phi<1$ であるかぎり）低下する．したがってこの場合，生計費を通した効果は必ず正の効果となる．これは工業部門の限界投入を非熟練労働としたことで，工業製品の生産者価格が定数（賃金と無関係）となったため，企業の増加はその地域の工業財生計費を必ず改善するからである．これは，6.1 節で述べた「企業から家計への前方連関効果」に相当する．一方，賃金を通した立地効果は，正にも負にもなりうる．企業（熟練労働者）の増加は，(7-13) 式を通して当該地域の所得を増やす効果（**市場規模効果**）を持つ一方，(7-9) 式を通して当該地域の価格指数を低下させ，個別企業への需要や利潤を減らす効果（**競争効果**）を持つからである．実際，(7-14) 式より，

$$\left.\frac{\partial w_1}{\partial \lambda}\right|_{\lambda=\frac{1}{2}} = \frac{4L\frac{\mu}{\sigma}}{\left(1-\frac{\mu}{\sigma}\right)H} \frac{(1-\phi)[(\sigma+\mu)\phi - (\sigma-\mu)]}{(1+\phi)[(\sigma+\mu)\phi + (\sigma-\mu)]}$$

が得られるが，この式は輸送費用が十分大きいとき（ϕ がゼロに近いとき）は負になるが，輸送費用が十分小さいとき（ϕ が 1 に近いとき）は正になること

表7.1　企業（人口）増加がもたらす立地への影響（FE モデル）

	正のサブ効果	負のサブ効果
賃金を通した立地効果	市場規模効果	競争効果
生計費を通した立地効果	工業財生計費効果	

が分かる．前者の場合は競争効果が支配的になり，後者の場合は市場規模効果が支配的になるからである．このことは，企業（人口）の増加が，一層の増加を促すか否かは，輸送費の水準に依存していることを示唆している．企業（人口）増加がもたらす立地への影響をまとめると，表7.1のようになる．以下では，この立地への影響が，どのように輸送費の水準に依存しているかを具体的に考えよう．

7.3　均衡

本節以降は，明示的な解を得ることができたフォースリッドとオタヴィアーノのモデルに関して説明していく．熟練労働者の移動が可能な長期均衡を考えよう．そのために，人口移動の動学システムとして，前章で紹介した複製動学 (6-1) を用いることとする．(7-16) 式に適用すれば，以下のようになる．

$$\begin{aligned}
\frac{d\lambda}{dt} &= \lambda(1-\lambda)(V_1 - V_2) \\
&= \mu^\mu (1-\mu)^{1-\mu} \lambda(1-\lambda)\left(\frac{w_1}{P_1^\mu} - \frac{w_2}{P_2^\mu}\right) \\
&= \frac{LF^{\frac{\mu}{1-\sigma}}}{(\sigma-\mu)H^{\frac{1+\mu-\sigma}{1-\sigma}}} \frac{\mu^{1+\mu}(1-\mu)^{1-\mu}\lambda(1-\lambda)\Delta v(\lambda,\phi)}{\phi[\lambda^2+(1-\lambda)^2]+\left[1-\frac{\mu}{\sigma}+\left(1+\frac{\mu}{\sigma}\right)\phi^2\right]\lambda(1-\lambda)}
\end{aligned}$$

ただし，

$$\Delta v(\lambda,\phi) = \frac{2\phi\lambda + \left[1 - \frac{\mu}{\sigma} + \left(1 + \frac{\mu}{\sigma}\right)\phi^2\right](1-\lambda)}{[\lambda + \phi(1-\lambda)]^{\frac{\mu}{1-\sigma}}}$$
$$- \frac{2\phi(1-\lambda) + \left[1 - \frac{\mu}{\sigma} + \left(1 + \frac{\mu}{\sigma}\right)\phi^2\right]\lambda}{[(1-\lambda) + \phi\lambda]^{\frac{\mu}{1-\sigma}}} \quad (7\text{-}17)$$

である.

7.3.1 サステイン・ポイント

まず,端点均衡の安定性を考えよう.工業部門(熟練労働者)が,地域2に集積する($\lambda=0$),または地域1に集積する($\lambda=1$)ことが安定均衡になるための条件は,$\Delta v(0,\phi)<0$ または $\Delta v(1,\phi)>0$ である.一方,

$$\Delta v(0,\phi) = -\Delta v(1,\phi) = \frac{1 - \frac{\mu}{\sigma} + \left(1 + \frac{\mu}{\sigma}\right)\phi^2}{\phi^{\frac{\mu}{1-\sigma}}} - 2\phi$$

であるから,$\Delta v(0,\phi)<0$ または $\Delta v(1,\phi)>0$ が成立するための必要十分条件は,$\phi > \phi_s$ である.ただし,ϕ_s は,方程式

$$1 - \frac{\mu}{\sigma} + \left(1 + \frac{\mu}{\sigma}\right)(\phi_s)^2 - 2(\phi_s)^{1+\frac{\mu}{1-\sigma}} = 0 \quad (7\text{-}18)$$

の解である.ϕ_s は,交易自由度を上げていったときに,初めて端点均衡が安定となる交易自由度の値であり,このような値のことを**サステイン・ポイント**と呼んでいる[48].

7.3.2 ブレーク・ポイント

次に,対称な内点均衡 $\lambda=1/2$ を考えよう.この均衡が安定である必要十分条件は,6.3節の議論より,$\partial\Delta v(1/2,\phi)/\partial\lambda<0$ である.この条件は $\phi<\phi_b$ と書き換えることができる.ただし,

---

[48] 交易自由度ではなく,輸送費用で定義される場合もある.次のブレーク・ポイントについても同様.

$$\phi_b = \frac{1-\dfrac{\mu}{\sigma}}{1+\dfrac{\mu}{\sigma}} \frac{1-\dfrac{1}{\sigma}-\dfrac{\mu}{\sigma}}{1-\dfrac{1}{\sigma}+\dfrac{\mu}{\sigma}}$$

である．ϕ_b は，交易自由度を上げていったときに，初めて対称な内点均衡が不安定となる交易自由度の値であり，このような値のことを**ブレーク・ポイント**と呼んでいる．ここで，もし $\phi_b<0$ であれば，対称均衡は常に不安定となる．このような状況を回避するために，以下の条件を仮定する．

$$\mu < \sigma - 1 \tag{7-19}$$

これを**ブラックホールの非存在条件**と呼んでいる．

7.3.3 分岐ダイアグラム

(7-17) 式より，

$$\frac{\partial^2 \Delta v\left(\frac{1}{2},\phi_b\right)}{\partial \lambda^2}=0, \quad \frac{\partial^3 \Delta v\left(\frac{1}{2},\phi_b\right)}{\partial \lambda^3}>0$$

を得ることができる．これは $\Delta v(\lambda,\phi_b)$ のグラフが $\lambda=1/2$ の近傍で，図7.1の上段のグラフのようになっていることを意味している．この図において，黒丸は安定均衡，白丸は不安定均衡を表している．ブレーク・ポイントの議論から，$\phi<\phi_b$ では $\lambda=1/2$ の解が安定になるので，ϕ が ϕ_b から少しだけ小さくなると下段のグラフのように変化する．これは，ϕ が ϕ_b から少しだけ小さくなると，$\lambda=1/2$ の周りに 2 つの均衡が生じるものの，それらは不安定であることを示している[49]．

さらに，内点均衡は高々 3 つしか存在しないことも示されており[50]，輸送費用の減少（交易自由度 ϕ の増加）にともなう均衡立地の変化は，図7.2のようになる．ここで，実線は安定均衡，破線は不安定均衡を表している．このような安定均衡の変化は「トマホーク型分岐」と呼ばれるものである．7.2.1項

---

[49] 厳密な議論は，Grandmont（2008）を参照のこと．
[50] 詳しくは，Ottaviano（2001, Appendix A），Forslid and Ottaviano（2003, p.236）を参照のこと．

図7.1 $\Delta v(\lambda, \phi)$ のグラフの形状

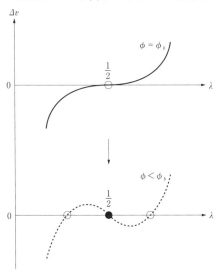

図7.2 フォースリッドとオタヴィアーノのモデルの分岐ダイアグラム

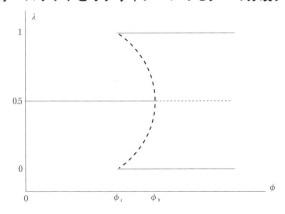

のクルーグマンのモデルでは，立地の変化を解析的に示すことは難しいが，数値シミュレーションによってこれと同じ分岐パターンを示すことが分かっている．輸送費が大きい場合は，企業はローカルな市場で競争しなくてはならないので，競争効果が強く働き，分散するが，輸送費が小さくなると競争効果が弱まり，完全集積が起こると考えられる．

7.4 まとめ

本章で紹介したクルーグマンのモデルとフォースリッド-オタヴィアーノのモデルは，基本的に似通った特徴を持つモデルであった．しかし，後者のモデルでは，主要な内生変数を明示的に解くことができ，それによって安定均衡の変化についても解析的な結論を得ることができた．それでも，熟練労働者の賃金と地域所得が，(7-12) 式と (7-13) 式を通して相互に依存しているために，得られる賃金方程式や間接効用格差はかなり複雑な式となった．これは工業財需要が所得効果を持つことに一因がある．したがって，工業財需要が所得効果を持たないような選好（農業財に関して準線形な効用関数）を用いれば，より簡素なモデルが構築できる可能性がある．次章では，そのようなタイプのモデルを紹介する．

練習問題

問題7.1 方程式 (7-12)，(7-13) から，解 (7-14)，(7-15) 式を導出せよ．

問題7.2 FE モデルにおける熟練労働者の立地選択要因と，FC モデルにおける企業の立地選択要因の類似点・相違点について述べよ．

第8章 準線形モデル

8.1 はじめに

　ここまで紹介してきたモデルは，すべて第 3 章のディクシット-スティグリッツのフレームワークに基づくものであった．具体的には，（ⅰ）工業財の部分効用を CES 関数（3-2）で表現している，（ⅱ）氷塊型の輸送費用を仮定している，といった特徴があった．これらは分析を簡素化する上でおおいに役立っているが，一方でいくつかの非現実的な結果も生み出している．第一に，価格付けにおけるマークアップ率は常に一定（$1/\sigma$）となる（（3-12）式の下の議論を参照）．通常，参入企業数が多い地域においては，競争が激しいためにマークアップ率が低下する傾向がある．しかし，CES 関数を用いたモデルでは，そのような意味での競争の効果は働かない．第二に，輸送費用は運ばれる財の金額（売上額）に比例する[51]．通常，輸送費用は運ばれる財の金額ではなく，量に比例するので，この結果は現実的ではない．8.2 節では，これら 2 つの仮定に全く依存しないモデルを紹介する．具体的には，CES およびコブ・ダグラス型の効用関数ではなく，2 次式の部分効用を持つ準線形効用関数に基づくモデルである．このモデルは，上記の不自然な結果を回避でき，なおかつ完全に解析可能であるという大きな利点を持っている．

　一方，8.3 節では，上記の（ⅰ），（ⅱ）の仮定を用いながら，農業財（価値基準財）に関して準線形の効用関数を用いるモデルを紹介する．これまでと同様の仮定に基づいていることから，このモデルにおいても，固定マークアップ率，および金額に比例した輸送費用は成立する．しかし，準線形効用関数を用いることで，賃金方程式はより簡素な表現ができる．また，所得効果がないため，労働の流入が市場規模を拡大させるという後方連関効果が，これまでのモデルよりも弱まることになる．これにより，前章のモデルとは異なる集積プロセスを見せることになる．

---

51) 氷塊型輸送の仮定においては，1 単位の財を移出するためには，$(\tau-1)$ 単位余計に生産しなくてはならない．その費用は，補題 3.3.1 より，売上額の $[(\sigma-1)/\sigma][(\tau-1)/\tau]$ 倍となる．

8.2 オタヴィアーノ・田渕・ティスのモデル

8.2.1 モデル

オタヴィアーノ・田渕・ティス（Ottaviano et al., 2002）は，消費者の選好を，2次式の部分効用を持つ準線形効用で仮定した．

$$U(q^0; q(i), i \in [0, n]) = \alpha \int_0^n q(i)di - \frac{\beta-\gamma}{2}\int_0^n [q(i)]^2 di - \frac{\gamma}{2}\left[\int_0^n q(i)di\right]^2 + q^0 \quad (8\text{-}1)$$

ここで，n はバラエティ（企業）数，$q(i)$ は工業財バラエティ $i \in [0, n]$ の消費量，q^0 は農業財（価値基準財）の消費量である．パラメータについては，$\alpha > 0$，$\beta > \gamma > 0$ を仮定する．α は工業財に対する選好の強さを表しており，仮定 $\beta > \gamma$ は消費者がより多様な消費を好むことを表している．なお，β を所与とした場合，γ はバラエティ間の代替性を表していると解釈することができる．

消費者は以下の予算制約の下で，効用（8-1）式を最大化する．

$$\int_0^n p(i)q(i)di + q^0 = y + \bar{q}^0 \quad (8\text{-}2)$$

ただし，y は個人所得，$\bar{q}^0$ は価値基準財の初期保有量である．$\bar{q}^0$ の値は十分大きく，価値基準財の消費量 q^0 は常に正である状況を考える．このとき，効用最大化の1階条件から，

$$\alpha - (\beta-\gamma)q(i) - \gamma \int_0^n q(j)dj = p(i), \quad i \in [0, n] \quad (8\text{-}3)$$

が得られる．（8-3）式の i についての積分を取ると，

$$\int_0^n q(i)di = \frac{\alpha n}{\beta + (n-1)\gamma} - \frac{1}{\beta + (n-1)\gamma}\int_0^n p(i)di$$

が得られるが，これを（8-3）式に代入すれば，次の需要関数が得られる．

$$q(i) = a - bp(i) + c \int_0^n [p(j) - p(i)]dj \quad (8\text{-}4)$$

ただし，

$$a \equiv \frac{\alpha}{\beta+(n-1)\gamma}, \quad b \equiv \frac{1}{\beta+(n-1)\gamma}, \quad c \equiv \frac{\gamma}{(\beta-\gamma)[\beta+(n-1)\gamma]} \quad (8\text{-}5)$$

である．この需要関数を（8-1）式に代入すれば，間接効用関数が得られる．

$$V(y; p(i), i \in [0, n]) = S + y + \bar{q}^0 \quad (8\text{-}6)$$

ただし，S は消費者余剰であり，

$$S = \frac{a^2 n}{2b} - a \int_0^n p(i)di + \frac{b+cn}{2} \int_0^n [p(i)]^2 di - \frac{c}{2} \left[\int_0^n p(i)di \right]^2$$

と書ける．

　生産技術については，基本的に7.2.2項と同じである．ただし，工業生産の限界費用は簡単化のためゼロとする．したがって，熟練労働者は工業生産の固定的投入としてのみ用いられ，非熟練労働者は，農業生産の限界的投入として用いられる．前章のモデルと同様に，農業財を価値基準財とし，限界労働投入を1，輸送費用をゼロとする．これにより，両地域の非熟練労働者の賃金はともに1となる．

　企業（バラエティ）は対称的であるので，地域 r に立地する企業の地域 s 向けの価格はすべて同一となる．これを p_{rs} で表すこととする．また，地域 r で生産される工業財バラエティに対する地域 s の消費者の需要を q_{rs} で表すとすれば，(8-4) 式より以下が得られる．

$$q_{rr} = a - (b+cn)p_{rr} + cP_r, \quad q_{rs} = a - (b+cn)p_{rs} + cP_s \quad (8\text{-}7)$$

ただし，P_r と P_s は以下で定義される工業財の価格指数である．

$$P_r = n_r p_{rr} + n_s p_{sr}, \quad P_s = n_r p_{rs} + n_s p_{ss} \quad (8\text{-}8)$$

　ここで，各地域に立地する非熟練労働者数をそれぞれ L，熟練労働者の総数を H とする．また，地域1に立地する熟練労働者の割合を $\lambda \in [0,1]$ で表すこととする．工業生産には固定費用として F 人の熟練労働者が投入されるため，地域1と地域2の企業数はそれぞれ，$n_1 = \lambda H/F = \lambda n$，$n_2 = (1-\lambda)H/F = (1-\lambda)n$ となる．また，工業財の輸送費用については氷塊型輸送を仮定せず，輸送量に比例する輸送費用を仮定する．すなわち，1単位の工業財の輸送には

τ 単位の価値基準財が必要であるとする．以上の仮定より，地域1に立地する企業の利潤は以下のように書ける．

$$\prod_1 = p_{11}q_{11}(L+\lambda H) + (p_{12}-\tau)q_{12}[L+(1-\lambda)H] - Fw_1$$

これまでと同様に，独占的競争の仮定の下で価格が決まるとする．利潤最大化の1階条件により，地域1の企業の均衡価格は

$$p_{11}^* = \frac{a+cP_1}{2(b+cn)}, \quad p_{12}^* = \frac{a+cP_2}{2(b+cn)} + \frac{\tau}{2} \tag{8-9}$$

となる．地域2に立地する企業についても同様の式が得られ，これらに (8-8) 式を代入した上で，$p_{11}^*, p_{12}^*, p_{22}^*, p_{21}^*$ について解けば，

$$p_{11}^* = \frac{2a+\tau c(1-\lambda)n}{2(2b+cn)}, \quad p_{22}^* = \frac{2a+\tau c\lambda n}{2(2b+cn)},$$
$$p_{12}^* = p_{22}^* + \frac{\tau}{2}, \quad p_{21}^* = p_{11}^* + \frac{\tau}{2} \tag{8-10}$$

が得られる．これらの式から以下のことが分かる．第一に，販売地域で企業数が増えるとその地域での販売価格は低下する．これは，企業数が増加すると競争が激しくなり，それがさらに (8-9) 式を通して，個々の財価格の低下を招くからである．この効果は，**競争促進効果**と呼ばれている[52]．個々の財価格が，販売地域の企業数や価格指数と無関係に決まっていた7.2.2項のモデルと比較すると，この結果は対照的である．したがって，第二に，販売先によって生産者価格は一般に異なり，輸送費の一部は生産者が負担する．事実，(8-10) 式より，

$$p_{rs}^* - p_{rr}^* \in (0, \tau) \tag{8-11}$$

が成立することが分かる．第三に，交易が行われるためには $p_{rs}^* > \tau$ でなくては

---

[52] これまでと同様の競争効果も存在する．すなわち，仮に競争促進効果による価格低下が起きなくても，企業数の増加は (8-8) 式より当該地域の価格指数を低下させるので，(8-7) 式より需要を減少させる．競争促進効果がある場合（企業が最適な価格付けを行う場合）には，個々の財価格も低下するため，価格指数の低下は増長される．この場合にも，企業数の増加は需要の減少をもたらす．

ならないが，もし

$$\tau < \tau_{\text{trade}} \equiv \frac{2aF}{2bF+cH} \tag{8-12}$$

であればそのときに限り，任意の人口分布において $p_{rs}^* > \tau$ が成立する．以下では，この (8-12) 式を仮定する．

均衡価格 (8-10) 式と利潤ゼロ条件より，地域1の熟練労働者の均衡賃金は，

$$w_1^* = \frac{b+cn}{F}\{(p_{11}^*)^2(L+\lambda H)+(p_{12}^*-\tau)^2[L+(1-\lambda)H]\}$$

となる（地域2についても同様の式が成立する）．(8-11) 式より，$p_{11}^* > p_{12}^* - \tau$ であるため，地域1の人口が増えれば賃金（操業利潤）が上昇する．これは市場規模の効果であり，当該地域の企業数を増加させるように働く．ただし，企業数の増加は同時に分散力も生み出す．企業が増加すると競争が激しくなるからである．具体的には，上で述べた競争促進効果から，地域1の企業が増え，地域2の企業が減ると，p_{11}^* は低下し，p_{12}^* は上昇する．このような競争の効果は，明らかに市場規模の効果を弱めるように働く．

間接効用 (8-6) 式，均衡価格 (8-10) 式より，地域間の効用格差は

$$\Delta V(\lambda) \equiv V_1 - V_2 = \underbrace{(S_1-S_2)}_{\text{生計費を通した立地効果}} + \underbrace{(w_1^*-w_2^*)}_{\text{賃金を通した立地効果}}$$

となる．ただし

$$S_1 - S_2 = \underbrace{(2\lambda-1)n\tau \frac{(b+cn)^2\left(a-\frac{b}{2}\tau\right)}{(2b+cn)^2}}_{\text{工業財生計費効果 (+)}}, \tag{8-13}$$

$$w_1^* - w_2^* = \underbrace{(2\lambda-1)\frac{n(b+cn)}{2(2b+cn)}\left\{2a\tau-\left(b+\frac{cH}{2F}\right)\tau^2\right\}}_{\text{市場規模効果 (+)}}$$
$$\underbrace{-(2\lambda-1)\frac{n(b+cn)}{2(2b+cn)}\frac{cL}{F}\tau^2}_{\text{競争効果 (-)}} \tag{8-14}$$

表8.1 企業（人口）増加がもたらす立地への影響（準線形モデル）

	正のサブ効果	負のサブ効果
賃金を通した立地効果	市場規模効果	競争効果
生計費を通した立地効果	工業財生計費効果	

である．地域間の効用格差が企業（熟練労働者）の立地を規定するが，$(S_1 - S_2)$ が**生計費を通した立地効果**を，$(w_1^* - w_2^*)$ が**賃金を通した立地効果**を表している．(8-12) 式より，生計費を通した立地効果 (8-13) は必ず正であることが分かる．すなわち，企業が増えると，当該地域の工業財生計費（消費者余剰）は相対的に改善される．一方，賃金を通した立地効果 (8-14) は**市場規模効果**と**競争効果**に分けることができ，それぞれ (8-14) 式の第 1 項と第 2 項に対応している[53]．競争効果は負であり，また (8-12) 式より，市場規模効果は正であることが分かる．(8-14) 式の第 1 項と第 2 項を比較すれば，τ が

$$\min\left\{\frac{4aF}{2bF + cH + 2cL}, \tau_{\text{trade}}\right\}$$

より小さいとき，賃金を通した立地効果は正であるが，そうでなければ負になることが分かる．言い換えれば，輸送費が大きい場合，企業（人口）増は当該地域の熟練労働者賃金を相対的に低下させる．前章のモデルと同様に，輸送費が大きい場合，企業はローカルな市場で競争しなくてはならないので，競争効果が強く働くからである．したがって，企業（人口）増加がもたらす立地への影響をまとめると，表7.1と同じで，表8.1のようになる．

さらに，この効用格差は，

$$\Delta V(\lambda) = C\tau(\tau^* - \tau)\left(\lambda - \frac{1}{2}\right) \tag{8-15}$$

---

53) この第 2 項は，バラエティ価格の式 (8-10) の競争促進効果を表す部分（p_{11}^*, p_{22}^* のそれぞれの分子第 2 項）から発生するものである．競争促進効果による価格低下は直接的に売上および利潤（賃金）を低下させる．一方，個別の財の低下は，価格指数を低下させ需要を減少させる従来の競争効果も引き起こし，これによっても売上および利潤（賃金）は低下する．第 2 項はこれら両方の効果をとらえている．

と表せる．ただし，

$$C \equiv [2bF(3bF+3cH+2cL)+c^2H(2L+H)]\frac{H(bF+cH)}{2F^2(2bF+cH)^2} \quad (8\text{-}16)$$
$$> 0$$

$$\tau^* \equiv \frac{4aF(3bF+2cH)}{2bF(3bF+3cH+2cL)+c^2H(2L+H)} > 0 \quad (8\text{-}17)$$

である．

8.2.2 均衡

人口移動の動学システムとして，ここでも複製動学（6-1）式を用いよう．(8-15) 式より，

対称内点均衡（$\lambda=1/2$）が安定である必要十分条件は $\tau > \tau^*$
端点均衡（$\lambda=1$ or 0）が安定である必要十分条件は $\tau < \tau^*$

という結果が得られる．これは，サステイン・ポイントとブレーク・ポイントが一致することを意味しており，これは第7章のモデルとは対照的な結果である．

ここで，もし $\tau^* > \tau_\text{trade}$ であれば，対称均衡は常に不安定となる．したがって，第7章と同様に，このような状況を回避するために，以下の「ブラックホールの非存在条件」を仮定する．

$$\frac{L}{H} > \frac{6b^2F^2+8bcFH+3c^2H^2}{cH(2bF+cH)}(>3)$$

最後に，図8.1は輸送費用 τ の低下に伴う，均衡の変化を示したものである．図中の実線は安定均衡を，破線は不安定均衡を表している．サステイン・ポイントとブレーク・ポイントが一致し，複数の安定均衡が生じる領域が存在しないことが確認できる．

8.2.3 貿易モデルへの応用

この準線形効用関数に基づくフレームは新貿易理論にも適用できる．ここで

図8.1 オタヴィアーノ・田渕・ティスモデルの分岐ダイアグラム

は，5.2節の FC モデルに適用してみよう．

世界は国1と国2からなり，世界全体で H 人の資本家と L 人の労働者がいるものとする．また，5.2節と同様に，どちらのシェアも国1が $\theta \in (1/2, 1)$ であるとする．各資本家は1単位の資本を，各労働者は1単位の労働を持つ．資本は2国間を自由に移動できるが，資本家と労働者は移動できない．

この経済には，工業財と農業財（価値基準財）がある．農業部門の生産，各財の輸送費，および消費者の効用関数は本節と同様に仮定する．工業部門は，1単位の資本を固定費用とし，C^m 単位の労働を可変費用として生産を行う．したがって，企業の総数 n は H に等しくなる．また，労働者数 L は企業数に対して十分多く，企業の立地にかかわらず，両国に農業部門が存在するものとする．農業財の仮定から，両国の労働賃金は1となる．

国1，国2に立地する企業の利潤はそれぞれ

$$\Pi_1 = (p_{11} - C^m)[a - (b+cn)p_{11} + cP_1]\theta(L+H)$$
$$\quad + (p_{12} - C^m - \tau)[a - (b+cn)p_{12} + cP_2](1-\theta)(L+H) - r_1,$$
$$\Pi_2 = (p_{21} - C^m - \tau)[a - (b+cn)p_{21} + cP_1]\theta(L+H)$$
$$\quad + (p_{12} - C^m)[a - (b+cn)p_{12} + cP_2](1-\theta)(L+H) - r_2$$

となる．利潤最大化の 1 階の条件から，

$$p_{11}^* = \frac{2[a+(b+cn)C^m]+n_2 c\tau}{2(2b+cn)}, \quad p_{21}^* = p_{11}^* + \frac{\tau}{2},$$

$$p_{22}^* = \frac{2[a+(b+cn)C^m]+n_1 c\tau}{2(2b+cn)}, \quad p_{12}^* = p_{22}^* + \frac{\tau}{2}$$

ここでは工業部門の交易が行われる場合に焦点を当てることとし，その条件は

$$\tau < \frac{2(a-bC^m)}{2b+cn} \equiv \tau_{\text{trade}}^{\text{FC}} \tag{8-18}$$

と書ける．均衡価格を利潤に代入し，内点均衡において $r_1 = r_2$ が成り立つことを利用すれば，内点均衡での立地シェアは

$$\lambda^* = \theta + \frac{4(a-bC^m)-(2b+cn)\tau}{cn\tau}\left(\theta-\frac{1}{2}\right) > \theta \tag{8-19}$$

と表せる．ただし，不等式は (8-18) 式による．内点均衡となるのは $\tau \geq \tau_{\text{cluster}}$ のときであり，$\tau \in [0, \tau_{\text{cluster}}]$ のときには，端点解 $\lambda^* = 1$ となる．ただし，

$$\tau_{\text{cluster}} \equiv \frac{8(a-bC^m)}{cn+2b(2\theta-1)}\left(\theta-\frac{1}{2}\right)$$

である．(8-19) 式は，準線形の効用関数の下でも，自国市場効果が現れることを示している．

8.3 フルーガーのモデル

8.3.1 モデル

フルーガー (Pflüger, 2004) は，第 3 章のコブ・ダグラス型効用関数 (3-1) に代えて，以下の準線形関数を仮定した．

$$U = \mu \ln M + A, \quad 0 < \mu < y \tag{8-20}$$

ただし，y は個人所得である．工業財の部分効用を表す M については，第 3 章と同様に CES 型関数 (3-2) を仮定する．農業財を価値基準財としている

ので，消費者の予算制約式は，

$$A + \int_0^n p(i)q(i)di = y$$

と書ける．したがって，これを (8-20) 式に代入すれば，消費者の効用最大化は以下のように表せる．

$$\max \mu \ln\left[\int_0^n q(i)^\rho di\right]^{\frac{1}{\rho}} + y - \int_0^n p(i)q(i)di$$

その1階条件より，

$$\mu \left[\int_0^n q(i)^\rho di\right]^{-1} q(j)^{\rho-1} - p(j) = 0 \tag{8-21}$$

が得られるが，この式からさらに

$$\frac{q(i)^{\rho-1}}{q(j)^{\rho-1}} = \frac{p(i)}{p(j)}$$

が得られる．第3章と同様に，この式を用いて，(8-21) 式から，$q(i)$ を消去すれば，工業財バラエティ j の需要関数を以下のように得ることができる．

$$q(j) = \mu \frac{p(j)^{-\sigma}}{P^{1-\sigma}} \tag{8-22}$$

ただし，P は工業財の価格指数であり，(3-5) 式で定義される．コブ・ダグラス型効用関数を用いたときの需要関数 (3-7) 式との違いは，所得 y が乗じられていない点のみである．さらにこの需要関数より工業財への支出は μ で一定となり，

$$M = \frac{\mu}{P}, \quad A = y - \mu$$

が得られる．最後に，これらを用いれば，消費者の間接効用関数は

$$V = \mu(\ln \mu - 1) + y - \mu \ln P \tag{8-23}$$

となる．

企業の諸仮定については，7.2.2項と同様である．すなわち，F 単位の熟練労働者を固定投入とし，ρ 単位の非熟練労働者を限界投入とする．(3-12) 式より，工業財の均衡価格は1となる．需要関数 (8-22) 式より，地域 r にあ

る各企業の総生産量 q_r は,

$$q_r = \frac{\mu(L+H_r)}{n_r+\phi n_s} + \frac{\phi\mu(L+H_s)}{\phi n_r+n_s}$$

となる.ただし,各地域の非熟練労働者数をそれぞれ L とし,地域 r の熟練労働者を H_r としている.また,熟練労働者の総数を H とし,地域1に立地する熟練労働者の割合を $\lambda \in [0,1]$ で表すこととする.さらに,$\eta \equiv L/H$ とすれば,補題3.3.1により,熟練労働者の賃金は,

$$\begin{aligned}w_1 &= \frac{\mu}{\sigma}\left[\frac{\eta+\lambda}{\lambda+\phi(1-\lambda)} + \frac{\phi[\eta+(1-\lambda)]}{\phi\lambda+(1-\lambda)}\right] \\ w_2 &= \frac{\mu}{\sigma}\left[\frac{\phi(\eta+\lambda)}{\lambda+\phi(1-\lambda)} + \frac{\eta+(1-\lambda)}{\phi\lambda+(1-\lambda)}\right]\end{aligned} \quad (8\text{-}24)$$

となる.

熟練労働者の地域間移動については,ここでも複製動学(6-1)式を用いる.このモデルでは,(8-23),(8-24),(7-9)式より,間接効用の地域間格差 $\Delta V(\lambda,\phi)$ は以下のように表せる.

$$\Delta V(\lambda,\phi) = \underbrace{\frac{(1-\phi)\mu}{\sigma}\left[\frac{\eta+\lambda}{\lambda+\phi(1-\lambda)} - \frac{\eta+(1-\lambda)}{\phi\lambda+(1-\lambda)}\right]}_{\text{賃金を通した立地効果}} \\ + \underbrace{\frac{\mu}{\sigma-1}\ln\frac{\lambda+\phi(1-\lambda)}{(1-\lambda)+\phi\lambda}}_{\text{生計費を通した立地効果}} \quad (8\text{-}25)$$

この式の第1項は賃金格差を,第2項は価格指数の(対数の)格差を表している.したがって,第1項が**賃金を通した立地効果**,第2項が**生計費を通した立地効果**を表している.7.2.2項のモデルと同様に,工業製品の生産者価格が定数であるので,生計費を通した立地効果は必ず正である.しかし,賃金を通した立地効果は輸送費が小さいときは正になるが,輸送費が大きいときには負になる.これまでと同様に,前者のときには市場規模効果が支配的になるが,後者のときには競争効果が支配的になるからである.したがって,企業(人口)増加がもたらす立地への影響をまとめると,表8.1と同様になる.

8.3.2 均衡

間接効用の地域間格差 $\Delta V(\lambda,\phi)$ が明示的な解として得られたので,均衡の安定性を解析的に分析することができる.

サステイン・ポイント

まず,端点均衡の安定性を考えよう.工業部門(熟練労働者)が,地域2に集積する($\lambda=0$),または地域1に集積する($\lambda=1$)ことが安定均衡になるための条件は,$\Delta V(0,\phi)<0$ または $\Delta V(1,\phi)>0$ である.一方,

$$\Delta V(0,\phi) = -\Delta V(1,\phi) = \frac{(1-\phi)\mu}{\sigma}\left[\frac{\eta}{\phi}-(\eta+1)\right]-\frac{\mu}{1-\sigma}\ln\phi$$

であるから,$\Delta V(0,\phi)<0$ または $\Delta V(1,\phi)>0$ が成立するための必要十分条件は,$\phi>\phi_s$ である.ただし,ϕ_s は方程式

$$\frac{1}{1-\sigma}\ln\phi = \frac{1}{\sigma}[(\eta+1)\phi+\eta\phi^{-1}-(2\eta+1)]$$

の解である.これまでと同様,ϕ_s をサステイン・ポイントと呼ぼう.

ブレーク・ポイント

次に,対称内点均衡 $\lambda^*=1/2$ を考えよう.この均衡が安定である必要十分条件は

$$\frac{\partial \Delta V\left(\frac{1}{2},\phi\right)}{\partial \lambda}<0$$

である.この条件は $\phi<\phi_b$ と書き換えることができる.ただし,

$$\phi_b = \frac{\sigma(2\eta-1)-2\eta}{\sigma(2\eta+3)-2(\eta+1)}$$

であり,これまでと同様 ϕ_b をブレーク・ポイントと呼ぼう.ここで,もし $\phi_b<0$ であれば,対称均衡は常に不安定となる.これまでのモデルと同様に,このような状況を回避するために,以下の「ブラックホールの非存在条件」を仮定する.

$$\frac{\sigma}{\sigma-1}<2\eta$$

図8.2　フルーガーモデルの分岐ダイアグラム

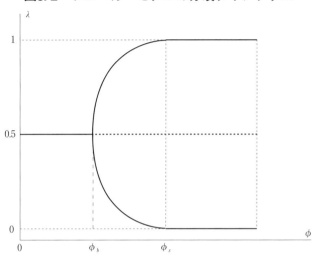

分岐ダイアグラム

図8.2は輸送費用の低下（ϕの上昇）に伴う，均衡の変化を示したものである．図中の実線は安定均衡を，破線は不安定均衡を表している．このような安定均衡の変化は「ピッチフォーク型分岐」と呼ばれるものであり，第7章や前節の結果と異なる．実際，(8-25) 式より，

$$\frac{\partial^2 \Delta V\left(\frac{1}{2},\phi_b\right)}{\partial \lambda^2}=0, \quad \frac{\partial^3 \Delta V\left(\frac{1}{2},\phi_b\right)}{\partial \lambda^3}<0$$

が得られる．これは $\Delta V(\lambda,\phi_b)$ のグラフが $\lambda=1/2$ の近傍で，図8.3の上段のグラフのようになっていることを意味している．ブレーク・ポイントの議論から，$\phi>\phi_b$ では $\lambda=1/2$ の解が不安定になるので，ϕ が ϕ_b から少しだけ大きくなると下のグラフのように変化する．これは，ϕ が ϕ_b から少しだけ大きくなると，$\lambda=1/2$ の周りに2つの安定な均衡が生じることを示している[54]．したがって，このモデルにおいては，$\phi_b<\phi_s$ となる．

安定均衡の分岐が，第7章と異なるのは，工業財需要に所得効果がないこと

---

[54]　厳密な議論は，Grandmont (2008) を参照のこと．

図8.3　$\Delta V(\lambda, \phi)$ のグラフの形状

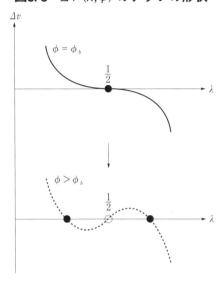

に起因している．所得効果がある場合，労働の流入が市場規模を拡大させるという連関（後方連関効果）は，労働の流入とともに累積的に大きくなっていく．市場規模の拡大は熟練労働者の所得を増加させるが，人口の増加に加え，その所得の増加が市場規模をさらに大きくするからである．しかし本章のモデルの場合，所得効果がないために，この「所得の増加が市場規模を拡大する」という効果は発生しない．これは，クルーグマン（Krugman, 1991）やフォースリッド-オタヴィアーノ（Forslid and Ottaviano, 2003）のモデルと比較すると，後方連関効果が弱いことを意味している．集積プロセスがカタストロフィックにではなく，漸次的に生じるのはそのためである．

8.4　まとめ

本章ではまず，CES 関数，および氷塊型輸送を仮定しないモデルを紹介した．具体的には，2次式の部分効用を持つ準線形効用関数，輸送量に比例する輸送費用を仮定し，サステイン・ポイントとブレーク・ポイントを含むすべての内生変数を明示的に解くことのできるモデルを紹介した．このモデルにおい

ては，サステイン・ポイントとブレーク・ポイントが完全に一致し，これまでのモデルとは異なる立地変化（分岐）を示した．また準線形効用関数の場合，個々人の効用の和によって社会的厚生を定義することが正当化できるため，厚生分析上有用であるという点も指摘しておこう．

さらに，CES関数，および氷塊型輸送の仮定は変えないで，7.2.2項のモデルの上位効用関数を準線形としたモデルも紹介した．これによって，賃金方程式や間接効用格差はより簡単化された．また，この場合もこれまでのモデルとは異なる立地変化を示し，非対称で安定的な内点均衡が得られることが分かった．

練習問題

問題8.1 （ⅰ）効用関数（8-1）式と制約条件（8-2）式から，需要関数（8-4）式を導出しなさい．（ⅱ）間接効用関数（8-6）式を導出しなさい．

第9章 労働費用がもたらす再分散

9.1 はじめに

　第7章，第8章で，新経済地理学の基本的なモデルをいくつか紹介した．それらのモデルでは，輸送費の低下にともなう立地の変化（分岐ダイアグラム）において多少違いが見られたものの，大きくは「分散から集中へ」という共通した結果を示していた．しかし，輸送費の低下は必ず集積立地をもたらすとは限らない．4.3節，5.4節のモデルを思い出してみよう．それらのモデルは，人口移動を認めない状況において，工業財の輸送費の低下が（大国において）逆U字型の企業立地をもたらすことを示していた．輸送費の低下は（市場アクセスの良い地域に）集積をもたらすものの，同地域の賃金を上昇させるため，十分輸送費が低下した場合，その賃金格差が立地を支配するようになるからである．このようなメカニズムは人口移動をともなう地域経済でも生じる．

　例えば，ヘンダーソンら（Henderson et al., 2001b, p.98）は，ブラジルの事例を紹介している．ブラジルでは，大サンパウロ（Grande São Paulo）地域の賃金上昇にともない，安い労働力がある農村地域への工業分散が進んだ．具体的には，交通の主軸に沿って，まずサンパウロ州へ，そして主に鉄などの鉱石資源のある内陸部ミナス・ジェライス州（Minas Gerais）へと分散が進み，その他の州にも分散立地した．その結果，州間における（産業内）貿易が増加した．明らかにこういった分散化の背景には，地域間交通インフラ整備の進展がある[55]．

　本章では，このような労働市場を通して生じる再分散プロセスをモデルによって示し，そこから得られるインプリケーションを明らかにする．本章のモデルでも示されるように，再分散の力は2つのルートから生じる．第一は，上でも述べた賃金の高騰である．これは，企業の利益を低下させるため再分散に貢献する．第二は，賃金の上昇によってもたらされる消費財価格の高騰である．これは，労働者の生計費を上昇させることで再分散に寄与する．

---

[55] このような分散プロセスは，Gallup et al.（1999）や Henderson（2000）でも報告されている．

本章はまず，8.2節で紹介した準線形モデルを用いて分析を行う（Picard and Zeng, 2005）．具体的には，i）工業部門も非熟練労働者を投入する，ii）農業財が地域で差別化されている，iii）農業財の輸送費が正である，といった仮定が新たに加えられる．仮定i）と仮定ii）から，集積は賃金上昇を通して企業立地に負の影響を与える．熟練労働者が増え，企業数が増えると，工業部門による非熟練労働需要が増える．これは同地域の農業財の生産を減らすが，農業財が地域で差別化されているため，それを他地域の農業財で代替するわけにはいかない．したがって，同地域の農業財は需要超過となり，非熟練労働者の賃金が上昇し，企業立地に対してマイナス要因が生じるのである．一方，仮定iii）から，集積は生計費上昇を通して立地に負の影響を与える．仮に，非熟練労働者の賃金が上昇し，同地域の農業財の価格が上昇したとしても，農業財の輸送費がゼロならば，それは生計費の地域間格差を生まない．しかし，輸送費が正である場合，企業が増え，賃金が上昇した地域では，生計費が相対的に高くなる．その地域では，域内の農業財も高いし，域外の農業財も輸送費のため高くなるからである．

9.3節では，以上の再分散の結果が，第7章で用いたCES型効用関数に基づくモデルにおいても得られることを確認する．

9.2 準線形モデルの利用

9.2.1 消費

8.2節で用いた効用関数を拡張し，以下のように地域で差別化された農業財を導入しよう．

$$\begin{aligned}
U(q^0, q^m, q^a) &= \alpha^m \int_0^n q^m(j) dj - \frac{\beta^m - \gamma^m}{2} \int_0^n [q^m(j)]^2 dj - \frac{\gamma^m}{2} \left[\int_0^n q^m(j) dj\right]^2 \\
&+ \alpha^a [q^a(1) + q^a(2)] - \frac{\beta^a - \gamma^a}{2} \{[q^a(1)]^2 + [q^a(2)]^2\} \\
&- \frac{\gamma^a}{2} [q^a(1) + q^a(2)]^2 + q^0
\end{aligned} \tag{9-1}$$

ここで，上添え字の m は工業部門を，a は農業部門を表す．また，$q^a(1)$ は地域1で生産される農業財の消費量，$q^a(2)$ は地域2で生産される農業財の消費量である．一方，q^0 は価値基準財の消費量である．また，この価値基準財は農業財とは別の財で，初期にその保有量が与えられており，生産はされないものとする（例えば，自然が生み出す希少な貴金属など）．なお，$\alpha^a = \beta^a = \gamma^a = 0$ のとき，この効用関数は（8-1）式に等しくなる．

各消費者の予算制約は

$$\int_0^n p^m(j) q^m(j) dj + p^a(1) q^a(1) + p^a(2) q^a(2) + q^0 = y + \bar{q}^0$$

である．ただし，$p^a(\cdot)$，$p^m(\cdot)$ は消費者の購入価格であり，y は個人所得である．価値基準財の初期保有量 $\bar{q}^0$ は十分大きく，均衡において全ての財を消費すると仮定する．8.2節と同様，価値基準財の輸送コストをゼロとする．

地域 $r \in \{1,2\}$ で生産し，地域 $s \in \{1,2\}$ で消費する財の価格と量を，それぞれ $p_{rs}(\cdot)$，$q_{rs}(\cdot)$ と表記しよう．農業部門において，地域1はコメ（農業財1）を生産し，地域2はジャガイモ（農業財2）を生産するとしよう．地域1はジャガイモを，地域2はコメを，それぞれ生産しないので，$q_{11}^a(2) = q_{12}^a(2) = q_{21}^a(1) = q_{22}^a(1) = 0$ となる．そのため，各地域のコメの消費量を単に q_{11}^a，q_{12}^a と，ジャガイモの消費量を q_{22}^a，q_{21}^a と記すこととする．消費者の効用最大化の1階条件から，地域1の各農業財の需要関数が得られる．

$$q_{11}^a = a^a - (b^a + 2c^a) p_{11}^a + c^a (p_{11}^a + p_{21}^a) \quad \text{（コメ）}$$
$$q_{21}^a = a^a - (b^a + 2c^a) p_{21}^a + c^a (p_{11}^a + p_{21}^a) \quad \text{（ジャガイモ）}$$

ただし，パラメータ

$$a^a = \frac{\alpha^a}{\beta^a + \gamma^a}, \quad b^a = \frac{1}{\beta^a + \gamma^a}, \quad c^a = \frac{\gamma^a}{(\beta^a - \gamma^a)(\beta^a + \gamma^a)}$$

はそれぞれ，農業財に対する需要の大きさ，価格に対する感度，両農業財の代替性を表す．$c^a \to \infty$ の場合，コメとジャガイモは完全代替となる．地域2の需要についても同様の式で表現できる．

工業財のバラエティは全て対称的であるので，地域 r で生産され，地域 s で

消費されるバラエティの消費量を単に q_{rs}^m で表そう。(8-7) 式と同様に，効用最大化の1階条件から，地域1で消費されるバラエティの需要 q_{r1}^m $(r \in \{1, 2\})$ は，

$$q_{11}^m = a^m - (b^m + nc^m)p_{11}^m + c^m P_1^m \tag{9-2}$$

$$q_{21}^m = a^m - (b^m + nc^m)p_{21}^m + c^m P_1^m \tag{9-3}$$

となる。ただし，

$$a^m = \frac{\alpha^m}{\beta^m + (n-1)\gamma^m},$$

$$b^m = \frac{1}{\beta^m + (n-1)\gamma^m},$$

$$c^m = \frac{\gamma^m}{(\beta^m - \gamma^m)[\beta^m + (n-1)\gamma^m]}$$

はそれぞれ，工業財に対する需要の大きさ，価格に対する感度，工業製品間の代替性を表しており，P_1^m は地域1の工業製品の価格指数であり，以下のように書ける。

$$P_1^m = \lambda n p_{11}^m + (1-\lambda) n p_{21}^m \tag{9-4}$$

ここで，$\lambda \in [0, 1]$ は地域1における企業数のシェアである。地域2の需要についても同様の式で表現できる。

最後に，地域1において，工業，農業の消費から得られる消費者余剰はそれぞれ，

$$\begin{aligned}
S_1^m =& \frac{(a^m)^2 n}{2b^m} - a^m n[\lambda p_{11}^m + (1-\lambda)p_{21}^m] \\
&+ \frac{b^m + c^m n}{2} n[\lambda (p_{11}^m)^2 + (1-\lambda)(p_{21}^m)^2] \\
&- \frac{c^m}{2} n^2 [\lambda p_{11}^m + (1-\lambda)p_{21}^m]^2,
\end{aligned}$$

$$\begin{aligned}
S_1^a =& \frac{(a^a)^2}{b^a} - a^a(p_{11}^a + p_{21}^a) \\
&+ \frac{b^a + 2c^a}{2}[(p_{11}^a)^2 + (p_{21}^a)^2] - \frac{c^a}{2}(p_{11}^a + p_{21}^a)^2
\end{aligned} \tag{9-5}$$

となり，間接効用関数は $V_1 = S_1^m + S_1^a + y + \bar{q}_0$ と書ける．地域 2 についても同様の式で表現できる．

9.2.2 生産

これまでと同様に，各地域の非熟練労働者数をそれぞれ L，熟練労働者の総数を H で表すこととしよう．工業部門は非熟練労働者も雇用し，ϕ^m 単位の熟練労働者，ϕ^a 単位の非熟練労働者がそれぞれ固定投入として必要となるとする[56]．ただし，8.2 節と同様に熟練労働者は工業部門だけで働き，限界投入はゼロであると仮定すれば，企業総数は $n = H/\phi^m$ となる．また，地域 1 に立地する熟練労働者の割合は，地域 1 の企業シェア λ に等しくなる．

したがって，地域 1 における各企業の利潤は以下のようになる．

$$\Pi_1^m = p_{11}^m q_{11}^m (L + \lambda H) + (p_{12}^m - \tau^m) q_{12}^m [L + (1-\lambda)H] \\ - \phi^m w_1^m - \phi^a w_1^a \tag{9-6}$$

ただし，τ^m は工業財の単位当たり輸送費，w_1^m, w_1^a はそれぞれ，地域 1 の熟練労働者と非熟練労働者の賃金である．地域 2 についても同様の式で表現できる．

地域 1 と 2 の需要関数（9-2），（9-3）式を企業の利潤関数に代入し，利潤最大化の 1 階条件を求め，さらに（9-4）式を利用すれば，以下の均衡価格が得られる．

$$p_{11}^m = \frac{2a^m + \tau^m c^m (1-\lambda) n}{2(2b^m + c^m n)}, \quad p_{21}^m = p_{11}^m + \frac{\tau^m}{2}, \tag{9-7}$$

$$p_{22}^m = \frac{2a^m + \tau^m c^m \lambda n}{2(2b^m + c^m n)}, \quad p_{12}^m = p_{22}^m + \frac{\tau^m}{2} \tag{9-8}$$

これより，各企業の利潤は以下のように書ける．

---

[56] 記号 ϕ^m と ϕ^a は 4.3 節において，それぞれ工業部門と農業部門の交易自由度を表したが，ここでは違う意味で用いている．

$$\Pi_1^m = (b^m + c^m n)\{(L+\lambda H)(p_{11}^m)^2 + [L+(1-\lambda)H](p_{12}^m - \tau^m)^2\} \\ - \phi^m w_1^m - \phi^a w_1^a \tag{9-9}$$

8.2節のモデルと同様に，{ }内の$(L+\lambda H)$および$[L+(1-\lambda)H]$は各地域の市場規模を表しており，地域1の人口増は利潤に正の影響を与えることが分かる．一方，地域1の人口増（企業増）によって，{ }内の$(p_{11}^m)^2$は低下し，$(p_{12}^m - \tau^m)^2$は上昇した（競争促進効果）．これは人口増が利潤にもたらす市場規模の効果を弱めるように働く．

農業部門はこれまでと同様に，収穫一定技術（1単位の非熟練労働者によって1単位の農業財が生産），完全競争下で生産が行われる．地域1（地域2）の工業部門では，$\lambda n\phi^a$単位（$(1-\lambda)n\phi^a$単位）の非熟練労働者が雇用されるので，農業財の市場清算条件は以下のようになる．

$$L - \lambda n\phi^a = q_{11}^a(L+\lambda H) + q_{12}^a[L+(1-\lambda)H] \quad (\text{コメ})$$
$$L - (1-\lambda)n\phi^a = q_{21}^a(L+\lambda H) + q_{22}^a[L+(1-\lambda)H] \quad (\text{ジャガイモ})$$

さらに，同一農業財の地域間価格差は輸送費τ^aとなるから，$p_{12}^a = p_{11}^a + \tau^a$，$p_{21}^a = p_{22}^a + \tau^a$が成立する．これらの式，$n = H/\phi^m$，および各農業財の需要関数から，各農業財の均衡価格と消費量が得られる．具体的には，コメの価格は

$$p_{11}^a = \frac{a^a(2L+H) - L - b^a\tau^a[L+H(1-\lambda)]}{b^a(2L+H)} \\ + \frac{\phi^a(\lambda b^a + c^a)H}{\phi^m b^a(b^a + 2c^a)(2L+H)}, \tag{9-10}$$
$$p_{12}^a = p_{11}^a + \tau^a$$

となり，ジャガイモの価格についても同様に得られる．農業財の需要が供給に対して十分小さいと，価格がゼロになるかもしれない．ここでは，任意の$\lambda, r \in \{1,2\}$に対して，$p_{rr}^a > 0$が成立するための条件

$$b^a\tau^a\left(\frac{H}{L}+1\right) < 2a^a - 1 + \frac{H}{L}\left(a^a + \frac{\phi^a}{\phi^m}\frac{c^a}{b^a+2c^a}\right)$$

を仮定する．

(9-10)式よりただちに，

$$\frac{dp_{11}^a}{d\lambda} = \frac{H}{2L+H}\left[\frac{\phi^a}{\phi^m(b^a+2c^a)}+\tau^a\right]>0 \tag{9-11}$$

が得られる．これは，人口および企業が増加すると，当該地域の農業財価格が上昇することを意味している．この価格上昇は，2つの要因から生じる．第一は工業部門の拡大である．工業部門の拡大は，同部門の非熟練労働需要を増やすため，当該地域における農業財の生産を縮小させる．よって超過需要となり価格が上昇する．したがってこの傾向は，工業部門の非熟練労働需要 (ϕ^a/ϕ^m) が大きく，農業財の代替性 (c^a) が小さいほど顕著となる．これは (9-11) 式の [ ] 内第1項で表されている．第二の要因は，当該地域の農業財需要の増加である．人口が増加すれば，当該地域の農業財需要が増加するが，これは他地域の農業財には輸送費がかかるため割高になるからである．したがってこの傾向は，農業財の輸送費 (τ^a) が大きいときに顕著となる．これは (9-11) 式の [ ] 内の第2項で表されている．農業財市場は完全競争であるため，価格は限界費用に等しくなる ($p_{11}^a=w_1^a$, $p_{22}^a=w_2^a$)．したがって，非熟練労働者の地域間賃金格差は

$$w_1^a-w_2^a = p_{11}^a - p_{22}^a = (2\lambda-1)\frac{H}{2L+H}\left[\tau^a + \frac{\phi^a}{\phi^m(b^a+2c^a)}\right] \tag{9-12}$$

となる．$\phi^a=\tau^a=0$ の場合，両地域の賃金は均等化するが，そうでなければ人口の多い地域が賃金は高くなる．理由は上で述べたとおりである．

なお，8.2節の (8-12) 式と同様に，工業財および農業財が任意の λ で交易されるように，

$$\tau^m < \tau_{\text{trade}}^m \equiv \frac{2a^m}{2b^m+\frac{c^mH}{\phi^m}}, \quad \tau^a < \frac{L-H\frac{\phi^a}{\phi^m}}{(H+L)(b^a+2c^a)}$$

を仮定しよう．

9.2.3 均衡分析

間接効用関数より，地域間の効用格差は，以下のように書ける．

$$V_1 - V_2 = \underbrace{\underbrace{(S_1^m - S_2^m)}_{\text{工業財生計費効果}} + \underbrace{(S_1^a - S_2^a)}_{\text{農業財生計費効果}}}_{\text{生計費を通した立地効果}} + \underbrace{(w_1^m - w_2^m)}_{\text{賃金を通した立地効果}} \tag{9-13}$$

8.2節のケースと比較すると，2点大きな違いがある．第一は，生計費を通した立地効果に，**農業財の生計費効果**（消費者余剰格差）の項 $(S_1^a - S_2^a)$ が入っている点である．(9-5) 式を用いて，これを計算すると，

$$S_1^a - S_2^a = \underbrace{-(2\lambda-1)\tau^a \frac{n\phi^a + (b^a + 2c^a)H\tau^a}{2L+H}}_{\text{農業財生計費効果（－）}} \tag{9-14}$$

が得られる．地域1の企業数 (λ) の増加にともない，この項は減少する．これは，(9-11) 式について述べたとおり，地域1で生産される農業財の価格が上昇するからである．したがって，これまでの生計費を通した「正の」立地効果（工業財生計費効果）に対し，負の効果が新たに加わることになる．第二の違いは，賃金を通した立地効果に関してである．(9-9) 式と利潤ゼロ条件から，

$$w_1^m - w_2^m = \underbrace{(2\lambda-1)\frac{n(b^m+c^m n)}{2(2b^m+c^m n)}\left\{2a^m\tau^m - \left(b^m + \frac{c^m H}{2\phi^m}\right)(\tau^m)^2\right\}}_{\text{市場規模効果（＋）}} \\ \underbrace{-(2\lambda-1)\frac{n(b^m+c^m n)}{2(2b^m+c^m n)}\frac{cL}{\phi^m}(\tau^m)^2}_{\text{競争効果（－）}} \underbrace{-\frac{\phi^a}{\phi^m}(w_1^a - w_2^a)}_{\text{労働費用効果（－）}} \tag{9-15}$$

が得られる．8.2節のケースとの違いは最後の項である．(9-12) 式より，地域1の人口増加にともない，この項は減少する．地域1で生産される農業財の価格が上昇すれば，同地域の非熟練労働者の賃金も上昇するため，熟練労働者への利潤の分配が減少するからである．したがって，これまでの所得への効果（市場規模効果と競争効果）に対し，労働費用（非熟練労働賃金）の上昇という負の効果（**労働費用効果**）が新たに付け加わっている．以上，企業（人口）増加がもたらす立地への影響をまとめると，表9.1のようになる．

表9.1 企業（人口）増加がもたらす立地への影響（労働費用モデル）

	正のサブ効果	負のサブ効果	
賃金を通した立地効果	市場規模効果	競争効果	労働費用効果
生計費を通した立地効果	工業財生計費効果	農業財生計費効果	

(9-13) 式はさらに，以下のように書くことができる．

$$V_1 - V_2 = (1-2\lambda)V(\tau^m)$$

ただし，$V(\tau^m) \equiv (\tau^m)^2 V_a - \tau^m V_b + V_c$,

$$V_a \equiv \frac{(b^m + c^m n)n}{2(2b^m + c^m n)^2} \times$$
$$\left[3b^m(b^m + c^m n) + \frac{1}{2}(c^m n)^2 + \frac{Lc^m}{\phi^m}(2b^m + c^m n) \right] > 0$$
$$V_b \equiv \frac{a^m(b^m + c^m n)n}{(2b^m + c^m n)^2}(3b^m + 2c^m n) > 0$$
$$V_c \equiv \frac{H}{(2L+H)(b^a + 2c^a)} \left[\frac{\phi^a}{\phi^m} + \tau^a(b^a + 2c^a) \right]^2 > 0 \qquad (9-16)$$

である．本章の補論から以下の命題が得られる．

命題9.2.1 ϕ^a が十分大きいとき，企業（熟練労働者）は両地域に対称に立地する．そうでなければ，ある閾値 $\tau^{a*} > 0$ が存在して，（i）$\tau^a \geq \tau^{a*}$ のとき，企業（熟練労働者）は両地域に対称に立地する．（ii）$\tau^a < \tau^{a*}$ のとき，工業財の輸送費についてある区間 $[\tau_1^{m*}, \tau_2^{m*}]$（$0 < \tau_1^{m*} < \tau_2^{m*}$）が存在し，工業財の輸送費がその区間内にあるときには企業（熟練労働者）はどちらかの地域に完全集積するが，そうでなければ対称に立地する．（iii）τ^a あるいは ϕ^a が大きくなると区間 $[\tau_1^{m*}, \tau_2^{m*}]$ は縮小し，$\phi^a = \tau^a = 0$ ならば $\tau_1^{m*} = 0$ となる．

この命題は，冒頭で説明した「集積が賃金および生計費上昇を通してもたらす負の効果」を示している．まず，ϕ^a または τ^a が十分大きい場合，対称立地

図9.1 農業部門による再分散

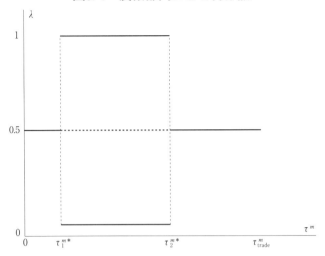

のみが起きることが示されている．これは (9-11) 式で説明したように，人口増は同地域の農業財価格および非熟練労働者賃金を顕著に上昇させるためである．

一方，ϕ^a および τ^a がそれほど大きくない値をとる場合には，新しい立地変化を見出すことができる．つまり，図9.1のように，工業財の輸送費の低下にともなって，「**分散→集中→再分散**」のパターンをとる．8.2節の図8.1と異なり，工業財の輸送費が十分小さいとき，再分散が生じる点に注意したい．このような立地パターンが起きるのは，輸送費の低下は競争効果を弱め，いったんは完全集積をもたらすものの，同地域の賃金および生計費を上昇させるため，十分輸送費が低下すると，それらの格差が立地を支配するようになるからである．人口移動を認めない状況で，4.3節，5.4節のモデルは逆U字型の企業立地パターンを示していたが，その裏にあるメカニズムと同じようなことがここでも起きているのである．

最後に，$\phi^a = \tau^a = 0$ になると，立地パターンはこれまでどおり「分散→集中」のパターンに戻る．つまり，再分散は生じない．これも (9-11) 式から理解できよう．人口が増加したとしても，工業部門が非熟練労働者を雇用せず，農業財に輸送費がかからないのであれば，農業財価格の上昇，それにともなう

図9.2 農業と工業輸送コストの関係

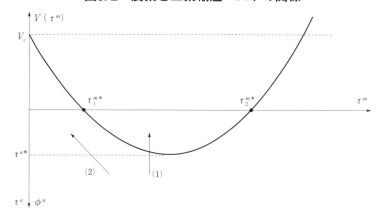

非熟練労働者賃金の上昇は生じないからである.

農業財と工業財の輸送費と $V(\tau^m)$ の関係は,図9.2で示されている.$V(\tau^m)<0$,すなわち $\tau^m \in [\tau_1^{m*}, \tau_2^{m*}]$ であればそのときに限り,完全集積が安定均衡となる.V_c は τ^a と ϕ^a の増加関数なので,これらのパラメータが大きくなることは,$V(\tau^m)$ のグラフが上に移動することを意味する.逆に,$V(\tau^m)$ のグラフを固定すれば,τ^a と ϕ^a の増加は横軸を下に移動させることを意味する.横軸が下に移動し,$\tau^a > \tau^{a*}$ となると,どのような τ^m でも対称立地が安定均衡となる.

したがって,農業財の輸送費の低下は,対称立地を不安定にし,集中を起こしやすくする(図9.2の矢印 (1)).農業財の輸送費が安ければ,工業が集中した地域は足らない農業財を,安い輸入農業財に頼ればいいからである.しかし,図9.2の矢印 (2) のように,農業財と工業財の輸送費が同時に低下すると,経済活動は必ずしも集中に向かわない.

ここまで輸送費の $V(\tau^m)$ および立地への影響を見てきたが,最後に農業財の代替性(c^a)の影響を見てみよう.(9-16) 式より,以下の関係が得られる.

$$\frac{dV_c}{dc^a} \gtreqless 0 \Leftrightarrow \tau^a(b^a + 2c^a) \gtreqless \frac{\phi^a}{\phi^m}$$

これは,農業財の輸送費(τ^a)が大きい(小さい),あるいは企業の非熟練

労働投入量（ϕ^a）が小さい（大きい）ならば，$V(\tau^m)$を大きく（小さく）し，農業財の代替性の上昇は，立地を分散化（集積）させるように働くことを意味している．これは次のように解釈することができる．

前節で述べたように，地域ごとに差別化された農業財を考慮することで，2つの分散力が新たに生じた．1つは，(9-14)式で表される農業財生計費効果であり，もう1つは(9-15)式で表される労働費用効果である．

農業財の代替性が大きくなると，(9-11)式からも分かるように，企業が増えたときの農業財価格上昇は小さくなる．同地域での農業供給が減少したとしても，他地域の農業財である程度代替できるからである．したがって，非熟練労働者の賃金上昇も小さいため，労働費用効果に基づく分散力は小さくなる．そして，この影響は非熟練労働投入量（ϕ^a）が大きいときほど顕著となる．

一方，農業財の代替性の上昇は，(9-14)式に示されているように，農業財生計費の格差を拡大させる．どちらか一方の農業財の価格が上昇したとしても，代替性が低ければ，どちらの地域に住んでいようが両財を同程度消費する必要があるために，生計費に大きな格差は生じない．しかし，代替性が高い場合には，農業財の安い地域は自地域の農業財消費で済ませることができるため，そうでない地域と生計費に大きな格差が生じるのである．したがって，農業財生計費効果に基づく分散力は大きくなり，この影響は農業財の輸送費（τ^a）が大きいほど顕著になる．

以上をまとめると，農業財の代替性の上昇は，農業財生計費格差を拡大させるが，労働費用格差を縮小させる．農業財の輸送費が大きい，もしくは企業の非熟練労働投入量が小さいならば，前者の効果が支配的となり立地を分散化させるように働くが，逆のケースであれば後者の効果が支配的となり立地を集積させるように働く．

9.2.4 農業政策におけるインプリケーション

ここでは，本節のモデルを用いて，農業部門の生産性の影響と，農業補助政策の影響を分析しよう．

農業の生産性の影響

過去1世紀の間，農業の生産性は飛躍的に向上した．例えば，ヨーロッパと

アメリカの1980年代における小麦の生産高は，1950年代の2倍，1830年代の5倍にもなっている（Grigg, 1989）．また，発展途上国における生産性の向上も著しく，中国では，1978年から1981年までの農村改革によって，生産性を61%向上させている（Perkins, 1988）．また，ブラジルにおいても，1988年から1998年の間の農政改革によって，農産物全体で平均22%生産性を上げ，とりわけ綿の生産性は58%も向上している（Werner, 2001, p.379）．人口増加率よりもはやいスピードで農業の生産性は向上しているのである．

農業部門の生産性の立地への影響を分析するため，ここでは1単位の非熟練労働者は ρ 単位の農産物を生産すると仮定しよう．このとき，地域1と2の農業製品の供給量は，それぞれ $\rho(L-\phi^a\lambda n)$, $\rho(L-\phi^a(1-\lambda)n)$ となる．生産性の向上（ρ の上昇）は農業財価格を下げ，非熟練労働者の賃金格差，農業財の消費者余剰の格差はともに拡大する．

$$w_1^a - w_2^a = (2\lambda-1)H \frac{\rho\dfrac{\phi^a}{\phi^m} + \tau^a(b^a+2c^a)}{(b^a+2c^a)(2L+H)}$$

$$S_1^a - S_2^a = -(2\lambda-1)\tau^a \frac{\rho n\phi^a + (b^a+2c^a)H\tau^a}{2L+H}$$

したがって，生産性の向上は $V(\tau^m)$ を大きくし，分散立地を促進する．

命題9.2.2 農業の生産性が向上すると，工業立地の分散が促進される．

この命題は，輸送費の低下に加え，農業生産性の向上も工業立地の分散を促す要因であることを示している．事実，中国やブラジルにおいては，農業の生産性が著しく上がった期間に，工業立地の分散が観察されている（Townroe, 1983; Au and Henderson, 2002）．工業が集積している地域ではもともと非熟練労働者の賃金が高いが，農業生産性の向上はそれをさらに高くするため，分散を促進するのである．

農民への補助の影響

農民を農業財価格の変動と低い収入から守るために，多くの国々で農民に対する様々な補助が行われてきている．ここでは，そういった補助の立地に対する影響を考えよう．具体的には，定額所得移転，販売額に応じた所得移転，農

業財の輸出補助の三種の政策の影響を考える．用いられる補助金は，全住民への一律の課税から得られるとする．またモデルの対称性を保持するために，両地域が同じ補助政策を取るとする．

(1) **定額所得移転** この場合，地域 $r \in \{1, 2\}$ の農民の所得は p_{rr}^a ではなく，$w_{rr}^a = p_{rr}^a + t$ となる．ただし，$t \geq 0$ は所得移転額を表す．このような政策は，非熟練労働者の賃金格差にも，農業財の消費者余剰の格差にも影響を与えないので，立地にも影響を与えない．

(2) **販売額に応じた所得移転** 農民に対し，販売額×$(\sigma-1)$ 倍の所得移転を行うとする ($\sigma > 1$)．この場合，地域 $r \in \{1, 2\}$ の農民の所得は $w_{rr}^a = \sigma p_{rr}^a$ となる．こういった補助政策は，農業財の消費者余剰の格差には影響を与えないが，非熟練労働者の賃金格差を $w_1^a - w_2^a = \sigma(p_{11}^a - p_{22}^a)$ のように拡大させる．したがって，分散立地を促進する．

(3) **農業財の輸出補助** 農業財の交易費用を低下させる輸出補助政策を考える．これは前節で考察した τ^a が低下するケースに他ならない．前節で述べたように，τ^a の低下は $V(\tau^m)$ を増加させ，対称立地を不安定にし，集中を起こしやすくする（図9.2の矢印(1)）．

命題9.2.3 農民に対して両地域が同じ補助政策を取るとする．農民への定額所得移転は立地を変えない．一方，販売額に応じた所得移転は工業立地の分散を，輸出補助は工業立地の集積を促進する．

したがって，これらの政策のうち，販売額に応じた所得移転は，工業化の遅れている地域に一石二鳥の効果をもたらす．農民の所得を上昇させるだけでなく，当該地域に企業立地ももたらすからである．ただし，もしこういった補助を工業化が遅れている地域のみに行ったとしたら，後者の効果は生じないことに注意したい．その場合には，工業化が進んでいる地域との賃金格差が縮小するので，企業立地はむしろ一層の集積に向かう．

9.3 CESモデルの利用

NEGモデルにおいて，農業財の輸送費や差別化された農業財の影響を最初に分析したのは藤田ら（Fujita et al., 1999, Ch.7）である．彼らは7.2.1項のクルーグマンのモデルに基づいて分析を行った．ここでは，7.2.2項のFEモデルを用いた分析を示す．基本的な結果は，前節および藤田らのものと同じである．

9.3.1 モデル

農業財の輸送費を考慮すると，両地域の非熟練労働者の賃金が内生的に決まる．それらを w_1^a と w_2^a とし，7.2.2項のFEモデルを一般化し，熟練労働者の賃金式を導出する．

工業生産における固定投入は F 単位の熟練労働者，限界投入は ρ 単位の非熟練労働者であるので，地域 r の工業財の均衡価格と均衡生産量はそれぞれ

$$p_r = w_r^a, \quad q_r = \frac{F\sigma w_r}{w_r^a}$$

である．地域1の企業シェアは λ で，両地域の企業数は（7-10）で与えられるので，工業部門の価格指数は

$$P_1 = \left(\frac{H}{F}\right)^{\frac{1}{1-\sigma}} \left[\lambda (w_1^a)^{1-\sigma} + (1-\lambda)(w_2^a)^{1-\sigma}\phi\right]^{\frac{1}{1-\sigma}}$$

$$P_2 = \left(\frac{H}{F}\right)^{\frac{1}{1-\sigma}} \left[\lambda (w_1^a)^{1-\sigma}\phi + (1-\lambda)(w_2^a)^{1-\sigma}\right]^{\frac{1}{1-\sigma}}$$

となり，両地域の総収入は

$$Y_1 = w_1^a L + w_1 \lambda H, \quad Y_2 = w_2^a L + w_2(1-\lambda)H \tag{9-17}$$

となる．工業財の市場清算条件式

$$\frac{F\sigma w_1}{w_1^a} = \frac{\mu}{(w_1^a)^\sigma}(Y_1 P_1^{\sigma-1} + Y_2 P_2^{\sigma-1}\phi),$$

$$\frac{\sigma F w_2}{w_2^a} = \frac{\mu}{(w_2^a)^\sigma}(Y_1 P_1^{\sigma-1}\phi + Y_2 P_2^{\sigma-1})$$

を解けば，両地域の熟練労働者の賃金

$$w_1 = \frac{L(w_2^a)^{\sigma-1}\mu}{H(\sigma-\mu)} \\ \times \frac{(w_2^a)^{\sigma-1}(w_1^a+w_2^a)\lambda\sigma\phi + (w_1^a)^{\sigma-1}[w_2^a\sigma\phi^2 + w_1^a(\sigma-\mu+\mu\phi^2)](1-\lambda)}{[(w_1^a)^{2(\sigma-1)}(1-\lambda)^2 + (w_2^a)^{2(\sigma-1)}\lambda^2]\sigma\phi + (w_1^a w_2^a)^{\sigma-1}\lambda(1-\lambda)[\sigma-\mu+(\sigma+\mu)\phi^2]} \tag{9-18}$$

$$w_2 = \frac{L(w_1^a)^{\sigma-1}\mu}{H(\sigma-\mu)} \\ \times \frac{(w_1^a)^{\sigma-1}(w_1^a+w_2^a)(1-\lambda)\sigma\phi + (w_2^a)^{\sigma-1}[w_1^a\sigma\phi^2 + w_2^a(\sigma-\mu+\mu\phi^2)]\lambda}{[(w_1^a)^{2(\sigma-1)}(1-\lambda)^2 + (w_2^a)^{2(\sigma-1)}\lambda^2]\sigma\phi + (w_1^a w_2^a)^{\sigma-1}\lambda(1-\lambda)[\sigma-\mu+(\sigma+\mu)\phi^2]} \tag{9-19}$$

が得られる．

9.3.2 同質な農業財

もし両地域が同質の農業財を生産するならば，両国の非熟練労働者の賃金は農業財の貿易パターンによって決まる．もし地域 r が地域 s の農業財を輸入するならば，両地域の非熟練労働者の賃金比率 w_r^a/w_s^a は τ^a に等しくなる．ただし，τ^a は農業財の氷塊型輸送費である．もし農業財が自給自足されるならば，4.3節のように，賃金は工業財の交易バランスによって決まり，賃金比率は区間 $[1/\tau^a, \tau^a]$ 内に収まる．最後に，地域 r の熟練労働者の間接効用関数（実質賃金）は

$$V_r = \mu^\mu (1-\mu)^{1-\mu} w_r P_r^{-\mu} (w_r^a)^{\mu-1} \tag{9-20}$$

と表すことができる．

それではまず，サステイン・ポイントを求めよう．全ての企業が地域1に集積すると，$\lambda = 1$ となり，地域1が地域2から農業財を輸入する．よって，$w_1^a = \tau^a w_2^a$ が成立する．前に導出した (9-18)，(9-19)，(9-20) 式より，

図9.3 サステイン・ポイントと農業財の輸送費（同質な農業財のケース）

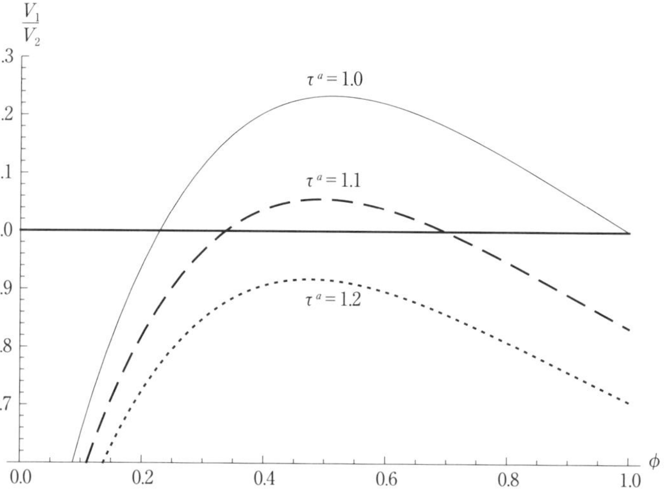

$$\frac{V_1}{V_2} = \frac{\sigma(\tau^a)^{\mu-\sigma}(1+\tau^a)\phi^{1-\frac{\mu}{\sigma-1}}}{\sigma-\mu+(\sigma\tau^a+\mu)\phi^2} \tag{9-21}$$

を導出できる．完全集積均衡が安定であるための条件は $V_1/V_2 \geq 1$ である．(9-21) 式は農業財の輸送費に依存する．図9.3は，$\sigma=2.5$，$\mu=0.6$ のときに，農業財の輸送費 (τ^a) が1.0, 1.1, 1.2のケースについて効用比 (9-21) をグラフに描いたものである．

$\tau^a=1.0$ の場合，ϕ が十分大きければ $V_1/V_2 \geq 1$ となり，標準的な FE モデルの結果を再現している．τ^a が増加すると，ϕ が中程度の値をとるときだけ完全集積均衡が安定し，ϕ が十分大きいときには，完全集積が不安定になる．これは前節の準線形モデルから得られた結果と同じである．そして，τ^a がさらに大きくなると，今度はどんな ϕ においても完全集積が不安定となる．農業財の輸送費があまりに高いと，地域1の熟練労働者が地域2に移動する誘因が強くなり，完全集積が困難となるからである．これも図9.2に示した結果と一致する．

一方，ブレーク・ポイントを調べるため，対称分散 $\lambda=1/2$ の安定性を検証しよう．この均衡において，両地域の農業財の交易はないため，$w_1^a = w_2^a$ とな

図9.4　農業財の輸送費を仮定する FE モデルの分岐ダイアグラム

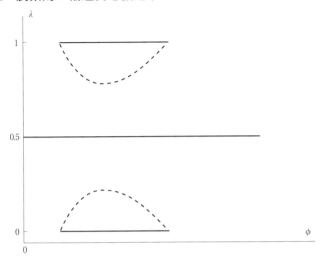

る．偶発的に熟練労働者の移動が起きた場合，移動先の地域において非熟練労働者の賃金が上昇する．これは工業部門の生産費用を上昇させるので，結局この移動は持続せず，もとの対称均衡に戻ることになる[57]．すなわち，どんな $\tau^a > 1$ であっても，対称均衡は任意の $\phi \in (0,1)$ において安定し，ブレーク・ポイントは存在しない．

結果的に，分岐ダイアグラムは，図9.4のようになる．これまでと同様，実線は安定均衡，破線は不安定な内点均衡を表している．

9.3.3　異質な農業財

次に，9.2節と同様に，各地域が異なる農業財を生産している場合を考えよう．効用関数は

$$U = M^\mu A^{1-\mu}$$
$$A = \left(A_1^{\frac{\eta-1}{\eta}} + A_2^{\frac{\eta-1}{\eta}} \right)^{\frac{\eta}{\eta-1}}$$

---

57) 厳密には証明する必要がある．FE モデルではなく，Krugman (1991) タイプのモデルについては，Fujita et al. (1999, Ch.7) の付録を参照されたい．

で与える．これまでと同様に，1単位の非熟練労働者が1単位の農業財を生産する．両地域の農業財の価格指数は

$$P_1^a = \left[\frac{(w_1^a)^{1-\eta} + (w_2^a \tau^a)^{1-\eta}}{2}\right]^{\frac{1}{1-\eta}}, \quad P_2^a = \left[\frac{(w_1^a \tau^a)^{1-\eta} + (w_2^a)^{1-\eta}}{2}\right]^{\frac{1}{1-\eta}}$$

となる．工業財需要の（3-10）式と同じように，農業財需要も求めることができる．非熟練労働者は農業部門と工業部門の両方で働くので，農業従事者は非熟練労働者から工業従事者を除いた分になる．両地域の農業財の市場清算条件

$$L - \lambda H \frac{(\sigma-1)w_1}{w_1^a} = \frac{1-\mu}{2(w_1^a)^{\eta}} \left[\frac{Y_1}{(P_1^a)^{1-\eta}} + \frac{Y_2(\tau^a)^{1-\eta}}{(P_2^a)^{1-\eta}}\right]$$

$$L - (1-\lambda) H \frac{(\sigma-1)w_2}{w_2^a} = \frac{1-\mu}{2(w_2^a)^{\eta}} \left[\frac{Y_1(\tau^a)^{1-\eta}}{(P_1^a)^{1-\eta}} + \frac{Y_2}{(P_2^a)^{1-\eta}}\right]$$

から非熟練労働者の賃金が決まる．ただし，Y_1 と Y_2 は（9-17）式で表される．地域1の非熟練労働者の労働を価値基準財にし，上記の方程式の1個を（9-18）および（9-19）と連立して解けば，w_1, w_2 と w_2^a が得られる．そして，2種類の農業財があるので，（9-20）は次のように変わる．

$$V_r = \mu^{\mu}(1-\mu)^{1-\mu} w_r P_r^{-\mu} (P_r^a)^{\mu-1}$$

しかしこの場合，明示的に賃金を求めることはできないので，以下，シミュレーションの結果を示す．パラメータをそれぞれ，$\mu=0.6, \sigma=2, \eta=3, L=3, H=2$ とし，τ^a を 1.0, 1.5, 2.0 の 3 通りとして，地域1に完全集積する（$\lambda=1$）ときの効用比 V_1/V_2 のグラフを描いたものが図9.5である．

結果は同質な農業財のケース（図9.3）に似ている．農業財の輸送費が高くなると，完全集積が安定となる ϕ の領域はだんだん狭くなり，サステイン・ポイントもやがてなくなる．異なるのは $\tau^a=1.0$ のケースである．異質な農業財の場合には，ϕ が大きくなると，完全集積が不安定になる．これは，地域1の農業財は地域2の農業財によって完全に代替できないため，工業集積地では農業財・工業財双方の生産から労働市場が逼迫し，賃金が高くなるからである．

次に，完全分散の均衡はどうなるかを見てみよう．パラメータをそれぞれ，$\phi=0.35, \mu=0.6, \sigma=2, \eta=3, L=3, H=2, F=1$ とし，τ^a を 1.0, 1.5, 2.0 の

**図9.5 サステイン・ポイントと農業財の輸送費
（異質な農業財のケース）**

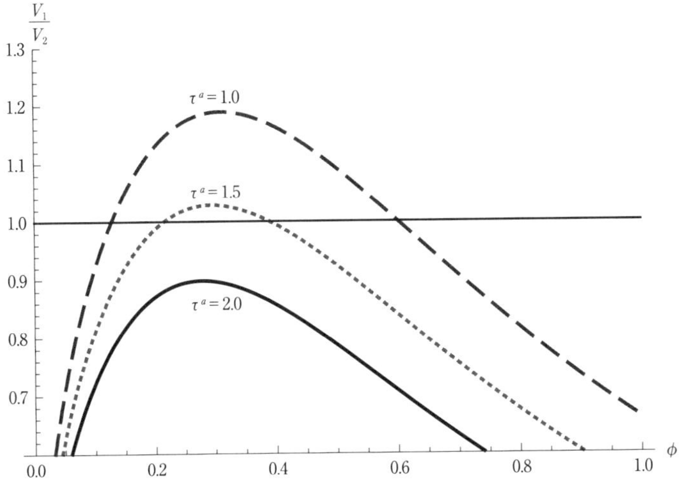

3通りとして、$V_1(\lambda) - V_2(\lambda)$ のグラフを描いたものが図9.6である。6.2節の結論により、曲線の $\lambda = 1/2$ においての傾きが負であれば、対称分散均衡が安定となる。図9.6によれば、同質な農業財の場合と異なり、τ^a が小さいときに対称分散均衡が不安定となることが分かる。農業財輸送費が大きくなると、この均衡は徐々に安定となる。また、$\tau^a = 1$ のときには完全集積のみが安定であるが、$\tau^a = 1.5$ になると完全集積と対称分散がともに安定均衡となり、$\tau^a = 2.0$ になると対称分散だけが安定となることが分かる。

結果的に、分岐ダイアグラムは図9.7のようになる。ただし、点線は不安定な内点均衡を表す。図9.7は前節の図9.1と同様の現象を表している。すなわち、農業部門の輸送費と差別化された農業財を考慮すると、工業財の輸送費が小さい場合、企業が再分散する。2つの図の違いは、FEモデルでは2種類の安定均衡がオーバーラップしている領域があるのに対し、準線形モデルではそのようなオーバーラップがないという点である。これは標準的なFEモデル（図7.2）と標準的な準線形モデル（図8.1）の違いと同じである。

図9.6 異質な農業財の輸送費と効用格差

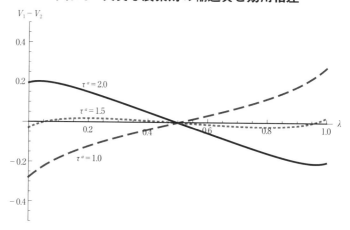

図9.7 異質な農業財を仮定するCESモデルの分岐ダイアグラム

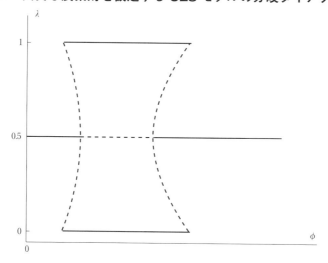

9.4 まとめ

本章では農業財の輸送費が工業部門の立地に対する影響を分析した．最初は8.2節で紹介した準線形モデルを拡張し，i) 工業部門も非熟練労働者を投入する，ii) 農業財が地域で差別化されている，iii) 農業財の輸送費が正である，といった状況を考えた．このような状況下では，工業集積地域における非熟練労働者賃金と生計費を相対的に高くし，工業立地に対する新たな分散力を生み出した．その結果，工業財の輸送費の低下にともなって，「分散→集積→再分散」という立地変化が現れた．さらに，輸送費をはじめとしたパラメータや，農業生産性，農業補助政策が，工業立地にどのような影響を与えるかを分析した．

後半ではCES型効用関数に基づくモデルを用いて同様の分析を行った．農業財の輸送費を考慮すると，7.2.2項のFEモデルを用いても解析が困難となり，シミュレーションによる分析となった．しかし，そこで得られた結果は，基本的に準線形効用関数を用いる場合と同じであった．

付録：命題9.2.1の証明

対称均衡 ($\lambda=1/2$) が安定するための必要十分条件は $V(\tau^m)>0$ であり，完全集積 ($\lambda\in\{0,1\}$) が安定であるための必要十分条件は $V(\tau^m)<0$ である．2次関数 $V(\tau^m)$ は厳密に凸であり，唯一な最小値 $V_3-V_2^2/(4V_1)$ を有する．また，V_3 は τ^a の2次関数であり，$V_2^2/(4V_1)$ は工業部門のパラメータだけに依存する．したがって，$\min_{\tau^m} V(\tau^m)=0$ を満たす τ^a の値は

$$\tau^{a*}=\sqrt{\frac{2L+H}{H(b^a+2c^a)}\frac{V_2^2}{4V_1}-\frac{1}{b^a+2c^a}\frac{\phi^a}{\phi^m}}$$

となる．したがって，ϕ^a が十分大きければ，$\tau^{a*}\leq 0$ となり，$\min_{\tau^m} V(\tau^m)\geq 0$ が成り立ち，任意の τ^m に対して $V(\tau^m)\geq 0$ となる．よって，任意の τ^m に対して対称均衡が安定である．

$\tau^{a*}>0$ の場合は，$\tau^a\geq\tau^{a*}$ ならば同様の理由から，任意の τ^m に対して対称均衡が安定である．一方，$\tau^a<\tau^{a*}$ ならば，方程式 $V(\tau^m)=0$ は次の2つの解

を持つ.

$$\tau_1^{m*} \equiv \frac{V_2 - \sqrt{V_2^2 - 4V_1V_3}}{2V_1}, \quad \tau_2^{m*} \equiv \frac{V_2 + \sqrt{V_2^2 - 4V_1V_3}}{2V_1}$$

そのため，$\tau^m \in (\tau_1^{m*}, \tau_2^{m*})$ ならば，$V(\tau^m) < 0$ となり，$\lambda \in \{0, 1\}$ が安定均衡となる．逆に，$\tau^m \in (0, \tau_1^{m*})$ または $\tau^m > \tau_2^{m*}$ ならば，$V(\tau^m) > 0$ が成り立ち，$\lambda = 1/2$ が安定均衡となる．最後に，V_1 と V_2 が τ^a と ϕ^a に独立であり，V_3 が τ^a, ϕ^a の増加関数なので，τ_1^{m*} は τ^a と ϕ^a の増加関数，τ_2^{m*} は τ^a と ϕ^a の減少関数であることが分かる．$\phi^a = \tau^a = 0$ ならば，$V_3 = 0$ であるから $\tau_1^{m*} = 0$ となる．

練習問題

問題9.1 (9-6) 式を最大化し，(9-7)，(9-8) 式を導出しなさい.

第10章
都市費用がもたらす再分散

10.1 はじめに

第9章では，労働費用と消費財価格の上昇がもたらす再分散を分析した．しかし，企業や労働の再分散を考える場合，土地や住宅の費用，通勤費用を無視することはできない．例えば，日本においては1950年代後半から，東京・大阪都市圏への集中が急速に進んだ．これは同地域の急速な開発をもたらし，地価の高騰，通勤時間の拡大，交通混雑，環境汚染など，様々な都市問題を引き起こした．結果として，1970年代に入ると東京・大阪都市圏からの分散化が生じたのである[58]．

言うまでもなく，これらの問題の多く（特に地価・家賃の高さ）は，いまなお大都市における分散力となっている．実際，1.3節でも述べたように，都市の人口規模が大きくなるほど名目賃金は上昇するものの，名目賃金を物価や家賃で割り引いた実質賃金は逆に低下する（Tabuchi and Yoshida, 2000）．これは，小都市から大都市に移る家計にとっては，所得の上昇以上に生活費が上昇することを意味している．

本章では，これまでのモデルに都市費用を明示的に取り込み，それが立地に与える影響を分析する．具体的には，これまでのモデルに単一中心的（monocentric）な都市空間を導入し，住宅費用・通勤費用を明示的に考慮する[59]．交通技術の発展は，輸送費用の低下だけではなく，通勤費用の低下ももたらすと考えられる．本章でのモデル分析は，輸送費用と通勤費用が同時に低下する場合に，どのような立地変化が生じるかについても示唆を与えてくれる．10.2節では，8.2節の準線形効用関数に基づくモデルを紹介し，10.3節では，CES型効用関数に基づくモデルを紹介する．

---

[58] この背景には，軽工業から重工業という産業構造の変化も影響していると考えられる（Fujita and Tabuchi, 1997）．すなわち，より多くの土地を必要とする重工業へのシフトが，企業や労働の分散化の大きな要因となったのである．

[59] 本章で紹介するように，都市空間を導入し，都市費用を考慮した分析を行ったものに，Krugman and Livas Elizondo (1996), Tabuchi (1998) がある．一方，Helpman (1998), Suedekum (2006) は，住宅市場を導入し分散力を考慮したが，通勤費用は考えていない．

10.2 準線形モデルの利用

10.2.1 モデル

本節では，8.2節の準線形効用関数に基づくモデルを紹介する（Ottaviano et al., 2002, Section7）．具体的には，工業労働者（熟練労働者）が支払う住宅（土地）費用や通勤費用を以下のような形で導入する．

各地域は1次元の空間 X からなる都市であり，その中心業務地区（Central Business District; CBD）は地点0にある．企業は土地の投入を必要とせず，全ての企業がいずれかの地域の CBD に立地している．また，各地点 $x \in X$ に存在する土地の量を1単位とし，労働者は必ずどこかの地点に立地する（1単位の土地を消費する）．そして，CBDに通勤し，1単位の労働を企業に供給し，賃金所得を得る．また，各都市の土地は当該都市に住む住民に均等所有され，発生する地代収入は当該都市住民に均等配分されるものとする．

いま，地域 $r(=1,2)$ の工業労働者が H_r だとしよう．通勤費用をなるべく小さくするために，工業労働者は CBD を中心に立地するので，地域 r の都市空間（工業労働者の立地範囲）は線分 $[-H_r/2, H_r/2]$ で表すことができる．また，地点 x に住む人は $\theta|x|$ 単位（$\theta>0$）の価値基準財が通勤費用として必要となるとしよう．したがって，長距離通勤する労働者は多くの通勤費用がかかるが，同一地域内では効用が均等しなくてはならないので，CBD から遠く離れた地点では地代が安くなるはずである．具体的には，都市の端点における地代（＝農地地代）を0に基準化すれば，地点 x の地代は

$$R_r^*(x) = \theta\left(\frac{H_r}{2} - |x|\right)$$

と表現できる．したがって，地域 r の総地代収入は

$$\int_{-\frac{H_r}{2}}^{\frac{H_r}{2}} R_r^*(x)dx = \frac{\theta H_r^2}{4}$$

となり，これが地域 r の労働者に均等配分される．

効用関数は準線形効用関数 (8-1) 式を仮定する．一方，地域 r の工業労

表10.1 企業（人口）増加がもたらす立地への影響（都市費用モデル）

	正のサブ効果	負のサブ効果
賃金を通した立地効果	市場規模効果	競争効果
生計費を通した立地効果	工業財生計費効果	都市費用効果

労働者の予算制約式は

$$\int_0^n p_r(i)q_r(i)di + q_r^0 = \underbrace{w_r}_{\text{賃金所得}} - \underbrace{\theta|x|}_{\text{通勤費用}} - \underbrace{R_r^*(x)}_{\text{地代支払い}} + \underbrace{\frac{\theta H_r}{4}}_{\text{地代収入}} + \bar{q}^0$$

$$= w_r - \underbrace{\frac{\theta H_r}{4}}_{\text{純都市費用}} + \bar{q}^0$$

したがって，地域1に立地する工業労働者の割合を $\lambda \in [0,1]$ とすれば，純都市費用（＝通勤費用＋地代支払い－地代収入）の格差は

$$\frac{\theta H_1}{4} - \frac{\theta H_2}{4} = \frac{1}{2}\left(\lambda - \frac{1}{2}\right)\theta H$$

となる．ゆえに，工業労働者の地域間効用格差は，

$$\Delta V(\lambda) \equiv V_1 - V_2 = \underbrace{\underbrace{(S_1 - S_2)}_{\text{工業財生計費効果}} - \underbrace{\frac{1}{2}\left(\lambda - \frac{1}{2}\right)\theta H}_{\text{都市費用効果}}}_{\text{生計費を通した立地効果}} + \underbrace{(w_1^* - w_2^*)}_{\text{賃金を通した立地効果}}$$

と書ける．ただし，$(S_1 - S_2)$ は (8-13) 式，$(w_1^* - w_2^*)$ は (8-14) 式で表される．8.2節のケースと比較すると，生計費を通した立地効果に，**都市費用効果**（純都市費用の格差）の項 $-(\lambda-1/2)\theta H/2$ が入っている点が異なる．これは明らかに負の効果である．これは，人口が増えると都市費用が増加するため，他地域の魅力が上昇することを意味している．企業（人口）増加がもたらす立地への影響をまとめると，表10.1のようになる．

上の地域間効用格差の式は，

$$\Delta V(\lambda) = \left[C\tau(\tau^* - \tau) - \frac{\theta H}{2}\right]\left(\lambda - \frac{1}{2}\right) \tag{10-1}$$

図10.1 輸送費用・通勤費用と立地パターン（準線形モデル，非熟練労働者あり）

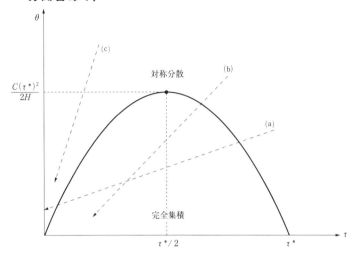

と表すことができる．ただし，$C(>0)$ は (8-16) 式，$\tau^*(>0)$ は (8-17) 式で表される．

10.2.2　均衡

人口移動の動学システムとして，ここでも複製動学 (6-1) 式を用いよう．(10-1) 式より，

$$対称分散 (\lambda=1/2) \text{ が安定} \Leftrightarrow C\tau(\tau^*-\tau)<\frac{\theta H}{2}$$

$$完全集積 (\lambda=1 \text{ or } 0) \text{ が安定} \Leftrightarrow C\tau(\tau^*-\tau)>\frac{\theta H}{2}$$

という結果が得られる．この結果は，図10.1に表されている．この図から以下のことが分かる．

第一に，通勤費用がゼロ（$\theta=0$）であれば，これは8.2節のモデルと同一になる．すなわち，$\tau>\tau^*$ であれば立地は対称分散となるが，$\tau<\tau^*$ になると立地はどちらかの地域に完全集積する．第二に，通勤費用が正であってもそれほど大きくない（$0<\theta<C(\tau^*)^2/(2H)$）ときには，輸送費 τ の低下は，「分散→

集積→再分散」といった立地変化をもたらす．これは，前節の労働費用がもたらす再分散のプロセスに似ている．つまり，輸送費の低下は競争効果を弱め，いったんは完全集積をもたらすものの，同地域の都市費用を上昇させるため，十分輸送費が低下すると，その都市費用の格差が立地を支配するようになるのである．第三に，通勤費用が十分大きい（$\theta > C(\tau^*)^2/(2H)$）ときには，輸送費$\tau$の水準にかかわらず，立地は対称分散となる．

一般に，交通技術の発展は，輸送費用の低下だけではなく，通勤費用の低下ももたらすと考えられる．輸送費用と通勤費用が同時に低下する場合，その低下プロセスに応じて立地変化のパターンも変わってくる．例えば，図10.1の(a)のような費用低下プロセスの場合，「分散→集積→再分散」といった立地変化になるが，(b)のような場合には「分散→集積」といった立地変化，(c)のような場合には常に対称分散となる．

このように，通勤費用を導入することで，8.2節とは異なる立地変化パターンを見出すことができる．ただし，通勤費用を導入したとしても，サステイン・ポイントとブレーク・ポイントが一致することについては8.2節と同様である．つまり，第7章のように対称分散と完全集積がともに起こりうる状況はないし，8.3節のように非対称な分散立地が起こることもない．この点については，8.2節の準線形モデルの共通した性質と言えよう．

10.3 CES型効用関数に基づくモデル

10.3.1 モデル

ここでは，村田・ティス（Murata and Thisse, 2005）のCES型効用関数に基づくモデルを紹介する．このモデルでは，農業部門は捨象し，労働も1種類だけ（総労働者数1）であるとする．

いま，地域$r(=1,2)$の人口がL_r，各労働者が1単位の土地を占有するとしたら，その地域の都市空間は線分$[-L_r/2, L_r/2]$で表すことができる．前節と異なり，ここでは通勤費用を効率労働（effective labor）の損失によって表現する．具体的には，地点xに住む人が供給する効率労働を以下で表すことと

しよう[60].

$$s(x) = 1 - 2\theta|x|, \quad x \in \left[-\frac{L_r}{2}, \frac{L_r}{2}\right]$$

ただし，$\theta > 0$ は単位距離あたりの通勤の費用を表している．任意の立地において $s(x) > 0$ が成り立つことを保証するために，$\theta < 1$ を仮定する．$s(x)$ の式より，地域 r における効率労働の総量は

$$S_r = \int_{-\frac{L_r}{2}}^{\frac{L_r}{2}} s(x) dx = L_r\left(1 - \theta\frac{L_r}{2}\right) \tag{10-2}$$

となる．同一地域に住む労働者は賃金率（効率労働1単位に対する賃金）が同じであるので，長距離通勤によって効率労働を多く失う人は，得られる賃金所得が低くなる．しかし，同一地域内では効用が均等しなくてはならないので，CBDから遠く離れた地点では，地代が安くなるはずである．したがって，都市の端点における地代（＝農地地代）を0に基準化すれば，地点 x の地代は

$$R_r^*(x) = \theta(L_r - 2|x|)w_r$$

と表現できる．ただし，w_r は地域 r の賃金率である．したがって，地域 r の総地代収入は

$$\int_{-\frac{L_r}{2}}^{\frac{L_r}{2}} R_r^*(x) dx = \frac{\theta L_r^2 w_r}{2}$$

となり，これが地域 r の労働者に均等配分される．

農業部門を捨象しているので，5.4節と同様のCES型効用関数（5-14）式を仮定する．一方，地域 r の予算制約式は

$$\int_0^n p_r(i) q_r(i) di = \underbrace{s(x) w_r}_{\text{賃金所得}} - \underbrace{R_r^*(x)}_{\text{地代支払い}} + \underbrace{\frac{\theta L_r w_r}{2}}_{\text{地代収入}} = \left(1 - \frac{\theta L_r}{2}\right) w_r$$

となる．したがって，地域 r の労働者の間接効用関数は以下のようになる．

---

[60] この仮定により，CES型効用関数を用いながらも，サステイン・ポイントおよびブレーク・ポイントを明示的に導出することができる．

$$V_r = \frac{w_r}{P_r}\left(1 - \frac{\theta L_r}{2}\right) \tag{10-3}$$

一方,生産技術も,第4章,第5章と同様で,固定投入が効率労働 F 単位,限界投入が効率労働 ρ 単位で生産が行われるものとする.したがって,地域 r の企業の均衡生産者価格は $p_{rr}=w_r$ となる.さらに,$F=1/\sigma$ となるように労働力の単位を選べば,各企業の均衡生産量は 1 となり,各企業の均衡労働投入量も 1 となる.したがって,地域 r の企業数は $n_r=S_r$ となる.地域 r に居住する労働者の割合を $\lambda \in [0,1]$ とすれば,(10-2) 式より,以下が得られる.

$$n_1+n_2=S_1+S_2=1-\frac{\theta}{2}[\lambda^2+(1-\lambda)^2],$$

$$\frac{\partial(n_1+n_2)}{\partial \lambda}=\theta(1-2\lambda), \quad \frac{\partial^2(n_1+n_2)}{\partial \lambda^2}=-2\theta<0$$

これは,立地が対称のときに,通勤によって失われる効率労働は最も小さく,総企業数が最大になることを示している.

最後に,7.2.1 項の (7-5),(7-6) 式と同様に,価格指数,賃金について,以下の方程式が得られる.

$$P_1=[S_1 w_1^{1-\sigma}+S_2 w_2^{1-\sigma}\phi]^{\frac{1}{1-\sigma}}, \quad P_2=[S_1 w_1^{1-\sigma}\phi+S_2 w_2^{1-\sigma}]^{\frac{1}{1-\sigma}}, \tag{10-4}$$

$$\begin{aligned} w_1^\sigma &= P_1^{\sigma-1}S_1 w_1 + \phi P_2^{\sigma-1}S_2 w_2, \\ w_2^\sigma &= \phi P_1^{\sigma-1}S_1 w_1 + P_2^{\sigma-1}S_2 w_2 \end{aligned} \tag{10-5}$$

S_1(あるいは λ)を所与とする短期均衡(変数 w_1, w_2, P_1, P_2)は,これらの方程式によって決定される.

10.3.2 均衡

地域 1 の相対賃金を ω,企業シェアを ϵ としよう.

$$\omega \equiv \frac{w_1}{w_2}, \quad \epsilon \equiv \frac{S_1}{S_1+S_2} \tag{10-6}$$

(10-2) 式より,

$$\epsilon = \frac{\lambda(2-\theta\lambda)}{2-\theta[\lambda^2+(1-\lambda)^2]} \equiv \epsilon(\lambda)$$

であるから,企業シェア関数 $\epsilon(\lambda)$ は厳密な増加関数であることが分かる.さ

らに，(10-6) 式を (10-5) 式に代入すれば，ϵ と ω の関係式

$$\epsilon = \frac{1}{1+\dfrac{\omega^{1-2\sigma}-\omega^{1-\sigma}\phi}{1-\omega^{-\sigma}\phi}} \tag{10-7}$$

が得られる．$\epsilon \in (0,1)$ であるので，$\phi < \min\{\omega^\sigma, \omega^{-\sigma}\}$ が成立し，その下では，(10-7) 式は ω の厳密な増加関数であることが分かる．したがって，(10-7) 式の逆関数 $\omega(\epsilon)$ が存在し，$\omega(\epsilon)$ も厳密な増加関数となる．

(10-3)，(10-4) 式より，両地域の効用水準の比は以下のように書ける．

$$\frac{V_2(\lambda, \epsilon(\lambda), \omega(\epsilon(\lambda)))}{V_1(\lambda, \epsilon(\lambda), \omega(\epsilon(\lambda)))} = \frac{1-\dfrac{\theta(1-\lambda)}{2}}{1-\dfrac{\theta\lambda}{2}} \frac{\dfrac{w_2}{P_2}}{\dfrac{w_1}{P_1}} = U(\lambda) T(\lambda)$$

ただし，

$$U(\lambda) \equiv \frac{1-\dfrac{\theta(1-\lambda)}{2}}{1-\dfrac{\theta\lambda}{2}},$$

$$T(\lambda) \equiv \left[\frac{\epsilon(\lambda) + (1-\epsilon(\lambda))\phi\omega(\epsilon(\lambda))^{\sigma-1}}{\epsilon(\lambda)\omega(\epsilon(\lambda))^{1-\sigma}\phi + 1-\epsilon(\lambda)}\right]^{\frac{1}{1-\sigma}}$$

である．単位距離あたりの通勤費用 θ は $U(\lambda)$ のみに，輸送費用に基づく交易の自由度 ϕ は $T(\lambda)$ のみに含まれるので，効用比に与える都市費用の効果は $U(\lambda)$ から，輸送費用の効果は $T(\lambda)$ から生まれることが分かる．さらに，簡単な計算から $dU/d\lambda > 0$ が，また $\epsilon(\lambda)$，$\omega(\epsilon)$ がともに増加関数であること，および $\partial T/\partial \epsilon < 0$，$\partial T/\partial \omega < 0$ であることから，$dT/d\lambda < 0$ が成り立つことが分かる．したがって，ある地域の人口が増えると，都市費用を通して分散力が発生し，輸送費用を通して集積力が発生することがわかる．これら二つのバランスによって，均衡立地が決定する．

まず，端点均衡の安定性を考えよう．全ての労働者が，地域1に集積すること ($\lambda=1$) が安定均衡になるための必要十分条件は，

$$\left.\frac{V_2}{V_1}\right|_{\lambda=1} = \frac{\tau^{\frac{1-2\sigma}{\sigma}}}{1-\frac{\theta}{2}} < 1$$

であり，この条件は

$$\tau > \tau_s \equiv \left(1-\frac{\theta}{2}\right)^{\frac{\sigma}{1-2\sigma}}$$

と書ける．地域の対称性から，これは地域2への完全集積の安定条件でもある．これまでにならって，τ_s をサステイン・ポイントと呼ぼう．

次に，対称な内点均衡 $\lambda=1/2$ の安定性を考えよう．$Z \equiv (1-\phi)/(1+\phi)$ とすれば，

$$\left.\frac{L_r}{V_r}\frac{dV_r}{dL_r}\right|_{\lambda=\frac{1}{2}} = \frac{4-2\theta}{4-\theta}\left[\frac{(2\sigma-1)Z}{(\sigma-1)[\sigma(Z+1)-Z]} - \frac{\theta}{2(2-\theta)}\right]$$

が得られる．これより，もし

$$\theta \in \left(0, \min\left\{\frac{4}{\sigma+1}, 1\right\}\right)$$

であれば，

$$\tau_b \equiv \left\{\frac{(2\sigma-1)[4-(\sigma+1)\theta]}{4(2\sigma-1)+(1-3\sigma)\theta}\right\}^{\frac{1}{1-\sigma}}$$

が存在し，対称分散が安定である必要十分条件は $\tau<\tau_b$ となることが分かる．τ_b をブレーク・ポイントと呼ぼう．他方，$\sigma>3$（バラエティの代替性が高い）かつ $\theta\in[4/(\sigma+1),1)$（通勤費用が高い）ならば，対称分散は任意の輸送費用 τ で安定となる．

さらに，ブレーク・ポイント τ_b が存在するならば，サステイン・ポイント τ_s より大きいことを示すことができる（Murata and Thisse, 2005, Proposition 8）．したがって，区間 (τ_s, τ_b) では，完全集積と対称分散がともに安定となる．

サステイン・ポイント τ_s，ブレーク・ポイント τ_b は，θ に依存することに注意しよう．図10.2は，縦軸に θ，横軸に τ をとり，$\sigma\leq3$ と $\sigma>3$ の場合に，どの領域で完全集積，対称分散が生じるかを図示している．前節のモデルと同様に，輸送費用と通勤費用が同時に低下する場合，その低下プロセスに応じて，

図10.2 輸送費用・通勤費用と立地パターン（CES 型効用関数モデル，非熟練労働者なし）

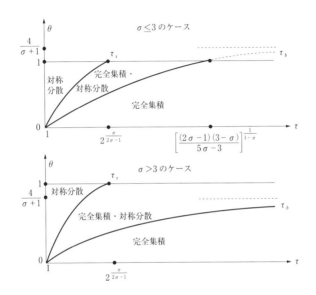

様々な立地変化パターンが生じうることが分かる．しかし，以下の点において前節のモデルと異なっている．第一に，前節のモデルでは輸送費が十分大きい場合，必ず対称分散立地のみが安定均衡となった．しかし，本節のモデルの場合，輸送費が十分大きくても，完全集積立地が安定均衡になりうる．これは，本節のモデルでは地域間を移動できない非熟練労働者がいないため，輸送費が大きい場合においても，競争効果が働かず，分散立地する誘因が生じないからである．第二に，前節のモデルと異なり，本節のモデルでは，サステイン・ポイントとブレーク・ポイントが一致しない．つまり，対称分散と完全集積がともに起こりうる状況が存在する．この点については，第7章の核・周辺モデルの性質を受け継いでいると言えよう．

10.4 まとめ

本章では，8.2 節の準線形効用関数に基づくモデル，および第7章の CES 型

効用関数に基づくモデルに都市空間を導入し，住宅費用や通勤費用といった都市費用を考慮するモデルを分析した．このような状況下では，工業集積地域における都市費用を相対的に高くし，工業立地に対する新たな分散力を生み出すことが分かった．その結果，第9章と同様に，工業財輸送費の十分な低下は，工業立地の再分散をもたらすことが分かった．また，輸送費用と通勤費用が同時に低下する場合には，その低下プロセスに応じて，様々な立地変化パターンが生じうることも分かった．

練習問題

問題10.1 （10-5），（10-6）式により，（10-7）式を導き，それが ω の逓増関数であることを証明しなさい．

第11章 多産業の空間経済

11.1 はじめに

　これまでのモデルはすべて，工業（収穫逓増産業）が1種類の場合であった．ここでは，工業が多種類ある場合の立地を分析する．これまでと同様に，交通技術の進展によって，どのような立地パターンが現れるかに着目する．またここでは，前二章で論じた再分散のメカニズムを導入する．実際，アメリカや日本では工業部門の再分散が顕著に起きており[61]，それが安価な生産要素（労働，土地）や都市費用に基づいていることは間違いないであろう．さらに重要な点は，本章の分析で明らかになるが，分散と再分散とでは，各地域を構成する産業が必ずしも同じようにはならないという点である．この点は，多産業の分析によって初めて明らかにできる点である．

　具体的には，まず9.2節のモデルを拡張して，非熟練労働者の必要投入量が異なる複数の産業の均衡立地を分析する．ここでは，非熟練労働者の賃金（＝農産物価格）格差が再分散の力となるが，i) 一般に（輸送費用が大きいときに生じる）分散と（輸送費用が小さいときに生じる）再分散では各地域に立地する産業の構成が異なること，ii) 再分散過程においては非熟練労働者の必要投入量が多い産業が小地域を形成することが示される．第二に，都市費用を分散力とする10.2節のモデルを拡張して，財の輸送費用が異なる複数の産業の均衡立地を分析する．ここでは，i) 都市費用の大きさに応じて様々な分散形態が存在すること，ii) 輸送費用が小さい産業が小地域を形成する傾向はあるものの，例外も起こりうることが示される．

　多産業のモデルにおいては，産業名の記号も必要となるため，記号が複雑になる．ここでは，産業名を上付きの添え字に記し，地域名を下付きの添え字に表記することとする．

---

[61] アメリカでは20世紀初頭は，工業は大都市に集中していたが，20世紀末には中小都市にシフトしている．Mills and Hamilton (1994) は「工業部門の劇的なシフト」と呼んでいる．日本でも本章の最後に示すように，1960年代くらいから，工業部門の地方部へのシフトが顕著に生じている．

11.2 非熟練労働者の必要投入量が異なる複数産業の立地

11.2.1 モデル

9.2節のモデルを次のように多産業モデルに拡張する．まず，工業には3種の産業があり[62]，各産業で従事する熟練労働者数はすべて等しく，$H/3$であるとする（Hは熟練労働者総数）．ここで，各産業で技術は大きく異なっており，熟練労働者は産業間移動できないものとする．第i産業の企業は熟練労働者を1単位，非熟練労働者をϕ^i単位投入することで，互いに差別化された製品を任意の量，生産することが可能であるとする．工業財の輸送費用はこれまでどおり1単位あたりτかかるものとするが，農業財の輸送費用については簡単化のためゼロとする．第9章のように農業財の異質性を仮定しているので，工業集積地では工業に多くの非熟練労働者が雇用されるために賃金および農業財価格が上昇する．これが分散力として働くことになる．なお，価値基準財の輸送費用についてもゼロとする．

地域$r (=1,2)$の労働者の効用関数は（9-1）式を多産業のケースに拡張し，以下のように与える．

$$U_r(q^m, q^a, q^0) = \alpha^m \sum_{i=1}^{3} \int_0^n q_r^{m,i}(x)dx - \frac{\beta^m - \gamma^m}{2} \sum_{i=1}^{3} \int_0^n [q_r^{m,i}(x)]^2 dx$$
$$- \frac{\gamma^m}{2} \sum_{i=1}^{3} \left[\int_0^n q_r^{m,i}(x)dx\right]^2 + \alpha^a (q_{1r}^a + q_{2r}^a) \quad (11-1)$$
$$- \frac{\beta^a - \gamma^a}{2}[(q_{1r}^a)^2 + (q_{2r}^a)^2] - \frac{\gamma^a}{2}[q_{1r}^a + q_{2r}^a]^2 + q^0$$

ここで，$q_r^{m,i}$は地域rの労働者の産業i（工業）製品の消費量，q_{1r}^a, q_{2r}^aはそれぞれ地域rの住民の地域1, 2でつくられる農業財の消費量，q^0は価値基準財の消費量を表す．

労働者は所得制約

---

[62] Zeng（2006）では，より一般的な多産業の設定で分析している．

$$\sum_{i=1}^{3}\int_0^n p_r^{m,i}(x)q_r^{m,i}(x)dx + p_{1r}^a q_{1r}^a + p_{2r}^a q_{2r}^a = y + \bar{q}^0$$

の下で効用 (11-1) 式を最大化する．ここで，以下の記号

$$a^m = \frac{\alpha^m}{\beta^m + (n-1)\gamma^m}, \quad b^m = \frac{1}{\beta^m + (n-1)\gamma^m}$$

$$c^m = \frac{\gamma^m}{(\beta^m - \gamma^m)[\beta^m + (n-1)\gamma^m]}$$

$$a^a = \frac{\alpha^a}{\beta^a + \gamma^a}, \quad b^a = \frac{1}{\beta^a + \gamma^a}, \quad c^a = \frac{\gamma^a}{(\beta^a - \gamma^a)(\beta^a + \gamma^a)}$$

を導入すれば，需要関数は以下のようになる．

$$q_{11}^{m,i} = a^m - (b^m + nc^m)p_{11}^{m,i} + c^m P_1^{m,i} \tag{11-2}$$
$$q_{12}^{m,i} = a^m - (b^m + nc^m)p_{12}^{m,i} + c^m P_2^{m,i}$$
$$q_{22}^{m,i} = a^m - (b^m + nc^m)p_{22}^{m,i} + c^m P_2^{m,i}$$
$$q_{21}^{m,i} = a^m - (b^m + nc^m)p_{21}^{m,i} + c^m P_1^{m,i} \tag{11-3}$$
$$q_{11}^a = a^a - b^a p_{11}^a + c^a(p_{21}^a - p_{11}^a) \tag{11-4}$$
$$q_{12}^a = a^a - b^a p_{12}^a + c^a(p_{22}^a - p_{12}^a)$$
$$q_{22}^a = a^a - b^a p_{22}^a + c^a(p_{12}^a - p_{22}^a)$$
$$q_{21}^a = a^a - b^a p_{21}^a + c^a(p_{11}^a - p_{21}^a) \tag{11-5}$$

ただし，

$$P_1^{m,i} = \lambda^i n p_{11}^{m,i} + (1-\lambda^i)n p_{21}^{m,i}, \quad P_2^{m,i} = (1-\lambda^i)n p_{22}^{m,i} + \lambda^i n p_{12}^{m,i}$$

であり，それぞれ各地域の産業 i の価格指数を表している．また，$n \equiv H/3$ は各産業におけるバラエティ数であり，λ^i は産業 $i(i=1,2,3)$ の地域1における熟練労働者のシェアである．独占的競争の利潤最大化より，

$$p_{11}^{m,i} = \frac{a^m + c^m P_1^{m,i}}{2(b^m + c^m n)}, \quad p_{21}^{m,i} = p_{11}^{m,i} + \frac{\tau}{2}$$

$$p_{22}^{m,i} = \frac{a^m + c^m P_2^{m,i}}{2(b^m + c^m n)}, \quad p_{12}^{m,i} = p_{22}^{m,i} + \frac{\tau}{2}$$

を得るが，これらを解けば，以下の均衡価格を得る．

$$p_{11}^{m,i} = \frac{2a^m + \tau c^m(1-\lambda^i)n}{2(2b^m + c^m n)}, \quad p_{21}^{m,i} = p_{11}^{m,i} + \frac{\tau}{2}$$

$$p_{22}^{m,i} = \frac{2a^m + \tau c^m \lambda^i n}{2(2b^m + c^m n)}, \quad p_{12}^{m,i} = p_{22}^{m,i} + \frac{\tau}{2}$$

これらを (11-2), (11-3) 式に代入すれば，以下の均衡需要量が得られる．

$$q_{11}^{m,i} = \frac{(b^m + c^m n)[2a^m + c^m n(1-\lambda^i)\tau]}{2(2b^m + c^m n)}$$

$$q_{12}^{m,i} = \frac{(b^m + c^m n)\{2a^m - [2b^m + c^m n(1-\lambda^i)]\tau\}}{2(2b^m + c^m n)}$$

$$q_{22}^{m,i} = \frac{(b^m + c^m n)(2a^m + c^m n \lambda^i \tau)}{2(2b^m + c^m n)}$$

$$q_{21}^{m,i} = \frac{(b^m + c^m n)[2a^m - (2b^m + c^m n \lambda^i)\tau]}{2(2b^m + c^m n)}$$

両地域の総人口はそれぞれ $L + \sum_{i=1}^{3} \lambda^i H/3$, $L + \sum_{i=1}^{3}(1-\lambda^i)H/3$ と書けるので，農業財市場の均衡は以下で表される．

$$L - \sum_{i=1}^{3} \lambda^i n \phi^i = q_{11}^a \left(L + \sum_{i=1}^{3} \lambda^i n \right) + q_{12}^a \left[L + \sum_{i=1}^{3}(1-\lambda^i)n \right]$$

$$L - \sum_{i=1}^{3}(1-\lambda^i)n\phi^i = q_{21}^a \left(L + \sum_{i=1}^{3} \lambda^i n \right) + q_{22}^a \left[L + \sum_{i=1}^{3}(1-\lambda^i)n \right]$$

以上の方程式と (11-4), (11-5) 式から，農業財の価格が決定される．

$$p_{12}^a = p_{11}^a = \frac{a^a}{b^a} + \frac{\sum_{i=1}^{3}(c^a + b^a \lambda^i)n\phi^i - 2c^a L - b^a L}{b^a(b^a + 2c^a)(2L+H)}$$

$$p_{21}^a = p_{22}^a = \frac{a^a}{b^a} + \frac{\sum_{i=1}^{3}[c^a + b^a(1-\lambda^i)]n\phi^i - 2c^a L - b^a L}{b^a(b^a + 2c^a)(2L+H)}$$

農業部門における収穫一定技術の仮定から，これらは各地域における非熟練労働者の賃金に等しい．

一方，地域 r の産業 i の企業が，地域 s へ製品を販売することで得られる操業利潤 π_{rs}^i は次のようになる．

$$\pi_{11}^i = (L + \sum_{i=1}^{3} \lambda^i n)(b^m + c^m n)(p_{11}^{m,i})^2$$

$$\pi_{12}^i = [L + \sum_{i=1}^{3} (1-\lambda^i) n](b^m + c^m n)(p_{12}^{m,i} - \tau)^2$$

$$\pi_{22}^i = [L + \sum_{i=1}^{3} (1-\lambda^i) n](b^m + c^m n)(p_{22}^{m,i})^2$$

$$\pi_{21}^i = (L + \sum_{i=1}^{3} \lambda^i n)(b^m + c^m n)(p_{21}^{m,i} - \tau)^2$$

利潤ゼロ条件から，熟練労働者の賃金は，

$$w_1^i = \pi_{11}^i + \pi_{12}^i - \phi^i p_{11}^a$$
$$w_2^i = \pi_{21}^i + \pi_{22}^i - \phi^i p_{22}^a$$

となり，その地域間格差は

$$w_1^i - w_2^i = (\pi_{11}^i + \pi_{12}^i - \pi_{21}^i - \pi_{22}^i) - (\phi^i p_{11}^a - \phi^i p_{22}^a)$$

と書ける．

需要関数 (11-2)，(11-3) 式より，地域 r の住民の間接効用関数は以下で与えられる．

$$V_r^i = S_r^m + S_r^a + w_r^i + \bar{q}^0$$

ただし，w_r^i は地域 r 産業 i の労働者の賃金所得，S_r^m, S_r^a はそれぞれ

$$S_r^m = \frac{(a^m)^2 H}{2b^m} - a^m \sum_{i=1}^{3} \int_0^n p_r^{m,i}(x) dx + \frac{b^m + c^m n}{2} \sum_{i=1}^{3} \int_0^n [p_r^{m,i}(x)]^2 dx$$
$$\quad - \frac{c^m}{2} \sum_{i=1}^{3} \left(\int_0^n p_r^{m,i}(x) dx \right)^2$$

$$S_r^a = \frac{(a^a)^2}{b^a} - a^a [p_{rr}^a + p_{sr}^a] + \frac{b^a + 2c^a}{2 c^a}[(p_{rr}^a)^2 + (p_{sr}^a)^2] - \frac{c^a}{2}[p_{rr}^a + p_{sr}^a]^2$$

であり，地域 r に居住するときに得られる工業財，農業財についての消費者余剰を表している．

財の輸送費用が高すぎると，相手地域における需要量がゼロになってしまうので，(8-12) 式と同様に，ここでも交易が生じる条件を仮定する．

$$\tau < \frac{2a^m}{2b^m + c^m n} \equiv \tau_{\text{trade}}$$

$$\sum_{i=1}^{3}\phi^i n < L < a^a(2L+H) + \frac{c^a}{b^a+2c^a}\sum_{i=1}^{3}\phi^i n$$

この条件の下では，両地域がともにすべての工業財，農業財を享受できるので，両地域の熟練労働者の効用格差は，

$$\begin{aligned}V_1^i(\boldsymbol{\lambda})-V_1^i(\boldsymbol{\lambda})&=\underbrace{(S_1^m-S_2^m)}_{\text{工業財生計費効果}}+\underbrace{(S_1^a-S_2^a)}_{\text{農業財生計費効果}}+\underbrace{(w_1^i-w_2^i)}_{\text{賃金を通した立地効果}}\\ &\underbrace{}_{\text{生計費を通した立地効果}}\\ &=\sum_{j=1}^{3}\left(\frac{1}{2}-\lambda^j\right)\delta^{ij}\end{aligned} \quad (11\text{-}6)$$

と表すことができる．ただし，

$$\delta^{ij}=\begin{cases} n\left[\nu+\dfrac{2(\phi^i)^2}{(b^a+2c^a)(2L+H)}\right] & \text{if } i=j \\ n\left[\mu+\dfrac{2\phi^i\phi^j}{(b^a+2c^a)(2L+H)}\right] & \text{if } i\neq j \end{cases}$$

$$\nu = \frac{(b^m+c^m n)}{2(2b^m+c^m n)^2}[6(b^m)^2 + (c^m)^2 n(2L+H) + 2b^m c^m(2L+H+2n)]\tau^2$$
$$\quad - \frac{2a^m(b^m+c^m n)(3b^m+2c^m n)}{(2b^m+c^m n)^2}\tau$$
$$\mu = \frac{(b^m+c^m n)(3b^m+2c^m n)}{(2b^m+c^m n)^2}(b^m\tau - 2a^m)\tau$$

である．ここで，行列 (δ^{ij}) の k 次首座小行列を $\Delta_k(k=1,2,3)$ で表すとすると，$\delta^{ij}=\delta^{ji}$ より，Δ_k は対称行列であることが分かる．また，ν, μ は農業部門のパラメータに依存せず，簡単な計算から，

$$\nu - \mu = \frac{c^m(2L+H)(b^m+c^m n)\tau^2}{2(2b^m+c^m n)} > 0 \quad (11\text{-}7)$$

となることも分かる．

(11-6) 式に示しているように，この効用格差には，生計費（消費者余剰）を通した効果と，所得を通した効果が存在している．このうち，前者はどのよ

うな産業に従事しようが，同一で働く効果である．一方，後者は産業によって異なってくる効果である．この効果の存在によって，産業間で非対称的な分散立地が引き起こされることになる．

11.2.2 均衡

均衡の安定性を考えるため，ここでは次の動学システムを仮定する[63]．

$$\frac{d\lambda^i}{dt} = V_1^i(\boldsymbol{\lambda}) - V_2^i(\boldsymbol{\lambda}) = \sum_{j=1}^{3}\left(\frac{1}{2} - \lambda^j\right)\delta^{ij} \tag{11-8}$$

ここで，$\boldsymbol{\lambda} = (\lambda_1, \lambda_2, \lambda_3)^T$，$\boldsymbol{\lambda}^* = (1/2, 1/2, 1/2)^T$ とすれば，この式は

$$\frac{d\boldsymbol{\lambda}}{dt} = -\Delta_3(\boldsymbol{\lambda} - \boldsymbol{\lambda}^*)$$

と書くことができる．

内点均衡においては，$d\boldsymbol{\lambda}/dt = 0$ が成立する．したがって，もし $|\Delta_3| \neq 0$ であれば，(Δ_3 の逆行列が存在するので) $\boldsymbol{\lambda}^*$ が (11-8) の唯一の内点均衡となる．さらに，行列 Δ_3 は対称行列であるから，内点均衡 $\boldsymbol{\lambda}^*$ が安定であることの必要十分条件は，系6.2.2より $(-1)^k|-\Delta_k| = |\Delta_k| > 0$ $(k=1,2,3)$，すなわち

$$|\Delta_1| \equiv \delta^{11} > 0, \quad |\Delta_2| \equiv \begin{vmatrix} \delta^{11} & \delta^{12} \\ \delta^{21} & \delta^{22} \end{vmatrix} > 0, \quad |\Delta_3| \equiv \begin{vmatrix} \delta^{11} & \delta^{12} & \delta^{13} \\ \delta^{21} & \delta^{22} & \delta^{23} \\ \delta^{31} & \delta^{32} & \delta^{33} \end{vmatrix} > 0$$

となる．これらの行列式は，次のように簡潔に表すことができる．

$$|\Delta_k| = n^k(\nu-\mu)^{k-2}\left\{(\nu-\mu)[\nu+(k-1)\mu] + \frac{2(\nu-\mu)}{(b^a+2c^a)(2L+H)}\sum_{i=1}^{k}(\phi^i)^2 \right. \\ \left. + \frac{\mu}{(b^a+2c^a)(2L+H)}\sum_{i=1}^{k}\sum_{j=1}^{k}(\phi^i-\phi^j)^2\right\} \tag{11-9}$$

(11-9) 式の符号を詳細に分析することで，以下のような結果を得ることができる．

---

[63] これまでの安定性分析は複製動学 (6-1) に基づいて行った．一産業2地域の場合と異なり，多産業または多地域の場合には，安定性の結果が特定の動学システムに依存する可能性がある．解析を単純化するため，本章ではより簡単な動学システムを使用する．

11.2 非熟練労働者の必要投入量が異なる複数産業の立地　173

第一に，8.2節のモデルのように，工業生産に非熟練労働者を用いない場合 ($\phi^i=0$) を考えよう．このとき，$|\Delta_k|=n^k(\nu-\mu)^{k-1}[\nu+(k-1)\mu]$ となる．(11-7) 式から，$|\Delta_k|$ の符号は $\nu+(k-1)\mu$ の符号と同じである．このことを利用すれば，τ が

$$\frac{4a^m(3b^m+2c^mn)}{c^m\left(\frac{2L}{3}+n\right)(2b^m+c^mn)+2b^m(3b^m+2c^mn)} \equiv \tau_0 \tag{11-10}$$

より大きければ対称分散立地 λ^* が安定し，τ が (11-10) より小さければ対称分散立地 λ^* が不安定となることが分かる．これは，8.2節のモデルで示された「分散→集積」の立地変化パターンにほかならない．

第二に，第9章のモデルのように，各産業が完全に対称である ($\phi^i=\phi>0$) ならば，

$$|\Delta_k|=n^k(\nu-\mu)^{k-1}\left[\nu+(k-1)\mu+\frac{2k\phi^2}{(b^a+2c^a)(2L+H)}\right], \quad k=1,2,3$$

となる．したがって，

$$\phi_\# \equiv \frac{3a^m(3b^m+2c^mn)}{2b^m+c^mn}\sqrt{\frac{(b^m+c^mn)(b^a+2c^a)(2L+H)}{18(b^m)^2+6b^mc^mH+(c^m)^2Hn+2Lc^m(2b^m+c^mn)}}$$

とすれば，$\phi<\phi_\#$ ならば τ の減少にともなって「分散→集中→再分散」の立地変化が見られることが分かる．一方，$\phi\geq\phi_\#$ ならば，対称分散立地が常に安定となることが分かる．これは，第9章のモデルで示された結果そのものである．

最後に，最も一般的なケースを考えよう．つまり，少なくとも2つの産業が非対称的であり，非熟練労働投入量 ϕ^i が互いに異なる場合である．この場合，(11-9) は次のように書き換えられる．

$$|\Delta_k|=n^k(\nu-\mu)^{k-1}\Bigg[\nu+(k-1)\mu+\frac{2\sum_{i=1}^k(\phi^i)^2}{(b^a+2c^a)(2L+H)} \\ +\frac{\mu\sum_{i=1}^k\sum_{j=1}^k(\phi^i-\phi^j)^2}{(\nu-\mu)(b^a+2c^a)(2L+H)}\Bigg] \tag{11-11}$$

ϕ^i が互いに異なる場合には，この式の [ ] 内の最後の項はゼロにならない．これまでのモデルと同様に，十分大きな τ に対しては (11-11) 式は正となり，各産業の熟練労働者が均等に分散するような立地が安定となる．一方，τ が 0

に近づくと,

$$\frac{\mu}{\nu-\mu} = \frac{2(2b^m+c^m n)(3b^m+2c^m n)}{c^m(2L+H)} \frac{b^m \tau - 2a^m}{\tau}$$

は $-\infty$ に収束する.よって,十分小さい τ に対しては (11-11) 式は負となり,対称分散立地 λ^* は不安定になる.

具体的な均衡立地パターンを検討しよう.産業が対称的であれば,それらの産業は明らかに同様の立地パターンを示す.したがって,ここではすべての産業が非対称的である状況を考えよう.すなわち,

$$\phi^1 > \phi^2 > \phi^3 > 0$$

を仮定する.また,記述を簡便化するため,地域1の人口が地域2よりも大きいか等しい均衡のみに焦点を当てよう.このとき,以下の命題を得る[64].

命題11.2.1 各産業の立地シェアについて以下が成立する.

$$\lambda^{1*} \leq \lambda^{2*} \leq \lambda^{3*}$$

この命題は,ある地域における産業の立地シェアは,必ず労働集約性の順になることを意味している.具体的には,労働集約的な産業ほど小地域により多く立地することを意味している.小地域では非熟練労働者の需要が少なく,賃金が安いため,労働集約的な産業にとってより有利となるからである.プーガとベナブルズ (Puga and Venables, 1996) は国際経済の文脈で産業の空間的拡散を分析し,より労働集約的な産業が集積地域から出て行くという結果を数値シミュレーションによって得ている.それと同様の結果が,ここでは地域経済の文脈で解析的に得られている.

さらに,以下の結論を得ることができる[65].

命題11.2.2 工業財の輸送費用 τ が十分小さいとき,(ⅰ) $\phi^1 > \phi^2 + \phi^3$ ならば,産業2と産業3は地域1(大地域)に立地し,産業1は両地域に分散する.

---

[64] 証明は,Zeng (2006) の Appendix B を参照のこと.
[65] 証明は,Zeng (2006) の Appendix D を参照のこと.

(ⅱ) $\phi^1 < \phi^2 + \phi^3$ ならば，産業1は地域2（小地域）に，産業3は地域1（大地域）に立地し，産業2は両地域に分散する．

　この命題から以下のことが分かる．第一に，分散と再分散の立地パターンは一般に異なる．輸送費が大きい状況で起きる分散立地では，すべての産業が両地域に均等に立地した．しかし，輸送費が小さい状況で生じる再分散においては，高々1つの産業しか両地域に分散立地せず，他の産業はどちらかの地域に集中立地する．すなわち，**分離均衡**が生じるのである．この結果はこれまでの単一産業の分析からは明らかにできなかったことである．第二に，ある産業 i の立地については，その産業の非熟練労働者投入量 ϕ^i が，分散立地する産業の ϕ より大きいか否かによって決まってくる．もし ϕ^i が分散立地する産業の ϕ より小さければ，産業 i は大地域に立地する．大地域では非熟練労働市場が逼迫しているために高い賃金を払わなくてはならないが，その代わりより多くのバラエティを当該地域から享受できるからである．もし ϕ^i が分散立地する産業の ϕ より大きければ，逆の理由で小地域に立地する．最後にこの命題が示すような分離均衡は，産業の数が3以上のときのみ観察される現象である．産業数が2のときには，$(\lambda^1, \lambda^2) = (1, 0), (0, 1)$ といった分離均衡は生じない．

11.2.3　数値シミュレーション

　工業財の輸送費用 τ が中間的な値をとる場合には，産業の立地は様々なパターンをとりうる．ここでは数値シミュレーションによる結果を示しておこう．各パラメータの設定値は次のとおりである．

$$L = 40,\ n = 1,\ a^m = 10,\ b^m = 15,\ c^m = 4,$$
$$a^a = 3,\ b^a = 4,\ c^a = 5,\ \phi^1 = 15,\ \phi^2 = 11,\ \phi^3 = 9$$

　この例において地域間の交易が生じるためには，τ が $\tau_{\text{trade}} = 0.588235$ を超えないことが要求されるので，この領域で考える．まず，各産業が均等に分散するような立地パターン $(\lambda^1, \lambda^2, \lambda^3) = (1/2, 1/2, 1/2)$ は，大きな $\tau (>0.382161)$ の場合に安定する．これまでと同様，輸送費用が高い場合には競争効果が強く働くため，それに基づく「分散力」が，市場規模効果等による「集積力」を上

図11.1 輸送費用の変化と立地パターンの変化：3産業の場合

回るからである．しかし，輸送費用の低下にともない対称分散立地は不安定となり，$(\lambda^{1*}, \lambda^{2*}, 1)$ の立地パターン $(\lambda^{1*}, \lambda^{2*} \in [1/2, 1])$，$(\lambda^{1*}, 1, 1)$ の立地パターン $(\lambda^{1*} \in [1/2, 1])$ を経て，完全集積立地 $(1, 1, 1)$ が実現されることになる．輸送費用の低下がいっそう進めば，$(\lambda^{1*}, 1, 1)$ の立地パターン $(\lambda^{1*} \in (0, 1))$，$(0, 1, 1)$ の立地パターンを経て，$(0, \lambda^{2*}, 1)$ の分離立地パターンが実現される（図11.1）．

より具体的には，以下のことが指摘できる．第一に，8.2節や9.2節で扱った1産業のモデルにおいては，産業の立地が急激に変わった．しかし，ここで示した多産業のケースでは，産業3だけが急激に分散から集中に変わり，他の産業の立地変化はより緩慢である．この点において，多産業のモデルの方がより現実的である．第二に，産業1は最初ある地域に集中するが，その後それとは異なる地域に集中する．このような立地変化は現実においても観察されるものである．例えば，アメリカのタイヤ産業は，1930年以前にはオハイオ州のアクロン（Akron）地域に集積していたが，いまはこの地域に全く立地していない．第三に，「再分散」の過程においては，非熟練労働者の必要投入量が大きい産業から順に，労働力のより余っている地域に立地を変更していく．そして，非熟練労働者の必要投入量が最も少ない産業はいったんある地域に集積するとそこから再分散はしない．このことは，非熟練労働者がそれほど要らない知識集約型産業が，ニューヨークやロンドン，東京などに集積し続けていることに対応していると考えられる．最後に，もし工業部門全体を1つとして見れば，9.2節のモデルと同様に，「分散→集積→再分散」という変化が起きている．しかし再度強調したいのは，分散と再分散の立地パターンは異なるという点である．

11.3 輸送費用が異なる複数産業の立地

本節では，非熟練労働者の賃金（＝当該地の農産物価格）の代わりに都市費用を分散力とし，輸送費用が異なる複数産業の立地を分析する．産業が2種類の場合については，田渕・ティス（Tabuchi and Thisse, 2006）によって分析された．ここでは，前節と同様に，いかなる条件の下で産業の分離立地が生じるのか（生じないのか）を明らかにするために，3産業のケースの分析を紹介する[66]．なお，前節のモデルでは，市場規模効果や競争効果は産業間で同一であるが，非熟練労働者の賃金（労働費用効果）に基づく分散力が産業間で異なっていた．逆に本節のモデルでは，都市費用に基づく分散力は産業間で同一であるが，市場規模効果や競争効果が産業間で異なることになる．このことが，前節とは異なる結果を生む要因となる．

11.3.1 モデル

ここでは，10.2節のモデルを，輸送費用が異なる3種の産業のモデルに拡張する（より一般的な多産業のケースは Takatsuka and Zeng（2013）を参照のこと）．ただし，前節と同様に，熟練労働者は産業間移動できないものとする．また，モデルを簡素化するために，10.3節のように農業部門（地域間を移動できない非熟練労働者）を捨象することとする．このことは，輸送費が十分大きい場合でも競争効果が十分働かず，必ずしも対称分散立地が安定均衡とはならないことを意味している．

各産業で従事する労働者はすべて等しく，L であるとする（よって総人口は $3L$）．10.2節と同様に，すべての企業は労働者を1単位投入することで，差別化された製品を任意の量生産することが可能であるとする．したがって，すべての産業は同数の企業を擁し，それを n とすれば $n=L$ となる．産業間の非対称性は輸送費用のみにあるものとし，第 i 産業の財を1単位輸送するために

---

[66] また，Tabuchi and Thisse（2006）が，労働の産業間移動を考慮しているのに対し，本節では前節と同様に，労働の産業間移動は考えない．

は τ^i 単位の価値基準財が必要であるとする．一方，あらかじめ賦与されている価値基準財については輸送費ゼロとする．都市空間および通勤費用の設定についても，10.2節と同様である．したがって，地域 $r(=1,2)$ に住む労働者の総数を L_r で表せば，地域 r の付け値地代関数は $R_r^*(x)=\theta(L_r/2-|x|)$ となり，地域 r の総地代収入は $2\int_0^{L_r/2} R_r(x)dx = \theta L_r^2/4$ で与えられる[67]．したがって，純都市費用，すなわち「地代支払い＋通勤費用－地代収入」は，地域 r のすべての労働者において $(\theta/4) \times L_r$ となる．

地域 $r(=1,2)$ の労働者の効用関数は，(8-1) 式を多産業財に一般化し，以下のようにする．

$$U(q^0, q_r^k) = \sum_{k=1}^{3} \Big\{ \alpha \int_0^n q_r^k(j) dj - \frac{\beta-\gamma}{6} \int_0^n [q_r^k(j)]^2 dj - \frac{\gamma}{6L} \Big[\int_0^n q_r^k(j) dj\Big]^2 \Big\} + q_r^0 \quad (11\text{-}12)$$

ただし，q_r^0 と $q_r^k(j)$ は，地域 r の労働者の価値基準財，および産業 k のバラエティ $j \in [0,n]$ の消費量をそれぞれ表している．また，これまでと同様に $\alpha>0$，$\beta>\gamma>0$ を仮定する．

地域 r，産業 i の各労働者は効用関数 (11-12) 式を，以下の予算制約の下で最大化する．

$$\sum_{k=1}^{3} \Big[\int_0^n p_r^k(j) q_r^k(j) dj + \frac{\theta}{4} L_r^k \Big] + q_r^0 = w_r^i + \bar{q}^0$$

ここで，$p_r^i(j)$ は産業 i のバラエティ j の地域 r における価格，L_r^i と w_r^i は，地域 r，産業 i における労働者数と賃金をそれぞれ表している．また，$\bar{q}^0$ は価値基準財の初期賦与量であり，これは均衡における価値基準財の消費量が正となるだけの十分な量であるとする．なお，左辺 [ ] 内の第 2 項は純都市費用を表している．

---

[67] 一般に産業によって賃金は異なるため，付け値地代関数も産業によって異なる可能性がある．しかし，このモデルの場合，家計が消費する土地面積は一定で，付け値地代関数の傾きは必ず $-\theta$ となるため，同一地域に住む労働者の付け値地代は同一のものとなる（産業による分離居住は生じない）．具体的には，所得が多い人はその分価値基準財の消費が増え，同一地域居住者においては「土地への支出＋通勤費用」は $\theta L_r/2$ で同じになる．

効用関数 (11-12) の最大化から，地域 r，産業 i の労働者の個人需要関数 $q_r^i(j)$，間接効用関数 V_r^i は以下のようになる．

$$q_r^i(j) = 3\left[a - bp_r^i(j) + c\frac{P_r^i}{n}\right], \quad j \in [0, n]$$

$$V_r^i = 3n\left\{\frac{3a^2}{2(b-c)} - \frac{a}{n}\sum_{k=1}^{3}P_r^k + \frac{b}{2n}\sum_{k=1}^{3}\int_0^n [p_r^k(j)]^2 dj - \frac{c}{2n^2}\sum_{k=1}^{3}(P_r^k)^2\right\} + w_r^i + \bar{q}^0 - \frac{\theta}{4}\sum_{k=1}^{3}L_r^k$$

ただし，

$$a \equiv \frac{\alpha}{\beta}, \quad b \equiv \frac{1}{\beta-\gamma}, \quad c \equiv \frac{\gamma}{\beta(\beta-\gamma)}$$

であり，$P_r^i \equiv \int_0^n p_r^i(j)dj$ は地域 r における産業 i の価格指数である．なお，仮定 $\beta > \gamma > 0$ より，$b > c > 0$ が成立している．

同一産業の全ての企業は同じ生産技術であるため，同一産業・同一地域の全ての企業は対称的で，地域 r，産業 i の企業は以下の利潤を最大にする．

$$\Pi_r^i = p_{rr}^i q_{rr}^i \sum_{k=1}^{3}L_r^k + (p_{rs}^i - \tau^i)q_{rs}^i \sum_{k=1}^{3}L_s^k - w_r^i$$

ただし，q_{rs}^i と p_{rs}^i は，地域 r に立地する産業 i の企業にとっての，地域 $s(\neq r)$ での個人需要および価格を表している．

利潤最大化の1階条件と利潤ゼロ条件より，以下の均衡価格，均衡賃金を得る．

$$p_{rr}^{i*} = \frac{2a + c\tau^i\left(1 - \frac{L_r^i}{L}\right)}{2(2b-c)}, \quad p_{rs}^{i*} = p_{ss}^{i*} + \frac{\tau^i}{2}, \tag{11-13}$$

$$w_r^{i*} = 3b\left[(p_{rr}^{i*})^2 \sum_{k=1}^{3}L_r^k + (p_{rs}^{i*} - \tau^i)^2 \sum_{k=1}^{3}L_s^k\right] \tag{11-14}$$

地域 r，産業 i のローカルな競争は企業数（労働者数）L_r^i が増えるにしたがって厳しくなるので，価格 p_{rr}^{i*} は L_r^i の減少関数になっている（競争促進効果）．さらにその効果の大きさ（$|\partial p_{rr}^{i*}/\partial L_r^i|$）は輸送費用が大きい産業ほど大きくなる．その理由は，輸送費による交易障壁が高いため，企業が他地域から自地域に来たときのインパクトが大きいからである．均衡賃金における競争効果は，(11

-14) 式における $(p_{rr}^{i*})^2$ および $(p_{rs}^{i*}-\tau^i)^2$ の項を通して発生する. 他方, 均衡賃金における市場規模効果は, (11-14) 式における $\sum_{k=1}^{3} L_r^k$ および $\sum_{k=1}^{3} L_s^k$ の項を通して発生する.

以上の式より, 産業 i の労働者の地域間効用格差は次のようになる.

$$V_1^i - V_2^i = \underbrace{(S_1 - S_2)}_{\text{生計費を通した立地効果}} + \underbrace{(w_1^{i*} - w_2^{i*})}_{\text{賃金を通した立地効果}}$$

$$S_1 - S_2 = \sum_{k=1}^{3}\left(\frac{1}{2} - \lambda^k\right)\left[b^2 \bar{L}\frac{(b-c)(\tau^k)^2 - 2a\tau^k}{(2b-c)^2} + \frac{L\theta}{2}\right] \quad (11\text{-}15)$$

$$w_1^{i*} - w_2^{i*} = b\bar{L}\left[\frac{(b-c)(\tau^i)^2 - 2a\tau^i}{2b-c}\sum_{k=1}^{3}\left(\frac{1}{2} - \lambda^k\right) + \left(\frac{1}{2} - \lambda^i\right)\frac{3c(\tau^i)^2}{2(2b-c)}\right] \quad (11\text{-}16)$$

ただし, λ^i は地域 1 に居住する産業 i 労働者の割合 L_1^i/L, $\bar{L}$ は労働者の総数 ($=3L$) である. また, S_r は地域 r における消費者余剰から純都市費用を差し引いたものであり, その地域間格差 $(S_1 - S_2)$ は, 生計費を通した立地効果を表している.

次に, 簡単化のため, 輸送費用を $\tau^i = \omega^i \tau$ と仮定する. ただし, $\tau(>0)$ は全ての輸送費用の大きさを規定する「輸送技術」を表す変数である. この仮定は, すべての産業の輸送費用が, 輸送技術の進展 (τ の低下) とともに, 比例的に減少していくことを意味している. さらに, すべての産業において輸送費用が異なる ($\omega^i \neq \omega^j$ for $\forall i \neq j$) ことを仮定し, 輸送費用が大きい産業から順に, 第 1 産業, 第 2 産業, 第 3 産業と呼ぶことにする.

$$\omega^1 > \omega^2 > \omega^3 \geq 0$$

いかなる立地パターンでも全ての産業において交易が生じるためには, $\tau < \tau_{\text{trade}} \equiv 2a/\{\omega^1(2b-c)\}$ が成立する必要があるが, 以下の分析ではこれが常に成り立っているものとする[68].

これらの仮定の下では, 産業 i の労働者の地域間効用格差は, 次のように書き換えられる.

---

[68] 全ての産業で交易が生じるためには, (i) 全ての企業において製品価格が交易費用を上回り, かつ (ii) 全ての産業の財に対する消費が正にならなくてはならない. 簡単な計算から, これら 2 つの条件は $\tau < \tau_{\text{trade}}$ と等価になることが分かる.

$$V_1^i - V_2^i = \left(\frac{1}{2} - \lambda^i\right)\left[(\omega^i)^2 \nu_1 - \omega^i \nu_2 + \frac{L\theta}{2}\right]$$
$$+ \sum_{j \neq i}\left(\frac{1}{2} - \lambda^j\right)\left[(\omega^j)^2 \mu_1 - \omega^j \mu_2 + (\omega^i)^2 \xi_1 - \omega^i \xi_2 + \frac{L\theta}{2}\right]$$
$$= \sum_{j=1}^{3}\left(\frac{1}{2} - \lambda^j\right)\delta^{ij}$$

ただし,

$$\nu_1 \equiv \frac{3b\tau^2}{2(2b-c)^2}[(2bc-c^2)(\bar{L}-L)+(6b^2-6bc+c^2)L], \quad \nu_2 \equiv \frac{ab(3b-c)}{(2b-c)^2}\bar{L}\tau,$$

$$\mu_1 \equiv \frac{b^2(b-c)}{(2b-c)^2}\bar{L}\tau^2, \quad \mu_2 \equiv \frac{2ab^2}{(2b-c)^2}\bar{L}\tau, \quad \xi_1 \equiv \frac{b(b-c)}{2b-c}\bar{L}\tau^2, \quad \xi_2 \equiv \frac{2ab}{2b-c}\bar{L}\tau,$$

$$\delta^{ij} \equiv \begin{cases} (\omega^i)^2 \nu_1 - \omega^i \nu_2 + \frac{L\theta}{2} & \text{if } i = j \\ (\omega^j)^2 \mu_1 - \omega^j \mu_2 + (\omega^i)^2 \xi_1 - \omega^i \xi_2 + \frac{L\theta}{2} & \text{if } i \neq j \end{cases}$$

前節と同様に,労働の地域の地域間移動については,以下の動学システムを仮定する.

$$\frac{d\lambda^i}{dt} = V_1^i - V_2^i = \sum_{j=1}^{3}\left(\frac{1}{2} - \lambda^j\right)\delta^{ij}$$

11.3.2 地域規模と効用格差

地域間の人口移動は,生計費を通した立地効果($S_1 - S_2$)や賃金を通した立地効果($w_1^{i*} - w_2^{i*}$)にどのような影響を与えるだろうか.それをみるために,(11-15) 式と (11-16) 式を以下のように書き直そう.

$$S_1 - S_2 = \underbrace{\frac{b^2 \bar{L}}{(2b-c)^2}\sum_{k=1}^{3}\left(\lambda^k - \frac{1}{2}\right)F^k(\tau)}_{\text{工業財生計費効果}} - \underbrace{\frac{L\theta}{2}\sum_{k=1}^{3}\left(\lambda^k - \frac{1}{2}\right)}_{\text{都市費用効果}} \qquad (11\text{-}17)$$

$$w_1^{i*} - w_2^{i*} = \underbrace{\frac{b\bar{L}}{2b-c}F^i(\tau)\sum_{k=1}^{3}\left(\lambda^k - \frac{1}{2}\right)}_{\text{市場規模効果}} - \underbrace{\frac{3bc\bar{L}(\omega^i)^2 \tau^2}{2(2b-c)}\left(\lambda^i - \frac{1}{2}\right)}_{\text{競争効果}} \qquad (11\text{-}18)$$

ただし,$F^i(\tau) \equiv 2a\omega^i \tau - (b-c)(\omega^i \tau)^2$ である.$\tau \in (0, \tau_{\text{trade}})$ であるから,$F^i(\tau)$ は正の増加関数であり,$F^i(\tau) > F^j(\tau)$ は $i < j$ と同値であることが分かる.

もし，地域1の人口が増加すれば，当該地域の企業も増加する．したがって，消費者にとっての市場アクセスは改善され，地域1の地域2に対する生計費格差 S_1-S_2 を増加させる．この効果は，(11-17) 式の第1項で表されており，これまでと同様に**工業財生計費効果**と呼ぶことができる．全労働者（全企業）の半分以上が地域1に立地したとしても，この効果は必ずしも正にならない．なぜなら，もし輸送費用の大きな産業が地域2に多く立地していたとしたら，地域1の市場アクセスは地域2よりもよいとは言えないからである．しかし，各産業においてそれぞれ，全労働者（全企業）の半分以上が地域1に立地すれば（$\lambda^i>1/2$，$i=1, 2, 3$），この効果は正になることが分かる．次に，地域1の人口増加は，当該地域の都市費用を増加させ，生計費格差 S_1-S_2 を減少させる．この効果は，(11-17) 式の第2項で表されており，**都市費用効果**と呼ぶことができる．この効果は，全労働者（全企業）の半分以上が地域1に立地すれば，そのときに限り負となる．これらの2つの効果のバランスに応じて，地域1の人口増加は生計費格差 S_1-S_2 を増加させたり，減少させたりする．

　もし，地域1の人口が増加すれば，生産者にとっての市場アクセスは改善され，各産業の賃金格差 $w_1^{i*}-w_2^{i*}$（$i=1, 2, 3$）を増加させるように働く．この効果は (11-18) 式の第1項で表されており，**市場規模効果**と呼ぶことができる．この効果は，全労働者（全企業）の半分以上が地域1に立地すれば，そのときに限り正となる．また，$F^i(\tau)>F^j(\tau) \Leftrightarrow i<j$ より，この効果は輸送費用の高い産業ほど強く働くことが分かる．このような産業は，大きな地域に立地することで，より交易費用を抑制することができるからである．他方，地域1における産業 i の労働者（企業）の増加は，産業 i の価格競争を激化させ，これが産業 i の賃金格差 $w_1^{i*}-w_2^{i*}$ を減少させる．この効果は (11-18) 式の第2項で表されており，**競争効果**と呼ぶことができる[69]．この効果は，産業 i の労働者（企業）の半分以上が地域1に立地すれば，そのときに限り負となる．また，この効果も市場規模効果と同様に，輸送費用の高い産業ほど強く働くことが分かる．このような産業は，高い輸送費用の障壁があるため，競争の緩や

69）　前項で述べたとおり，賃金に対する競争の効果は，価格の変化によってもたらされる（(11-14) 式を参照）．価格に対する競争の効果は，(11-13) 式の $c\tau^i(L_1^i/L)$ の項に表れており，この項が (11-18) 式の第2項を生んでいる．

かな場所に立地することでより高い価格を付けることが可能になるからである．結果的に，これらの2つの効果のバランスに応じて，地域1の人口増加は賃金格差 $w_1^{i*} - w_2^{i*}$ を増加させたり，減少させたりする．

最後に，輸送費用の水準 τ や通勤費用 θ の変化が，上記の4つの効果や労働者の立地にどのような影響を与えるかを見ておこう．第一に，もし θ が一定のまま τ が減少すれば，工業財生計費効果，市場規模効果，競争効果は小さくなるため，都市費用効果が支配的になる．ゆえに，大地域（小地域）の効用が小さく（大きく）なり，労働者は小地域に向かうことになる．すなわち，地域の人口規模を均等化させるように働く．他方，もし τ が一定のまま θ が増加すれば，都市費用効果のみを大きくさせることになる．したがって，θ が十分大きくなれば，都市費用効果がやはり支配的になり，地域の人口規模は均等化に向かう．

11.3.3 均衡

最終均衡

ここでは，輸送費用が十分小さくなったときの産業の立地を分析する．記述を簡便化するため，地域1の人口が地域2よりも大きいか等しい均衡のみに焦点を当てよう．前節で述べたように，もし τ が小さければ，2地域の人口規模は近くなるため，2つ以上の産業が1つの地域に集中することは起こり得ない．具体的には，地域1の労働者シェアベクトル $(\lambda^1, \lambda^2, \lambda^3)$ を λ^* で表せば，$\lambda^* = (1, 1, 1), (1, 1, \lambda^{3*}), (1, 1, 0)$ といった立地パターンは不可能となる（ただし，$\lambda^{3*} \in (0, 1)$）．

言い換えれば，τ が十分小さければ，以下の3つの立地パターンのみが可能となる．

(A) **完全分散**：全ての産業が両地域に分散するパターン（$\lambda^* = (\lambda^{1*}, \lambda^{2*}, \lambda^{3*})$）．
(B) **部分地域特化**：2つの産業が分散し，残る1つの産業がどちらかの地域に集中するパターン（$\lambda^* = (1, \lambda^{2*}, \lambda^{3*}), (\lambda^{1*}, 1, \lambda^{3*}), (\lambda^{1*}, \lambda^{2*}, 0)$）．
(C) **完全地域特化**：1つの産業が分散し，他の産業は別々の地域に集中する

パターン $(\lambda^* = (\lambda^{1*}, 1, 0), (1, \lambda^{2*}, 0), (1, 0, \lambda^{3*}))$.
ただし，$\lambda^{i*} \in (0, 1) (i = 1, 2, 3)$ である．

このとき，以下の命題が成立する[70]．なお，$\bar{\theta}_0, \bar{\theta}_1, \bar{\theta}_2, \bar{\omega}_2$ の定義は付録を参照のこと．

命題11.3.1 τ が十分小さいとき，(ⅰ) $\theta > \bar{\theta}_0$ であればそのときに限り，$\lambda^* = (1/2, 1/2, 1/2)$ は唯一の安定均衡となる．(ⅱ) $\min\{\bar{\theta}_1, \bar{\theta}_2\} < \theta < \bar{\theta}_0$ かつ $\omega^2 > \bar{\omega}_2$ であればそのときに限り，$\lambda^* = (\lambda^{1*}, \lambda^{2*}, 0)$ は唯一の安定均衡となる．(ⅲ) $\min\{\bar{\theta}_1, \bar{\theta}_2\} < \theta < \bar{\theta}_0$ かつ $\omega^2 < \bar{\omega}_2$ であればそのときに限り，$\lambda^* = (1, \lambda^{2*}, \lambda^{3*})$ は唯一の安定均衡となる．(ⅳ) $\theta < \min\{\bar{\theta}_1, \bar{\theta}_2\}$ であればそのときに限り，$\lambda^* = (1, \lambda^{2*}, 0)$ は唯一の安定均衡となる．ただし，$\lambda^{i*} \in (0, 1) (i = 1, 2, 3)$ である．

この命題は，τ が十分小さいとき，θ が十分大きければパターン（A）の完全分散が生じるが，θ が小さくなるとパターン（B）の部分地域特化にまず移行し，θ が一層小さくなると，パターン（C）の完全地域特化になることを意味している．具体的には，ω^2 が相対的に大きく ω^1 に近い場合には，θ の低下にともない産業3がまずある地域に集中し，その後産業1がそれと異なる地域に集中する．逆に，ω^2 が相対的に小さく ω^3 に近い場合には，産業1がまずある地域に集中し，その後産業3がそれと異なる地域に集中する．したがってこの結果は，産業2の立地は，産業2に（輸送費用において）似た産業の立地に類似することを示しており，その意味では自然な結果と言える．

この結果は，直観的には以下のように説明することができる．通勤費用 θ が大きくなればなるほど，人口規模の大きな地域は高い都市費用のために立地が不利となり，人口はより均等化に向かう．人口が均等化に向かえば両地域の市場規模も均等化に向かうので，(11-18) 式から，産業の立地を規定するのは競争効果になる．よって，各企業（熟練労働者）は同種産業の企業が少ない

---

[70] 証明は，Takatsuka and Zeng (2009) の Appendix A, B, C を参照のこと．

地域に立地しようとするので，パターン (A) の完全分散が生じる．

一方，通勤費用 θ が小さければ，人口の均等化は緩和される．これは市場規模効果に基づいて，各地域が特定の産業に特化する可能性を生み出す．例えば，完全地域特化 $(1, \lambda^{2*}, 0)$ を考えてみよう（ただし，$\lambda^{2*} > 1/2$）．このとき，輸送費の大きい産業が地域1に集積しているので，工業財生計費については地域1が望ましいが，都市費用については人口規模の小さい地域2が望ましい．仮に前者よりも後者の効果が強く，生計費の観点からすれば地域2が望ましいとしよう．このような状況であっても，産業1のすべての企業が地域1に立地し続ける可能性がある．なぜなら，これらの産業は，他の産業よりも輸送費が高いために，大きな市場に立地することでより大きな利益を得ることができるからである．この強い市場規模効果が他の負の効果を凌駕すれば，この立地パターンは維持される．一方，産業3は大市場志向が最も小さいため，安い都市費用が享受できる地域2に立地し続け，産業2は大市場志向が中位であるため，両地域に分散し続ける．通勤費用 θ が十分小さいとき，完全地域特化 $(1, \lambda^{2*}, 0)$ が均衡になるのは，こういった理由のためである．

以上のことからも分かるように，輸送費用が高い産業は輸送費用を節約する誘因が強いために，大きい地域に立地する傾向があると考えられる．すなわち，均衡においては，

$$\lambda^{1*} \geq \lambda^{2*} \geq \lambda^{3*} \tag{11-19}$$

が成り立つことが期待される．しかし，これは必ずしも成立しない．輸送費用が高い産業が低い産業よりも，大地域において低いシェアを持つことがある．その理由は，(11-18) 式でも示されたように，輸送費用が高い産業は市場規模効果だけでなく競争効果も強く働くからである．具体的には，通勤費用 θ が中位の値をとる場合，(11-19) 式の例外が生じうる[71]．

通勤費用 θ が中位になると，人口の均等化がより厳格になるため，市場規模効果が弱まり，相対的に競争効果が有意になる．このとき不等号 (11-19) の逆転 $(\lambda^{2*} > \lambda^{1*})$ が生じる．産業1は産業2よりも競争効果が強いため，分散立地する誘因がより強いからである．

---

[71] 詳しくは，Takatsuka and Zeng (2009) の Proposition 2を参照のこと．

この結果は，非熟練労働の必要投入量に非対称性を仮定した11.2節の結果と異なる．11.2節のモデルでは，非熟練労働をあまり必要としない産業は，非熟練労働者賃金が高い地域（大地域）においてシェアが高くなり，例外は生じないことを示した（命題11.2.1）．これは，11.2節のモデルの場合，企業立地を規定している効果のうち産業間で異なるのは，労働費用効果のみだからである．それに対し，本節のモデルでは，市場規模効果と競争効果の双方が産業間で異なる．そのため，市場規模効果が強く支配する状況（θ が小さいとき）では(11-19)式が成立するが，競争効果が強くなる状況（θ が中位のとき）には成立しなくなるのである．

数値シミュレーション

輸送費用のグローバルな変化にともなう立地パターンの変化をみるために，ここではいくつかの数値シミュレーション結果を示す．パラメータは以下のように設定した．

$$L=1, \quad a=10, \quad b=15, \quad c=4, \quad \omega^1=14, \quad \omega^2=11, \quad \omega^3=8$$

結果は，図11.2に示している．パネル (a) は任意の (τ, θ) における均衡立地パターンを示している．ただし，横軸，縦軸はそれぞれ τ, θ であり，図中の3つ組の値は均衡立地パターン $\lambda^*(\lambda^{i*} \in (0,1), i=1,2,3)$ である．パネル (a) について，いくつか注意すべきことがある．第一に，複数均衡は起きておらず，いかなる状態 (τ, θ) も1つの安定均衡をもたらすことが分かる．第二に，完全集積がグラフの右下方エリアにおいて安定となっているのに対し，完全分散は左上方エリアにおいて安定となっている．これらのエリアの間においては，完全・部分地域特化を含む様々な非対称立地パターンが安定となりうる[72]．したがって，もし θ が一定でそれほど大きくなければ，τ の低下にともない「完全集積から分散へ」という移行が生じる．分散の具体的な状況は命題11.3.1の示すところである．また，このモデルでは移動できない労働者を導入

[72) 産業間で ω の格差が大きくなると，非対称立地パターンの領域が大きくなる．もし，ω の格差がなくなれば（すなわち1産業のケース），非対称立地パターンの領域は消滅し，完全集積か完全分散のみとなる．

図11.2 シミュレーションの結果

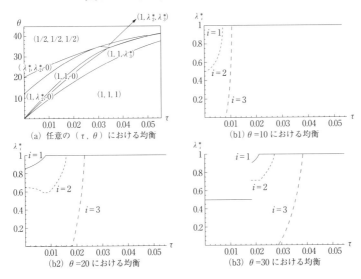

していないために，τ が十分大きいときでも完全分散が生じないことに注意されたい．

次に，θ を一定にして τ を変化させた場合，各産業の地域1に立地する比率 $\lambda^{i*}(i=1,2,3)$ がどのように変化するかを見てみよう．いくつかの結果を図11.3のパネル(b1)-(b3)に載せている．ここで，横軸は τ，縦軸は λ^{i*} であり，θ については(b1)が10，(b2)が20，(b3)が30と設定している．(b1)，(b2)，(b3)の各ケースは，それぞれ「完全集積から完全地域特化への移行」，「完全集積から部分地域特化への移行」，「完全集積から完全分散への移行」に対応している．ここで示した結果は典型的なものであり，次節で示す日本の産業データともある程度整合的であると言える．

11.3.4 実証的妥当性

既存の実証研究では，少なくとも米国と日本の過去数十年において，工業部門が分散化してきたことが示されている（Holmes and Stevens, 2004, pp.2815-19; Fujita et al., 2004, pp.2924-26）[73]．しかし，日本のより詳細なデータをみると，必ずしも全ての工業部門が一様に分散しておらず，分散の状況

図11.3 生産額の地域シェアの変化（データ：工業統計調査）

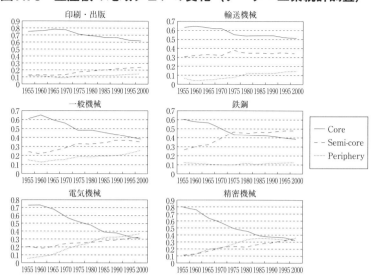

は輸送費用に関連しているように見受けられる．図11.3はいくつかの産業について，生産額の地域別シェアの変化を示したものである．なお，地域区分に当たっては，先行研究にならって，日本全体を Core, Semi-core, Periphery の3つの地域に区分している[74]．また一般的には，印刷・出版，輸送機械，鉄鋼等は製品の輸送費用が高い業種として，一方，電気機械，精密機器等は輸送費用が低い業種と考えることができる[75]．この図によれば，輸送費用が高い産業は Core（もしくは Semi-core）に多く残っているが，輸送費用が低い産

---

73) 一方，カナダでは主要都市圏に工業部門が維持されている（Holmes and Stevens, 2004, pp.2826-27）．また，EU においても，工業部門全体の地域シェアは，1970年代と1990年代半ばとであまり変わっていない（Combes and Overman, 2004, p.2867）．

74) Core は，東京，神奈川，愛知，大阪，兵庫からなり，Semi-Core は太平洋ベルト地帯に位置する Core を除く18県からなり，Periphery は残りのエリアからなる．詳細は，藤田・久武（1999）および Fujita et al.（2004）を参照．

75) 例えば，Glaeser and Kohlhase（2004, p.206）はアメリカの産業について次のようなデータを示している（Table 1）．重量1トンあたりの価値（$）（「価値あたり輸送費用」に逆比例すると考えられる）は，例えば以下のとおり．卑金属，851；印刷製品，3335；自動車等輸送機械，5822；（一般）機械，8356；電気・電子機器および部品，オフィス機器，21955．

業は顕著に Periphery に移っていることが分かる．これは図11.2のパネル (b1)-(b3)で見た移行プロセスと整合的である．より具体的には，精密機械 (電気機械) は1960年時点ではCoreで75%（74%）の生産が行われていたのに対し，2000年には32%（31%）しか行われていない．一方，印刷・出版（輸送機械）は1960年時点ではCoreで76%（64%）の生産が行われていたのに対し，2000年時点でもなお62%（52%）の生産が行われている[76]．

真野・大塚 (Mano and Otsuka, 2000) は，都道府県データを用いた回帰分析から，日本の工業立地変化の要因分析を行っている．それによれば，都市費用は強い分散力として働いたことが示されている．さらに彼等は，高度成長期 (1960-1973) において，関東ダミーおよび東海・近畿ダミーが，電気機械および精密機器の雇用に対しては有意に負の効果をもたらしており，他の3産業 (金属製品，一般機械，輸送機械) に対しては有意に正の効果をもたらしている，という結果を得ている．また，その後の低成長期 (1980-1995) においては，関東ダミーが金属製品および輸送機械の雇用に対して有意に負の影響をもたらすようになっていることも示している．これらの結果は，輸送費用の低い産業が大地域をより早く離れることを示しており，本節の結果と整合的であると言える．

以上のような結果は，サービス産業についても当てはまる．例えば，広義のコンサルタント業は顧客と何度もフェース・トゥ・フェースのコミュニケーションが必要であり，顧客にサービスを提供するためには多額の「輸送費用」がかかると考えることができる．1999年の『サービス業基本調査』によれば，Core は，法務サービス業，デザイン業，広告代理業，情報処理・提供業にお

---

[76] 2000年の工業統計のデータから生産額の地域シェアを求めると，中分類21業種の製造業は以下の4タイプに分けることができる．(a) Core志向産業[Core > Semi-Core > Periphery]：一般機械，輸送機械，印刷・出版，なめし皮・同製品・毛皮（4業種）；(b) Semi-core志向産業I [Semi-Core > Core > Periphery]：化学工業，石油・石炭製品，プラスチック製品，ゴム製品，鉄鋼，非鉄金属，金属製品（7業種）；(c) Semi-core志向産業II [Semi-Core > Periphery > Core]：食料品，繊維，衣服，木材・木製品，家具・装備品，パルプ・紙・紙加工品，窯業・土石製品（7業種）；(d) Periphery志向産業[Periphery > Semi-Core > Core]：電気機械器具，精密機械器具，飲料・たばこ・飼料（3業種）．

いて，日本全体の70%以上の売上，雇用を有している．米国やカナダにおいても同様の傾向を示している（Holmes and Stevens, 2004, pp.2821-28）．

11.4 まとめ

本章ではまず，9.2節のモデルを拡張して，非熟練労働者の必要投入量が異なる複数の産業の立地を分析した．本節のモデルでは，非熟練労働者の賃金が再分散の力となるが，i) 一般に（輸送費用が大きいときに生じる）分散と（輸送費用が小さいときに生じる）再分散は立地する産業の構成が異なること，ii) 非熟練労働者の必要投入量が多い産業ほど，非熟練労働者の賃金が安い小地域に立地すること，iii) 輸送費用が十分小さい場合，両地域に分散立地する産業は高々一つであり，分離均衡が生じること，が明らかとなった．

次に，10.2節のモデルを拡張して，製品の輸送費用が異なる複数の産業の立地を分析した．その結果，i) 輸送技術の進展によって工業部門の分散が生じるが，具体的な分散の形態（完全分散，完全地域特化，部分地域特化）は都市費用の水準に依存して決まること，ii) このような結果は，集積・分散を規定する4つの効果（工業財生計費効果，都市費用効果，市場規模効果，競争効果）の相互作用によって説明できること，iii) 輸送費用の高い産業が大地域を形成する傾向があるが，大地域における立地シェアは必ずしも輸送費用の順序にはならないこと，iv) 得られた結果は日本の工業立地の変化と整合的であることが明らかとなった．

付録：$\bar{\theta}_0$, $\bar{\theta}_1$, $\bar{\theta}_2$, $\bar{\omega}_2$ の定義

パラメータ $\bar{\theta}_0$, $\bar{\theta}_1$, $\bar{\theta}_2$, $\bar{\omega}_2$ は以下のように定義される．

$$\bar{\theta}_0 \equiv \frac{16a^2b^2}{c(2b-c)^2} \frac{(\omega^1)^2(\omega^2-\omega^3)^2+(\omega^2)^2(\omega^3-\omega^1)^2+(\omega^3)^2(\omega^1-\omega^2)^2}{(\omega^1)^2(\omega^2)^2+(\omega^2)^2(\omega^3)^2+(\omega^3)^2(\omega^1)^2}$$

$$\bar{\theta}_1 \equiv \frac{16a^2b^2}{c(2b-c)^2} \frac{(\omega^1-\omega^2)(\omega^1-\omega^3)}{(\omega^1)^2}$$

$$\bar{\theta}_2 \equiv \frac{16a^2b^2}{c(2b-c)^2} \frac{(\omega^1-\omega^2)(\omega^2-\omega^3)}{(\omega^3)^2}$$

$$\bar{\omega}_2 \equiv \frac{(\omega^3)^2}{(\omega^1)^2+(\omega^3)^2} \omega^1 + \frac{(\omega^1)^2}{(\omega^1)^2+(\omega^3)^2} \omega^3$$

仮定より $\omega^1 > \omega^2 > \omega^3 \geq 0$ であるから，これらすべてのパラメータは非負である．また，これらについては，以下の不等式が成立している．

$$\bar{\theta}_0 > \min\{\bar{\theta}_1, \bar{\theta}_2\}$$

練習問題

問題11.1 (11-9) 式を検算しなさい．

第12章

企業間連関と立地

12.1 はじめに

　第1章において，企業立地の主たる要因に，労働費用，市場規模，技術・情報の3つがあると述べた．事実われわれは，前章までの新貿易理論および新経済地理学のモデルを通して，労働費用および市場規模が，企業立地に大きな影響を与えることを学んできた．本章ではまず，企業立地の第三の主要因「技術・情報」について検討する[77]．直観的に考えて，高度な技術を持った企業が豊富に存在する国・地域は，企業にとって魅力的である．それらが提供する豊富な中間財を用いることで，生産費用を抑えたり，質の高い製品を生産することが可能となるからである[78]．ベナブルズ（Venables, 1996）は，6.1節の図6.1にあるような産業間連関を，新貿易理論のモデルに導入した．第4章，第5章で紹介したとおり，新貿易理論のモデルでは，人口規模を含め完全に2地域が対称的である場合，企業立地も対称的となり集積は生じなかった．また，第7章以降で紹介した新経済地理学のモデルでは，2地域が完全に対称的であっても集積が生じたが，それは地域間人口移動を認めたことで，集積の累積過程が生み出されたからである．それに対し，ベナブルズのモデルでは，2地域が完全に対称的で，かつ地域間人口移動がない状況においても，集積が生じうる．ある地域における川下産業の増加は，中間財市場規模の拡大から川上産業の増加につながり（後方連関効果），川上産業の増加は中間財購入機会の拡大から川下産業の増加につながる（前方連関効果）ためである．これらの効果が，企業間の競争効果のような集積を阻害する効果を凌駕する場合，その地域では農業部門から工業部門への労働移動がおき，企業の集積が生じる．

　ベナブルズが川上産業と川下産業の相互連関（垂直的な連関）を仮定したのに対し，クルーグマンとベナブルズ（Krugman and Venables, 1995）や藤田

---

[77] ただしここでは，市場で取引される技術・情報のみに焦点を当て，市場で取引されない技術・情報（技術的外部性）については考えない．

[78] 一方，高度な技術を持った労働が豊富に存在する国・地域も，企業にとっては魅力的である．Takatsuka (2011) は熟練労働者の投入によって製品の質が高まるモデルを構築し，熟練労働者の存在が立地に与える影響を分析している．

ら (Fujita et al., 1999, Ch.14) は，1産業内の各企業が互いに財を取引し，中間投入を行う（水平的な連関）モデルを構築した．これによってモデルをシンプルにしつつも，ベナブルズと同様の結論を得ることに成功している．本章でも，このタイプのモデルについて紹介する．

本章では，基本的に両国の賃金が同一になるケースを扱う（12.2節）．しかし，立地と厚生の関係を考える際，賃金格差の有無は本質的な影響を与える．12.3節では，賃金格差が生じるケースを考え，それが立地と厚生の関係にどのような影響を与えるかを示す．

12.2 両国の賃金が同一になるケース

12.2.1 モデル

ここでは，4.2.2項のモデルに企業間連関を考慮したモデルを紹介する (Ottaviano and Robert-Nicoud, 2006)．変更点は以下の2点である．第一の変更点は，両地域の人口を同一（$\theta=1/2$）とする点である．すでに述べたとおり，本節で紹介する企業間連関を考慮したモデルでは，2地域が完全に対称的で，かつ地域間人口移動がない状況下においても，集積が生じうる．第二の変更点は生産技術である．4.2.2項のモデルでは，労働のみを用いて生産が行われたが，ここではそれに加え，中間投入として各企業の生産物（工業財）も互いに用いられるものとする．具体的には，固定投入としては労働と工業財バラエティからなる「合成財（composite）」が F 単位必要であるとする．なお，この合成財はコブ・ダグラス生産関数 $M^\mu l^{1-\mu}(\mu\in(0,1))$ に従って生産されるものとする[79]．ただし，M は（3-2）式で定義される工業財バラエティの合成財，l は労働である．限界投入においては，合成財が ρ 単位必要であるとするが，この合成財の生産関数は $M^\alpha l^{1-\alpha}(\alpha\in[0,1))$ で表されるものとする．農業部門については4.2.2項と同様に，収穫一定で輸送費がかからないことを仮

---

[79] パラメータ μ は消費者の効用関数（3-1）のパラメータ μ と同じであるが，これは簡単化のためであり，両者が異なるとしても本質的な影響はもたらさない．

定する．加えて本節では，工業財の支出シェアが小さく，いかなる均衡においても両地域で農業部門が存在する状況を考える[80]．農業財には輸送費がかからないので，賃金格差は発生しない．したがって，地域 $r(=1,2)$ の賃金 w_r を 1 とすれば，地域 r に立地する企業が x 単位の財を生産するときに発生する費用は以下のように書ける．

$$C_r(x) = FP_r^\mu w_r^{1-\mu} + \rho P_r^\alpha w_r^{1-\alpha} x = FP_r^\mu + \rho P_r^\alpha x \tag{12-1}$$

ただし，P_r は地域 r における工業財の価格指数であり，(3-5) 式のように書くことができる．なお，$\mu = \alpha = 0$ であれば，4.2.2 項のモデルと同じである．

(12-1) 式にシェパードの補題を適用すれば，地域 r に立地する企業の，地域 s で生産されるバラエティ j に対する中間投入需要が求められる．

$$d_r(j) = \frac{\partial C_r(x)}{\partial p_{sr}(j)} = \frac{p_{sr}(j)^{-\sigma}}{P_r^{1-\sigma}} (\mu F P_r^\mu + \alpha \rho P_r^\alpha x_r)$$

ただし，$p_{sr}(j)$ は地域 s で生産されるバラエティ j の地域 r における価格である．一方，(3-7) 式より，地域 r に立地する家計全体の，地域 s で生産されるバラエティ j に対する消費需要は，以下のようになる．

$$c_r(j) = \frac{p_{sr}(j)^{-\sigma}}{P_r^{1-\sigma}} \mu Y_r$$

ただし，Y_r は地域 r における地域所得である．なお，バラエティ（企業）はすべて対称的であるから，以下ではバラエティを表すインデックス j は省略しよう．

地域 r における生産者価格 (mill price) を p_r とすれば，地域 r で生産されるバラエティに対する総需要は

$$\begin{aligned} x_r &= (c_r + n_r d_r) + \tau(c_s + n_s d_s) \\ &= p_r^{-\sigma} \left(\frac{\mu E_r}{P_r^{1-\sigma}} + \phi \frac{\mu E_s}{P_s^{1-\sigma}} \right) \end{aligned} \tag{12-2}$$

と表すことができる．ただし，ここで μE_r は地域 r における工業財支出額で

---

[80] 具体的には，$\mu < 1/2$ を仮定することで，このような状況となる．これが成立しない場合については，次節で扱う．

あり，以下のように計算される．

$$\mu E_r = \mu Y_r + \mu n_r F P_r^\mu + \alpha n_r \rho P_r^\alpha x_r$$

また，各バラエティを生産する企業の利潤は

$$\prod_r = p_r x_r - (FP_r^\mu + \rho P_r^\alpha x_r) = \underbrace{\pi_r}_{\text{操業利潤}} - \underbrace{FP_r^\mu}_{\text{固定費用}} \tag{12-3}$$

となる．ただし，$\pi_r \equiv (p_r - \rho P_r^\alpha) x_r$ は，地域 r に立地する企業の操業利潤である．利潤最大化の1階条件より，均衡価格，均衡操業利潤について

$$p_r = P_r^\alpha, \quad \pi_r = \frac{P_r^\alpha x_r}{\sigma} \tag{12-4}$$

が得られる．

次に，地域 r に立地する企業は，地域 r の住民に保有されているとすれば，地域所得 Y_r は賃金所得と企業利潤からなる．

$$Y_r = \frac{L}{2} + n_r \prod_r$$

また，(12-2) 式を用いれば，地域 r に立地する企業の操業利潤は以下のようになる．

$$\pi_r = \frac{P_r^\alpha x_r}{\sigma} = \frac{\mu}{\sigma} P_r^{\alpha(1-\sigma)} \left(\frac{E_r}{P_r^{1-\sigma}} + \phi \frac{E_s}{P_s^{1-\sigma}} \right)$$

したがって，総支出額を E，地域1の支出シェアを $\eta = E_1/E$ とすれば，以下を得る．

$$\pi_1 = \frac{\mu E}{\sigma} P_1^{\alpha(1-\sigma)} \left(\frac{\eta}{P_1^{1-\sigma}} + \phi \frac{1-\eta}{P_2^{1-\sigma}} \right) \tag{12-5}$$

$$\pi_2 = \frac{\mu E}{\sigma} P_2^{\alpha(1-\sigma)} \left(\phi \frac{\eta}{P_1^{1-\sigma}} + \frac{1-\eta}{P_2^{1-\sigma}} \right) \tag{12-6}$$

さらに，総企業数を n，地域1の企業シェアを λ とすれば，各地域の価格指数は以下のように書ける．

$$P_1 = \left[n\lambda P_1^{\alpha(1-\sigma)} + n(1-\lambda) P_2^{\alpha(1-\sigma)} \phi \right]^{\frac{1}{1-\sigma}} \tag{12-7}$$

$$P_2 = \left[n\lambda P_1^{\alpha(1-\sigma)}\phi + n(1-\lambda)P_2^{\alpha(1-\sigma)} \right]^{\frac{1}{1-\sigma}} \tag{12-8}$$

これらの式より，操業利潤の総額は，

$$n_1\pi_1 + n_2\pi_2 = \frac{\mu E}{\sigma} \tag{12-9}$$

となることが確認できる．この式は，工業財支出総額の$1/\sigma$倍（右辺）が操業利潤の総額（左辺）に等しいことを示している（補題3.3.1）．

さらに，(12-3)，(12-4) 式より

$$E_r = \frac{L}{2} + n_r\left(\Pi_r + FP_r^\mu + \frac{\alpha\rho P_r^\alpha x_r}{\mu} \right) = \frac{L}{2} + n_r\left(1 + \frac{\sigma-1}{\mu}\alpha \right)\pi_r \tag{12-10}$$

であるから，これと (12-9) 式を用いれば，総支出額

$$E = \frac{L}{1 - \left(\alpha + \dfrac{\mu - \alpha}{\sigma} \right)} \tag{12-11}$$

が得られる．

12.2.2 均衡

ここまで各地域の企業数を所与として考えてきたが，長期的には部門間で労働移動が生じ，各地域の企業数 n_1, n_2 が内生的に決定される．具体的には，利潤 (12-3) が正であれば企業は増加し，負であれば減少する．そこで，動学システムとして以下を仮定する．

$$\frac{dn_1}{dt} = n_1(q_1-1), \quad \frac{dn_2}{dt} = n_2(q_2-1)$$

ただし，$q_r \equiv \pi_r/(FP_r^\mu)$ である．これより，

$$\frac{d\lambda}{dt} = \lambda(1-\lambda)(q_1-q_2) \equiv f_1, \quad \frac{dn}{dt} = n[\lambda q_1 + (1-\lambda)q_2 - 1] \equiv f_2 \tag{12-12}$$

が得られる．また，長期均衡では所得は賃金所得のみであることに注意すれば，地域 r に立地する家計の間接効用は以下のように表せる[81]．

$$V_r = P_r^{-\mu} \tag{12-13}$$

[81) 表記を簡素化するため，係数 $\mu^\mu (1-\mu)^{1-\mu}$ は省略している．

完全集積立地

全ての企業が地域1に立地する端点均衡 $\lambda=1, q_1=1$ を考えよう．この均衡では，(12-7)，(12-8) 式より，

$$P_1 = \left[nP_1^{\alpha(1-\sigma)}\right]^{\frac{1}{1-\sigma}}, \quad P_2 = \left[nP_1^{\alpha(1-\sigma)}\phi\right]^{\frac{1}{1-\sigma}}$$

となる．したがって，これらを解けば，各地域の価格指数は以下のようになる．

$$P_1 = n^{\frac{1}{(1-\sigma)(1-\alpha)}}, \quad P_2 = n^{\frac{1}{(1-\sigma)(1-\alpha)}}\phi^{\frac{1}{1-\sigma}} \tag{12-14}$$

さらに，これらの式と，(12-5)，(12-6) 式より，

$$\pi_1 = \frac{\mu E}{\sigma n}, \quad \pi_2 = \pi_1[\phi^{1+\alpha}\eta + \phi^{\alpha-1}(1-\eta)],$$

$$q_1 = \frac{\pi_1}{FP_1^\mu} = \frac{\mu}{\sigma}\frac{E}{F}n^{\frac{\mu}{(\sigma-1)(1-\alpha)}-1} = 1 \tag{12-15}$$

$$q_2 = \frac{\pi_2}{FP_2^\mu} = q_1\left(\phi\eta + \frac{1-\eta}{\phi}\right)\phi^{\frac{\mu}{\sigma-1}+\alpha} \tag{12-16}$$

が得られる．ここで，

$$(\sigma-1)(1-\alpha) > \mu \tag{12-17}$$

を仮定する．このとき，$\partial q_1/\partial n < 0$ となり，(12-11)，(12-15) 式より，総企業数は以下のように決まる[82]．

$$n = \left\{\frac{\mu}{\sigma}\frac{L}{F\left[1-\left(\alpha+\frac{\mu-\alpha}{\sigma}\right)\right]}\right\}^{\frac{(\sigma-1)(1-\alpha)}{(\sigma-1)(1-\alpha)-\mu}} \equiv n_A \tag{12-18}$$

また，(12-13)，(12-14) 式より，各地域の厚生水準が以下のように得られる．

$$V_1 = n_A^{\frac{\mu}{(\sigma-1)(1-\alpha)}} \equiv V_{A1}, \quad V_2 = n_A^{\frac{\mu}{(\sigma-1)(1-\alpha)}}\phi^{\frac{\mu}{\sigma-1}} \equiv V_{A2} \tag{12-19}$$

---

[82] (12-17) 式が成立しない場合，企業数は n_A を超えて増えていく．条件 (12-17) 式は，7.3.2項でブラックホールの非存在条件と呼んだものに相当する．

対称分散立地

次に，対称な内点均衡 $\lambda=1/2$, $q_1=q_2=1$ を考えよう．このとき，$\eta=1/2$ であり，(12-7)，(12-8) 式より，

$$P_1=P_2=n^{\frac{1}{(1-\sigma)(1-\alpha)}}\left(\frac{1+\phi}{2}\right)^{\frac{1}{(1-\sigma)(1-\alpha)}} \tag{12-20}$$

となる．また，(12-5)，(12-6)，(12-11) 式より，

$$q_1=q_2=\frac{\mu L}{\sigma F\left[1-\left(\alpha+\frac{\mu-\alpha}{\sigma}\right)\right]}\left(\frac{1+\phi}{2}\right)^{\frac{\mu}{(\sigma-1)(1-\alpha)}}n^{\frac{\mu}{(\sigma-1)(1-\alpha)}-1}=1$$

が得られる．この式より，総企業数は以下のように決まる．

$$n=n_A\left(\frac{1+\phi}{2}\right)^{\frac{\mu}{(1-\alpha)(\sigma-1)-\mu}}\equiv n_D \tag{12-21}$$

さらに，(12-13)，(12-20) 式より，各地域の価格指数と厚生水準が以下のように得られる．

$$P_1=P_2=n_A^{\frac{1}{(1-\sigma)(1-\alpha)}}\left(\frac{1+\phi}{2}\right)^{\frac{1}{(1-\sigma)(1-\alpha)+\mu}}\equiv P_D, \tag{12-22}$$

$$V_1=V_2=n_A^{\frac{\mu}{(\sigma-1)(1-\alpha)}}\left(\frac{1+\phi}{2}\right)^{\frac{\mu}{(1-\alpha)(\sigma-1)-\mu}}\equiv V_D \tag{12-23}$$

特殊ケース

各地域の価格指数は，(12-7)，(12-8) 式によって決定されるが，一般にこれは明示的に解くことができない．ここでは，明示的に解くことができる唯一のケース ($\alpha=0$) に焦点をあて，議論しよう．なお，このケースは，限界投入については労働のみが用いられる．

まず，(12-5)，(12-10)，(12-11) 式より，以下の関係式を得る．

$$\eta=\frac{1}{2}\left(1-\frac{\mu}{\sigma}\right)+\lambda\frac{\mu}{\sigma}\left[\frac{\eta}{\lambda+\phi(1-\lambda)}+\frac{\phi(1-\eta)}{\phi\lambda+(1-\lambda)}\right]$$

これを η について解けば，

$$\eta=\frac{1}{2}+\frac{\frac{\mu}{\sigma}\left(\lambda-\frac{1}{2}\right)\phi}{[\lambda+\phi(1-\lambda)][\phi\lambda+(1-\lambda)]-\frac{\mu}{\sigma}(1-\phi^2)\lambda(1-\lambda)} \tag{12-24}$$

表12.1 企業増加がもたらす他の企業立地への影響（$a=0$ の場合）

	正のサブ効果	負のサブ効果
操業利潤を通した立地効果	市場規模効果	競争効果
固定費用を通した立地効果	中間投入費用効果	

が得られる．この式より，企業の多い地域では総支出も多いことが分かる．企業が多ければ，企業部門の工業財支出（中間投入）も多くなるからである．

以上の結果を踏まえて，ある地域における企業シェアの増加がその他の企業立地に与える効果について考えてみよう．企業立地に与える効果は明らかに企業利潤を通して生じるが，(12-3) 式よりそれは操業利潤を通した効果と固定費用を通した効果に分けることができる（表12.1）．前者は (12-5)，(12-6) 式，すなわち，この特殊ケースの場合は，

$$\pi_1 = \frac{\mu E}{\sigma n}\left[\frac{\eta}{\lambda+\phi(1-\lambda)} + \frac{\phi(1-\eta)}{\phi\lambda+(1-\lambda)}\right]$$
$$\pi_2 = \frac{\mu E}{\sigma n}\left[\frac{\phi\eta}{\lambda+\phi(1-\lambda)} + \frac{1-\eta}{\phi\lambda+(1-\lambda)}\right]$$
(12-25)

で表される．企業シェアが増加すると，まず当該地域の支出シェアが増加する（(12-24) 式）．これは市場規模の拡大につながり，企業の操業利潤を高め，企業の一層の参入に貢献する．これは (12-25) 式の [ ] 内の分子で表されており，これまでと同様，**市場規模効果**と呼ぶことができる．一方，企業シェアの増加は競争を激しくし，操業利潤を低下させ，企業の退出を促す．いわゆる**競争効果**であり，(12-25) 式の [ ] 内の分母で表されている．

最後に，企業シェアの増加は工業財価格指数を低下させるので，固定費用を安くし，企業増加をもたらす．中間投入のコストを安価にするので，**中間投入費用効果**と呼ぼう．企業シェアの増加が，参入を促すか，退出を促すかは，これら3つの効果のバランスによって決まってくる．そしてそのバランス，およびそれがもたらす立地の変化は，7.2.2項で紹介したFEモデルと極めて類似したものとなる．具体的には，表7.1における賃金を通した立地効果，生計費を通した立地効果は，表12.1における操業利潤を通した立地効果，固定費用を

通した立地効果にそれぞれ対応している．後者は常に正の効果であるが，前者は輸送費用が大きいときに負の効果となる．輸送費用が大きい場合，立地している地域が主たる販売先となるため，企業数の増加は強い競争効果をもたらすからである．

次に，完全集積均衡の安定性を考えよう．すべての企業が地域1に立地する均衡が安定となる条件は $q_2<1$ であり，(12-16) と (12-24) 式より，これは以下の不等式と同値となる．

$$\frac{\left(1+\frac{\mu}{\sigma}\right)\phi^2+1-\frac{\mu}{\sigma}}{2\phi^{1-\frac{\mu}{\sigma-1}}}<1$$

さらに，この不等式は $\phi>\phi_s$ と同値である．ただし，ϕ_s は，方程式

$$1-\frac{\mu}{\sigma}+\left(1+\frac{\mu}{\sigma}\right)(\phi_s)^2-2(\phi_s)^{1+\frac{\mu}{1-\sigma}}=0$$

の解である．これまでと同様に，ϕ_s をサステイン・ポイントと呼ぼう．上の方程式は7.3.1項の (7-18) 式と同一であるので，このモデルのサステイン・ポイントはFEモデルのサステイン・ポイントと同じであることが分かる．

一方，対称分散均衡はいつ安定するだろうか．本章付録より，対称均衡が安定である必要十分条件は，$\phi<\phi_b$ と書くことができる．ただし，

$$\phi_b=\frac{1-\frac{\mu}{\sigma}}{1+\frac{\mu}{\sigma}}\frac{1-\frac{1}{\sigma}-\frac{\mu}{\sigma}}{1-\frac{1}{\sigma}+\frac{\mu}{\sigma}} \tag{12-26}$$

である．(12-17) 式より，$\sigma-1>\mu$ であるから，$\phi_b>0$ である．これまでと同様に，ϕ_b をブレーク・ポイントと呼ぼう．この式より，このモデルのブレーク・ポイントはFEモデルのブレーク・ポイント（7.3.2項）と同じであることが分かる．

さらに，内点均衡は高々3つしか存在しないことも示されており，輸送費用の減少（交易自由度 ϕ の増加）にともなう均衡立地の変化は，FEモデルと同じように，図7.2のようになる[83]．すなわち，輸送費の減少とともに，完全対

---

83) Ottaviano and Robert-Nicoud（2006, Proposition 1）を参照のこと．

称立地から完全集積立地に移行する．このように，本節のモデルと FE モデルは全く異なるにもかかわらず，そこから生み出される均衡はほとんど同じ式によって記述される．

なお，一般のケース（$\alpha \geq 0$）についても，定性的には $\alpha = 0$ の場合と同様の結果（図7.2で示されるような分岐）が得られることが示されている（Ottaviano and Robert-Nicoud, 2006）．さらに，$\alpha = \mu$ の場合は[84]，7.2.1項のモデルと同じサステイン・ポイントおよびブレーク・ポイントが得られることも示されている（Baldwin et al., 2003, Ch.8）．

12.2.3 厚生分析

前項で得られた結果をまとめると表12.2のようになる．完全集積の場合と対称分散の場合を比較すると以下のことが分かる．

表12.2　完全集積の場合と対称分散の場合の内生変数の比較

	完全集積	対称分散
n	(12-18) の n_A	(12-21) の $n_D < n_A$
P_1	$P_{A1} \equiv n_A^{-\frac{1}{(\sigma-1)(1-\alpha)}}$	(12-22) の $P_D > P_{A1}$
P_2	$P_{A2} \equiv n_A^{-\frac{1}{(\sigma-1)(1-\alpha)}} \phi^{\frac{1}{1-\sigma}}$	P_D
p_1	$p_{A1} \equiv P_{A1}^\alpha = n_A^{-\frac{\alpha}{(\sigma-1)(1-\alpha)}}$	$p_D \equiv P_D^\alpha \geq p_{A1}$
V_1	(12-19) の V_{A1}	(12-23) の $V_D < V_{A1}$
V_2	(12-19) の V_{A2}	V_D

まず，工業財の生産者価格（p_1）を比較すると，$\alpha > 0$ である限り，完全集積のときの方が対称分散のときよりも安い（$p_{A1} < p_D$）ことが分かる．企業が集中しているために，自国内で買える中間財が豊富で，限界費用を低く抑えることができるからである．またこのことは企業の利潤を高めるので，より多くの企業が参入することになる．完全集積時の方が，企業数が多い（$n_A > n_D$）のはこのためである．

---

[84] これは，固定的投入と可変的投入で，同じ合成財を用いるケースに相当する．Krugman and Venables (1995) によって，初めて分析された．

したがって，もしある国に全ての企業が立地するならば，そのときのその国の厚生は，対称分散のときの厚生よりも必ず高くなる（$V_{A1} > V_D$）．その国では，より多くのバラエティが，より安い価格で消費できるようになるからである．

他方，企業に出て行かれてしまう国にとってはどうだろうか．総企業数および工業財の生産者価格からすれば，完全集積が好ましい．しかし，他国に完全集積するということは，すべての工業財価格に輸送費用が上乗せされることになるため，その観点からいえば，対称分散が望ましい．

したがって，輸送費用が十分小さければ，完全集積が望ましいと考えられる．以下，具体的に考えてみよう．

(12-19)，(12-23) 式より，$V_{A2} > V_D$ が成立する必要十分条件は，

$$\phi > \left(\frac{1+\phi}{2}\right)^{\frac{1}{1-a}} \tag{12-27}$$

と書ける．ただし，

$$a \equiv \alpha + \frac{\mu}{\sigma-1} < 1 \tag{12-28}$$

である．最後の不等式は，(12-17) 式から得られる．ここで，

$$f(\phi) \equiv \phi - \left(\frac{1+\phi}{2}\right)^{\frac{1}{1-a}}$$

と定義すると，(12-27) 式は $f(\phi) > 0$ と同値である．さらに，

$$f(0) < 0, \quad f(1) = 0, \quad f''(\phi) < 0$$
$$f'(1) = \frac{1-2a}{2(1-a)}$$

が成立する．したがって，$a \in (1/2, 1)$ であれば，図12.1のように，ある $\phi_0 \in (0, 1)$ が存在して，

$$f(\phi) < 0 \Leftrightarrow V_{A2} < V_D \quad \text{if } \phi \in [0, \phi_0)$$
$$f(\phi) > 0 \Leftrightarrow V_{A2} > V_D \quad \text{if } \phi \in (\phi_0, 1)$$

となる．なお，陰関数定理より，ϕ_0 は a の減少関数であり，$a \to 1/2$ のとき $\phi_0 \to 1$ となることが分かる．一方，$a \in (0, 1/2)$ のときは，任意の ϕ について

図12.1 関数 f の形

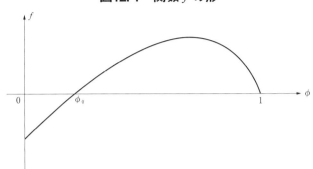

$f(\phi)<0$，すなわち $V_{A2}<V_D$ となる．

(12-28) 式より，代替の弾力性 σ が大きいとき a は小さくなるので，分散立地が好ましいことになる．これは財の多様性が評価されない状況であるため，厚生への影響においては，総企業数よりも輸送費用が支配的になるからである．(12-28) 式から，工業財への支出シェアを表す α や μ が小さいときにも同様の傾向を持つことが分かる．

命題12.2.1 国1に全ての企業が立地するならば，そのときの国1の厚生は，対称分散のときよりも必ず高くなる．他方，(i) $a\in(1/2, 1)$ かつ輸送費が小さい（$\phi>\phi_0$）ならば，そのときの国2の厚生は，対称分散のときよりも高くなる．(ii) $a\in(0, 1/2)$ あるいは輸送費が大きい（$\phi<\phi_0$）ならば，そのときの国2の厚生は，対称分散のときよりも低くなる．

4.4節でわれわれは，輸送費が低下する場合，サイズの異なる二国の厚生がどのように変化するかを見た．上の命題は，二国のサイズは同じであるが，企業間連関がある場合に，両国の厚生がどのように変化するかを教えてくれる．

まず，パラメータ a が大きく，ϕ_0 がブレーク・ポイント ϕ_b よりも小さいケース（$\phi_0<\phi_b$）を考えよう．輸送費が十分大きい（ϕ が十分小さい）状況から，徐々に低下していくと，ブレーク・ポイント ϕ_b で対称分散から完全集積に移行する．この時点で ϕ は ϕ_0 を超えているので，この移行は両国の厚生を高める（パレート改善する）ことになる．しかし，パラメータ a が小さく，ϕ_0 が

ブレーク・ポイント ϕ_b よりも大きいケース（$\phi_0 > \phi_b$）は異なる結果となる．同様に，ブレーク・ポイント ϕ_b で対称分散から完全集積に移行するが，この移行は工業の集積国の厚生は高めるが，他方の国の厚生は低下させる．ただし，輸送費がさらに低下していくと，農業国の厚生は上昇し，工業国の厚生に近づいていくことになる．

12.3 両国の賃金が異なるケース

前節では，企業がある国に集積したとしても，賃金格差が発生しない状況を考えた．しかし，これまでの章でも見てきたように，企業の集積は労働需要の増加をもたらし，賃金を上昇させる可能性がある．賃金格差が発生する場合は，企業立地や厚生に関して，異なるインプリケーションをもたらすと思われる．ここでは，工業がある国に集積する場合，同国から農業部門がなくなり，賃金格差が発生するケースを考える．

国1が工業に特化し，農業部門を持たなくなる場合，2つのケースが考えられる．第一は国2が農業のみに特化する場合であり，第二は国2が両産業を持つ場合である．ここでは前者の完全特化のケースを考え，対称分散のケースとの比較を行う．

国2の賃金（および農業財価格）を1に基準化すれば，完全特化が起こる場合，そのときの国1の賃金 w_{S1} は1より大きい．国1の賃金が1より小さいとしたら，輸入品より安く農業財を生産することができるため，同国で農業部門が生じるからである．一方，国2の労働力は全て農業財の供給に用いられることから，以下の等式が成立する．

$$\frac{L}{2} = (1-\mu)(w_{S1}+1)\frac{L}{2}$$

左辺は国2の労働人口（＝完全特化した場合の総農業財供給），右辺は完全特化した場合の総農業財需要を表している．この式より，

$$w_{S1} = \frac{\mu}{1-\mu} \tag{12-29}$$

が得られる．w_{S1} は1より大きいので，$\mu > 1/2$ でなくてはならない．本節で

はこれを仮定する[85].

上記の点に留意して，前節と同様に均衡の計算を行うと，集積と分散の場合に，地域1の企業数はそれぞれ

$$n_S \equiv \left\{\frac{1}{2\sigma}\frac{L}{F\left[1-\left(\alpha+\frac{\mu-\alpha}{\sigma}\right)\right]}\right\}^{\frac{(\sigma-1)(1-\alpha)}{(\sigma-1)(1-\alpha)-\mu}}$$

$$n_D \equiv n_S(2\mu)^{\frac{(\sigma-1)(1-\alpha)}{(\sigma-1)(1-\alpha)-\mu}}\left(\frac{1+\phi}{2}\right)^{\frac{\mu}{(\sigma-1)(1-\alpha)-\mu}}$$

となる．他の内生変数も表12.3に示すような結果が得られる．

常に賃金が均等化する前節のケースと大きく異なるのは，国1に全ての企業が立地したとしても，そのときの国1の厚生は，対称分散のときよりも高くなるとは限らないという点である．実際，表12.3等の結果を用いると，$V_{S1} < V_D$ が成立する必要十分条件は，

$$\phi > \phi_1 \equiv \frac{1}{\mu}w_{S1}^{\frac{(1-\mu)[(\sigma-1)(1-\alpha)-\mu]}{\mu}} - 1$$

と書くことができる．μ が十分大きいとき，ϕ_1 は区間 $(0,1)$ に存在する．し

表12.3　完全特化の場合と対称分散の場合の内生変数の比較

	完全特化	対称分散
P_1	$P_{S1} \equiv n_S^{\frac{1}{(1-\sigma)(1-\alpha)}}w_{S1}$	$P_D \equiv n_S^{\frac{1}{(1-\sigma)(1-\alpha)}}[\mu(1+\phi)]^{-\frac{1}{(\sigma-1)(1-\alpha)-\mu}}$
P_2	$P_{S2} \equiv n_S^{\frac{1}{(\sigma-1)(1-\alpha)}}w_{S1}\phi^{\frac{1}{1-\sigma}}$	P_D
p_1	$p_{S1} \equiv P_{S1}^\alpha w_{S1}^{1-\alpha}$	$p_D \equiv P_D^\alpha$
V_1	$V_{S1} \equiv n_S^{\frac{\mu}{(\sigma-1)(1-\alpha)}}w_{S1}^{1-\mu}$	$V_D \equiv n_S^{\frac{\mu}{(\sigma-1)(1-\alpha)}}[\mu(1+\phi)]^{\frac{\mu}{(\sigma-1)(1-\alpha)-\mu}}$
V_2	$V_{S2} \equiv n_S^{\frac{\mu}{(\sigma-1)(1-\alpha)}}w_{S1}^{-\mu}\phi^{\frac{\mu}{\sigma-1}}$	V_D

---

85) このように仮定しても，輸送費の低下に伴う立地の変化については，大きな影響を与えない．すなわち，前節のケースと同様，輸送費の低下は分散立地から集積に移行させ，再分散はもたらさない．ベナブルズ（Venables, 1996）のように労働のみを用いて生産を行う上流産業を導入する，もしくは藤田ら（1999, Ch.14）のように農業技術を収穫逓減にするといった変更を加えると，再分散が生じる．

たがって，μ が十分大きく，輸送費が十分低い場合には，$V_{S1} < V_D$ が成立する．

命題12.3.1 国1が工業に，国2が農業に完全特化する状況を考える．μ が十分大きく，輸送費が十分低い場合，完全特化時の国1の厚生は，対称分散時の厚生よりも低くなる．

なぜこのような結果になるのかを考えてみよう．表12.3の結果を用いて，工業財の生産者価格（p_1）を2つのケースで比較すると，輸送費が十分低い場合には，対称分散の場合の方が低くなる（$p_{S1} > p_D$）ことが分かる．12.2.3項で述べたように，企業が集中すると，豊富な中間財を安価に買うことができるため，生産費用を抑えることができる．これは価格の低下に貢献する．しかし，完全特化の形で集積が起きると，賃金が上昇し，これは価格の上昇につながる．輸送費用が低い場合には，後者のデメリットが前者のメリットを上回る．輸送費が小さければ，企業がどこに立地していようが，安価に中間財を購入できるからである．また，価格の上昇は企業の利潤を減少させるので，退出する企業が出てくる．実際，輸送費用が低い場合，総企業数は，対称分散のときの方が多い（$n_S < n_D$）ことが分かる．

工業財の生産者価格の上昇と総企業数の減少は，工業財価格指数を上昇させる．工業の集積国では賃金が高いため，所得水準も高い．しかし，工業財の支出シェア μ が大きければ，高い工業財価格指数のデメリットが支配的になるので，厚生が低くなるのである．

最後に，国2の厚生を考えよう．表12.3の結果から，$V_{S2} > V_D$ が成立する必要十分条件は，

$$\phi > w_{S1}^{g-1}[\mu(1+\phi)]^{\frac{1}{1-a}}$$

と書くことができる．(12-29)式より，$\mu \to 1/2$ のとき $w_{S1} \to 1$ である．したがって，$\mu \to 1/2$ のとき，上の不等式は (12-27) 式に帰着され，命題12.2.1と同様の結果が成立する．すなわち，a が大きくかつ輸送費が小さいならば，完全特化の方が厚生は高くなるが，そうでなければ対称分散の方が厚生が高い．このように賃金格差が生じる場合であっても，国2の厚生は，工業が国1に集

積するときの方が高くなるときもあれば，逆に対称分散の方が高くなるときもある．

12.4 まとめ

本章ではまず，4.2.2項のモデルを拡張し，企業間の連関構造が企業立地に与える影響について分析した．このモデルは人口移動を認めないにもかかわらず，7.2.2項のFEモデルと同じような振る舞いを示した．すなわち，輸送費用が大きいときは対称分散立地となるが，輸送費用が低下するとあるポイント（ブレーク・ポイント）からカタストロフィックに完全集積立地に移行する．企業の増加は，中間財の市場規模・購入機会を拡大するため，中間財の売り手としても買い手としても企業にとって魅力となる．輸送費用が大きい場合は競争効果が凌駕するため分散立地となるが，輸送費用が小さい場合は競争効果が弱くなるため，集積の累積過程が生じるのである．

各国にとって対称分散が望ましいのか，完全集積が望ましいのかは，一意には定まらない．とりわけ，完全集積時に賃金格差が生じるか否かは本質的な影響を与える．賃金格差が生じなければ，企業が集積する国にとっては，完全集積の方が常に望ましい．しかし，集積によって賃金が上昇する場合，企業が集積する国にとっても対称分散が望ましいケースが出てくる．高い賃金は，工業財価格を高くし，そのため参入する企業も減らしてしまうからである．

付録：12.2.1項のモデルにおけるブレーク・ポイントについて

行列Aを以下のように定義する．

$$A \equiv \begin{pmatrix} \frac{\partial f_1}{\partial \lambda} & \frac{\partial f_1}{\partial n} \\ \frac{\partial f_2}{\partial \lambda} & \frac{\partial f_2}{\partial n} \end{pmatrix} \bigg|_{\lambda=\frac{1}{2}, n=n_D}$$

ただし，f_1, f_2は (12-12) 式，n_Dは (12-21) 式で定義される．系6.2.1より，対称均衡$(\lambda, n) = (1/2, n_D)$が漸近安定であるための必要十分条件は，$\text{Tr}(A) < 0$かつ$|A| > 0$である．(12-5)，(12-6)，(12-12) 式より，以下が

得られる．

$$\left.\frac{\partial f_1}{\partial \lambda}\right|_{\lambda=1/2,\,n=n_D} = \frac{\mu L(1-\phi)\left(n_D\dfrac{1+\phi}{2}\right)^{\frac{\mu}{\sigma-1}} f_b(\phi)}{Fn_D(\sigma-1)(\sigma-\mu)(1+\phi)[\sigma-\mu+(\sigma+\mu)\phi]}$$

$$\left.\frac{\partial f_1}{\partial n}\right|_{\lambda=1/2,\,n=n_D} = 0$$

$$\left.\frac{\partial f_2}{\partial \lambda}\right|_{\lambda=1/2,\,n=n_D} = 0$$

$$\left.\frac{\partial f_2}{\partial n}\right|_{\lambda=1/2,\,n=n_D} = \frac{\mu^2 L\left(n_D\dfrac{1+\phi}{2}\right)^{\frac{\mu}{\sigma-1}}}{Fn_D(\sigma-1)(\sigma-\mu)} - 1 = \frac{\mu-(\sigma-1)}{\sigma-1}$$

ただし，

$$f_b(\phi) \equiv (\sigma+\mu)(\sigma+\mu-1)\phi - (\sigma-\mu)(\sigma-\mu-1)$$

である．方程式 $f_b(\phi)=0$ の解は，(12-26) 式で定義される $\phi_b(>0)$ である．

もし，$\phi > \phi_b$ であれば，

$$\left.\frac{\partial f_1}{\partial \lambda}\right|_{\lambda=\frac{1}{2},\,n=n_D} > 0, \quad \left.\frac{\partial f_2}{\partial n}\right|_{\lambda=\frac{1}{2},\,n=n_D} < 0$$

となる．したがって，$|A|<0$ となり，対称均衡は漸近安定とならない．逆に，$\phi<\phi_b$ であれば，

$$\left.\frac{\partial f_1}{\partial \lambda}\right|_{\lambda=\frac{1}{2},\,n=n_D} < 0, \quad \left.\frac{\partial f_2}{\partial n}\right|_{\lambda=\frac{1}{2},\,n=n_D} < 0$$

となる．したがって，$\mathrm{Tr}(A)<0$，$|A|>0$ となり，対称均衡は漸近安定となる．

第13章
空間経済モデルの応用

13.1 はじめに

　NEG や NTT の研究は，1980年代から1990年代にかけて精力的に進められ，その成果は藤田・クルーグマン・ベナブルズ（Fujita et al., 1999）や藤田・ティス（Fujita and Thisse, 2002, 2013）の著書によって体系化されていった．そこでは様々なスケールの空間（都市，地域，国際）において，いかなるメカニズムによって，どのように経済活動の集積が生じるかが理論的に精緻に分析されている．しかし，そのようなメカニズムを念頭においたとき，政府が行っている様々な政策はどのような影響をもたらすのか，意図されているとおりの望ましい効果を持つのか，といった政策的な議論はあまりされていない．1つの理由としては，そこで提案されているメカニズムが厳しい実証的検証を経る前に，それに基づいて政策的な議論をすることは危険であるという著者らの意図があるのかもしれない[86]．しかし，もう一方では，そこで使われていたモデルの複雑さもあったのではないかと推察される．すでに第7章で述べたように，クルーグマンのオリジナルの NEG モデルは解析が困難である．そのため，数値シミュレーションが中心となり，政策の効果分析について，一般的な結論を得にくい状況にあったと言える．

　しかしその後，（これもすでに述べたように）準線形効用関数に基づくモデルなど解析が容易なモデルの開発が進んだ．その研究成果をいち早く取り入れ，NEG モデルに基づく政策分析に焦点を当てて書かれた本が，ボルドウィンら（Baldwin et al., 2003）の著書である[87]．本章でも，その方向性に沿って，i) 租税競争，ii) 環境規制，iii) 国際貿易と国内地域間格差，の3つのテーマについて空間経済モデルを用いた分析を示し，そこから得られる結果を紹介することとする．

---

[86] より具体的には，Fujita et al. (1999, Ch.19) を参照のこと．
[87] 次章の文献案内も参照のこと．

13.2 租税競争

地域の経済政策は,地域住民や企業からの税金によって実現される.したがって,課税基盤(tax base)の地域間移動は当然,地方税の税額および地域政策に影響を与える.

伝統的な租税競争の研究は,1種類の財と完全競争市場に基づいて展開されている(Wilson, 1999).財の交易費用はかからない.労働者は地域間を移動しないが,資本は地域間移動できるものとされている.この場合,地方政府は課税基盤(すなわち,資本)の流出を恐れて税率を切り下げる誘因を持ち,競争によって税金はゼロとなる.これを「底辺への競争(race to the bottom)」と呼んでいる.各地域はそのような事態を回避するために提携し,同じ税率を設定するに至る.これを,租税調和(tax harmonization)と呼んでいる.

13.2.1 核・周辺モデルに基づく分析

ボルドウィンとクルーグマン(Baldwin and Krugman, 2004)は,NEG モデルに基づいて,企業の収穫逓増技術を考慮した租税競争を初めて分析した.具体的には,7.2.2項のFEモデルを用いているが,そこで明らかにしたように,輸送費が小さい場合,企業の完全集積が生じる[88].集積地域を地域1とすれば,地域1の熟練労働者は,地域2で得られるよりも高い実質賃金(効用)を得る.この後者の前者に対する実質賃金比率を**集積レント**(agglomeration rent)と呼んでいる.第7章の記号を用いると,全ての企業が地域1に集積したとき,(7-9),(7-14),(7-15)式より,地域1の集積レントは以下のように書ける.

---

[88] Baldwin and Krugman (2004) の分析は FE モデルに基づくため,企業の立地パターンは完全集積か対称分散しかなく,現実によく見られる不完全集積が起こりうるケースは分析できない.Borck and Pflüger (2006) は Pflüger の準線形モデル(8.3節)を使い,不完全集積が起こりうる場合の分析を行っている.

$$\Omega^c(\phi) \equiv \frac{\dfrac{w_1}{P_1^\mu}}{\dfrac{w_2}{P_2^\mu}} = \frac{2\phi^{1-\frac{\mu}{\sigma-1}}}{1-\dfrac{\mu}{\sigma}+\left(1+\dfrac{\mu}{\sigma}\right)\phi^2}$$

この式,およびサステイン・ポイント ϕ_s の定義から,

$$\Omega^c(\phi_s) = \Omega^c(1) = 1$$

である.また,集積レント Ω^c は交易の自由度にともなって逆 U 字型に変化する.実際,その 1 階微分は,

$$\frac{\phi}{\Omega^c}\frac{d\Omega^c}{d\phi} = \frac{2\left(1-\dfrac{\mu}{\sigma}\right)}{1-\dfrac{\mu}{\sigma}+\left(1+\dfrac{\mu}{\sigma}\right)\phi^2} - \frac{\sigma+\mu-1}{\sigma-1} \tag{13-1}$$

となり,ϕ の減少関数(すなわち,Ω^c は ϕ の凹関数)となっている.さらに,ブラックホールの非存在条件 (7-19) 式により,(13-1) 式は $\phi=0$ のときには正で,$\phi=1$ のときに負となる.

集積レントの存在により,両地域の税率が同じであれば,地域 1 にとどまるのが得策である.これは,地域 1 が多少高い税率を設定しても,企業はそこから逃げ出さないことを意味している.したがって,「底辺への競争」は生じず,地域 1 の税率は地域 2 の税率より低くなることはない.よって,租税調和を行うと,少なくともどちらかの地域が損失を被ることになる.また,輸送費用の低下にともなって,二地域の税率がともに上昇する,いわゆる「頂点への競争 (race to the top)」を示す可能性もある.

モデルを通して,より詳しく見てみよう.両地域の総収入は $Y_1 = L + \lambda H w_1$,$Y_2 = L + (1-\lambda) H w_2$ である.地域 i の所得税率を t_i とすると,地域 i の税収は $G_i = t_i Y_i$ である.政府は,なるべく低い税率で,高い税収を得ることを望むこととする.具体的には,地域 i の政府の目的関数を $W_i = W(G_i, t_i)$ とし,これは税収 G_i の増加関数であり,税率 t_i の減少関数とする.税収 G_i は税率 t_i の関数なので,W_i は t_i だけの関数と考えることができ,その関数を $W_i(t_i)$ と表そう.一般に微分係数 $W_i'(t_i)$ の符号は定まらないが,ここでは問題を単純化するために $W_i(t_i)$ が凹関数で逆 U 字型の形状をしていることを仮定する.この設定において,まず地域 1(集積地域)が先に税率 t_1

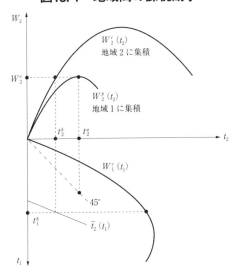

図13.1　地域間の課税競争

を決め，次に地域2が税率 t_2 を決定し，最後に企業が立地場所を決める，という3段階ゲームを考えよう．

図13.1の上部のグラフは地域2の政府の目的関数を表している．地域2に企業が立地しないとき目的関数を $W_2^p(t_2)$ で表し，地域2に企業が集積したとき目的関数を $W_2^c(t_2)$ で表している．$W_2^c(t_2)$ が $W_2^p(t_2)$ より上に位置しているのは，同じ税率であるならば，政府は住民の厚生が高い企業集積地になることを望んでいることを意味している．さらに重要なポイントは，企業が集積した場合には，企業が立地しないときよりも，政府は高い税率を望むと仮定している点である．企業が集積し，地域が豊かになると，地域住民はより充実した公共サービスを望むようになる（公共サービスは奢侈品）と考えられるので，これは自然な仮定であろう．図13.1の下部には，地域1が企業集積地である場合の，同地域の目的関数 $W_1^c(t_1)$ のグラフを示している．2つの地域は基本的に対称であるから，$W_1^c(t_1)$ のグラフは $W_2^c(t_2)$ と対称的に描かれていることに注意したい．

このような状況にあるとき，地域2はどのように税率を決めるだろうか．基本的には，2つの方針が考えられる．第一の方針は，自地域が集積地域になる

ことは考えず，企業が立地しない状況で目的関数を最大化するというものである．このとき地域2は税率 t_2^u を選択するだろう．第二の方針は，地域2が新たに集積地域になることを考えて，地域1と租税競争を行うというものである．この場合，地域2は企業（熟練労働者）を引き付けるために，地域1より低い税率を設定しなくてはならない（地域1には企業が集積しており，集積レントが発生していることに注意しよう）．熟練労働者が，どちらの地域に立地しても無差別になるような地域2の税率は，$1-\bar{t}_2(t_1)=(1-t_1)/\Omega^c$ を満たす $\bar{t}_2(t_1)$ となる．したがって，地域2が企業集積地になるためには，税率は $\bar{t}_2(t_1)$ までに抑える必要がある．$\bar{t}_2(t_1)=1-\Omega^c+\Omega^c t_1$ と書けるので，$\bar{t}_2(t_1)$ は t_1 の増加関数であり，図13.1の下部に示すようなグラフで表すことができる．

地域2はどういうときにどちらの方針をとるだろうか．第二の方針を前提に考えると，$\bar{t}_2(t_1)$ のグラフより，地域1の税率が十分低いとき地域2は税率をゼロにしても企業を集めることはできず，この方針は失敗に終わる．地域1の税率がそれほど小さくないが

$$t_1^b \equiv 1 - \frac{1-t_2^b}{\Omega^c} \tag{13-2}$$

を超えないならば，地域2は t_2^b より小さい正の税率を設定することで企業を集めることはできる．ただし，税率 t_2^b は $W_2^c(t_2^b)=W_2^e(t_2^u)$ を満たす税率である．しかし，グラフより分かるように，t_2^b より小さい税率で企業集積地になったとしても，そのときの地域2の目的関数の値は，第一の方針を取る場合の値 W_2^e を下回る．したがって，地域1の税率が t_1^b より小さいならば，地域2は租税競争を避け，第一の方針を取るのが望ましい．地域1の税率が t_1^b より大きいならば，地域2は租税競争する誘因が出てくる．これがゲームの第2段階における地域2の最適戦略である．

では，これを念頭において，地域1は第1段階でどのような戦略をとったらいいだろうか．明らかに，地域1は t_1^b より大きい税率を設定すべきでない．そのとき，地域2は第二の方針を取るので，地域1は全ての企業を失ってしまうからである．逆に，t_1^b より小さい税率であれば，地域2は第一の方針を取るので，地域1は企業集積地であり続けることができる．目的関数が最大になるのは，企業集積地であり続けられる範囲で最大の税率を設定するときである．

図13.2 交易の自由度と税率および税率格差の関係（核・周辺モデル）

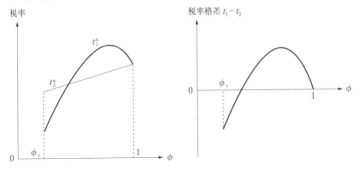

明らかにその税率は，t_1^b（厳密には，t_1^b より小さいが限りなくそれに近い値）である．したがって，地域1が t_1^b，地域2が t_2^u を選択するというのが均衡となる．

関係式（13-2）より，t_2^b を所与とすれば，地域1が選択する税率 t_1^b は集積レント Ω^c の増加関数である．すでに述べたように，Ω^c は輸送費の低下にともなって逆U字型に変化する．したがって，t_2^b を所与とすれば，地域1の税率 t_1^b も，輸送費の低下にともない，最初は上昇し，その後下落する．一方，地域2の税率はどう変化するだろうか．地域2には企業は立地していないが，輸送費が完全にゼロ（$\phi=1$）になれば，実質的には地域1と同じ状況となるので，税率も地域1と同じになる．つまり，輸送費の低下によって地域2は豊かになり，政府の目的関数 $W_2^p(t_2)$ は $W_2^c(t_2)$ に近づいていくと考えられ，これは地域2の税率 t_2^u が単調に増加することを意味している．一方，輸送費がサスティン・ポイントにある（$\phi=\phi_s$）ときは，集積レント Ω^c が1となるので，（13-2）式より，地域1の税率 t_1^b は t_2^b に等しくなる．図13.1にあるように $t_2^b < t_2^u$ であるから，このとき $t_1^b < t_2^u$，すなわち地域1の税率は地域2の税率より低くなる．

以上の結果をまとめれば，両地域の税率，およびその地域間格差の変化は図13.2のようになる．すなわち，交易の自由度が上昇する局面では，両地域が税率を上昇させる．いわゆる，税率の「頂上への競争」が見られる．ただし，集積レントが拡大する局面であるため，集積地域である地域1の方がより急速に税率を上昇させる．交易の自由度が一層高まると，今度は集積レントが縮小す

るため，地域1は税率を低下させる．最終的に，$\phi=1$ で両地域の税率は等しくなる．

13.2.2 準線形モデルに基づく分析

以上のモデルは，NEG モデルに基づいて租税競争を分析した最初のものであり，伝統的な租税競争のモデルと大きく異なる結果を導いたことで注目を集めた．しかし，各地域が税率を決めるタイミング，政府の目的関数などの仮定については十分説得的なものではなかった．ここでは，これらの点を改善したモデルを紹介する（Ottaviano and van Ypersele, 2005）．具体的には，（ⅰ）両地域が同時に税率を決める，（ⅱ）両地域は自地域の厚生水準を最大化する，（ⅲ）各地域は労働者と資本家に異なる税率を設定することができ，税金の総額は 0 とする（負の税金は補助金を意味する），といった仮定を用いる．なお，ここでは8.2.3項の準線形モデルを用い，地域間の人口移動は考えない．

両地域はサイズだけが異なる．すなわち，地域1は総労働者と総資本家のうち $\theta>1/2$ の割合を有するとする．また，簡単のため，工業生産における限界費用はゼロとしよう．8.2.3項の議論から得られた閾値は

$$\tau_{\text{trade}}^{\text{FC}}=\frac{2a}{2b+cH}, \quad \tau_{\text{cluster}}=\frac{4a(2\theta-1)}{2b(2\theta-1)+cH}$$

となる．輸送費用が $\tau_{\text{trade}}^{\text{FC}}$ より小さいときに工業財の交易は行われ，τ_{cluster} より小さいときにすべての企業が地域1に集積する．ただし，パラメータ a, b, c は，第8章の（8-5）式で定義される．ここでは，$\tau \leq \tau_{\text{trade}}^{\text{FC}}$ を仮定する．

以上の設定の下で均衡税率を計算すると以下の結果が得られる（Ottaviano and van Ypersele, 2005, Section 5.3）．まず，均衡税率の下での立地が内点となるならば，両地域の税率格差は，

$$t_1-t_2=\frac{\tau L(2\theta-1)(b+cH)[6a-\tau(3b+cH)]}{2(12b+5cH)}>0$$

となる．ただし，最後の不等号は，仮定 $\tau \leq \tau_{\text{trade}}^{\text{FC}}$ から得られる．この税率格差は，τ の凹関数であり，$\tau \in [0, \tau_{\text{trade}}^{\text{FC}}]$ において増加する．このことは，輸送費の低下は，企業の完全集積をもたらさないかぎり，税率格差を縮小させることを意味している．

一方，均衡税率が課されるとき，地域1の企業シェアは
$$\lambda^{*T} = \theta + \frac{8a(3b+cH) - 3(2b+cH)^2 \tau}{cH(12b+5cH)\tau}\left(\theta - \frac{1}{2}\right)$$
と書ける．仮定 $\tau \leq \tau_{\text{trade}}^{\text{FC}}$ の下では，λ^{*T} の2項目の係数は正である．このことから，輸送費用が $\tau_{\text{cluster}}^{T}$ より小さいときにすべての企業が地域1に集積することが分かる．ただし，
$$\tau_{\text{cluster}}^{T} \equiv \frac{8a(2\theta-1)(3b+cH)}{12b[b(2\theta-1)+cH] + (7-4\theta)c^2H^2}$$
である．簡単な計算から，$\tau_{\text{cluster}}^{T} < \tau_{\text{cluster}}$ が成立することが分かり，これは租税競争が集積を遅らせることを示している．実際，地域1の企業シェアについても，$\tau \leq \tau_{\text{trade}}^{\text{FC}}$ ならば，
$$\lambda^* - \lambda^{*T} = \frac{2b+cH}{cH(12b+5cH)\tau}[6a-(3b+cH)\tau](2\theta-1) \geq 0$$
が成り立っており，ここからも租税競争が集積を遅らせることが確認できる．直観的には，両地域がより多くの企業を獲得しようと競争するために，企業がより分散して立地するのである．

輸送費用が $\tau_{\text{cluster}}^{T}$ より小さくなり，地域1に企業が完全集積すると，前節のモデルと同様に，地域1に集積レントが発生する．このとき，両地域の税率格差を計算すると以下のようになる．
$$t_1 - t_2 = \frac{\tau L(b+cH)\{4a(2\theta-1) - \tau[2b(2\theta-1)+cH]\}}{4(2b+cH)}$$
この式から，税率格差は $\tau = 0, \tau_{\text{cluster}}$ のときゼロ，$\tau \in (0, \tau_{\text{cluster}})$ のときは正になることが分かる．また，税率格差は τ の凹関数であり，$\tau = \tau_{\text{cluster}}/2$ において最大となることも分かる．したがって，$\tau_{\text{cluster}}^{T} > \tau_{\text{cluster}}/2$ が成り立つならば[89]，税率格差は図13.3のようになる．

この図から分かるように，いくつかの仮定をより現実的なものに変更しても，

---

[89] この不等式は，地域1の人口シェアが大きいとき，具体的には，
$$\theta > \frac{3}{4} - \frac{b(3b+2cH)}{2(6b^2+4bcH+c^2H^2)} \left(> \frac{1}{2}\right)$$
のとき成立する．

図13.3　輸送費用と地域間税率格差の関係（準線形効用モデル）

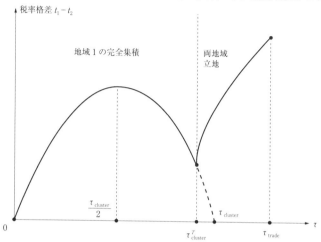

前節と類似した結果を得ることができる．第一に，企業が多く立地している地域は，そうでない地域よりも，高い税率を設定する傾向がある．第二に，輸送費用の低下は，その税率格差を拡大させる場合がある．サイズの大きな地域は自国市場効果（第4章，第5章を参照）によって，集積レントを得ることができる．この集積レントの存在がこのような結果を生み出すのである．

13.3　環境規制

本節では，環境規制が企業立地に与える影響について分析する．これまで述べてきた企業立地の要因と比較すれば，環境規制が立地に与える影響は相対的にはそれほど大きなものではない．しかし，環境に対する意識が高まる中で，環境規制が弱い国・地域に企業が集まるのではないかという「汚染逃避地仮説」(Pollution Haven Hypothesis) が注目を集めている．一般的には，先進国よりも発展途上国の方が規制が弱いので，それを理由に企業が進出してきているのではないかという考えである．ただし，汚染逃避地仮説に関する実証研究においては，結論は様々であり，はっきりとしたコンセンサスは得られていない[90]．1つの理由として，環境規制は企業立地に対して負の影響を与える

とは限らないということが考えられる．例えば，環境規制は地域の自然資源を汚染から保護するので，農林水産業などの産業を守ることにつながる．これは地域所得の増加，すなわち市場規模の拡大につながるので，企業を集積させる効果を持つのである．したがって，環境規制の企業立地への影響は，負の影響（生産費用効果）と正の影響（市場規模効果）のバランスによって決まってくるのである．本節ではこのことを，FC モデルを応用して検証しよう（Zeng and Zhao, 2009）[91]．なお，石油・ガスや，化学工業，鉄鋼業，製紙など，汚染が顕著な工業は，ほとんどが収穫逓増技術，不完全競争，大きな輸送コストといった特性を持っている．したがって，新経済地理学や新貿易理論の枠組みで分析することは適切であると言える．

13.3.1 モデル

5.2節の FC モデルに対して，以下の2点の変更を行う．第一に，工業部門は，各国の環境基準を満たすために自らが排出する汚染の浄化を行う必要があるものとする．そのために，国1では1単位の製品あたり t_1 単位の労働が，国2では t_2 単位の労働が必要となる．もちろんこのコストは，国の環境基準が厳しければ大きなものとなる[92]．一方，生産自体には，1単位の資本が固定投入として，m 単位の労働が限界投入として必要であるとする．したがって，x 単位の財を生産するための総コストは，国1で $r_1+(m+t_1)w_1 x$，国2で $r_2+(m+t_2)w_2 x$ となる．

第二の変更点は，農業部門の生産性についてである．環境汚染はしばしば自然資源に依存する農業（林業・水産業含む）の生産性を低下させる（例えば，Copeland and Taylor, 1999, p.138）．加えて環境汚染は国境を越えて他国に影響を与えうる．そこで，各国における単位労働あたりの農業生産量は両国の環

---

90) 例えば，Eskeland and Harrison (2003), Jaffe et al. (1995), Jeppesen et al. (2002), Keller and Levinson (2002) 等を参照のこと．

91) Pflüger (2001), Hosoe and Naito (2006) は，第7章で示した核・周辺モデルを用いて，環境と企業立地の関係を分析している．

92) 例えば，東京都内の2010年環境基準は次の「東京都環境白書2010」の p.118に詳しく書かれている．
https://www.kankyo.metro.tokyo.jp/attachement/white_paper_2010_01.pdf

境基準に依存し，それぞれ $\alpha_1(t_1, t_2) > 0$, $\alpha_2(t_1, t_2) > 0$ で与えられるものとする．環境の影響以外に，農業生産を左右する要因はなく，対称性 $\alpha_1(t_1, t_2) = \alpha_2(t_2, t_1)$ が成り立っているとする．また，これらは微分可能であり，以下を仮定する．

$$\alpha_1(t_1, t_2) \begin{cases} \geq \alpha_2(t_1, t_2) & \text{if} \quad t_1 > t_2 \\ = \alpha_2(t_1, t_2) & \text{if} \quad t_1 = t_2 \\ \leq \alpha_2(t_1, t_2) & \text{if} \quad t_1 < t_2 \end{cases} \tag{13-3}$$

$$\frac{\partial \alpha_1}{\partial t_1} \geq \frac{\partial \alpha_2}{\partial t_1} > 0, \quad \frac{\partial \alpha_2}{\partial t_2} \geq \frac{\partial \alpha_1}{\partial t_2} > 0 \tag{13-4}$$

(13-3) 式は，より厳しい環境規制を行う国の農業生産力がより高いことを意味している．ここで，$t_1 \neq t_2$ であっても，等号 $\alpha_1(t_1, t_2) = \alpha_2(t_1, t_2)$ が成り立つのは，汚染源にかかわらず汚染がグローバルな影響を与える場合である．例えば，二酸化炭素排出による地球温暖化などはこのケースに該当する．一方，(13-4) 式は，厳しい環境規制は両国の農業生産性を向上させ，その効果は自国の方が高いということを意味している．

この第二の変更点のため，5.2 節のモデルとは異なり，両国の賃金は等しくならない．農業部門の完全競争の仮定から，国 i の農業財の価格 p_i^a はその限界労働コスト $w_i / \alpha_i(t_1, t_2)$ に等しくなる．

農業財を価値基準財とし，輸送費はかからないとしているので，$p_1^a = p_2^a = 1$ が成立している．ゆえに，$w_1 = \alpha_1(t_1, t_2)$，$w_2 = \alpha_2(t_1, t_2)$ が得られる．したがって汚染がローカルであれば環境基準の厳しい国の賃金が高くなり，逆に汚染がグローバルであれば環境基準に関係なく賃金は等しくなる．

ここで，記号

$$\delta \equiv \left[\frac{w_2}{w_1} \frac{m + t_2}{m + t_1} \right]^{\sigma - 1} = \left[\frac{\alpha_2(t_1, t_2)}{\alpha_1(t_1, t_2)} \frac{m + t_2}{m + t_1} \right]^{\sigma - 1}$$

を導入しよう．(13-3) 式と $\sigma > 1$ から以下の補題が得られる．

補題13.3.1 次の関係が成り立つ．

$$\delta \begin{cases} < 1 & \text{if} \quad t_1 > t_2 \\ = 1 & \text{if} \quad t_1 = t_2 \\ > 1 & \text{if} \quad t_1 < t_2 \end{cases}$$

この補題は，環境規制が工業部門と農業部門に与える影響のトレードオフを表している．もし国1がより良質な環境を求め，高い t を設定すれば，この国での工業生産はより多くの労働力を雇わなければならず，生産コストが高くなる．しかし，その恩恵として，農業部門の生産性が高くなり，賃金所得が高くなる．つまりこの場合，$\delta<1$ となる．この δ を「政策負荷比率」と呼ぼう．

高い賃金は高い労働コストを意味する一方，当該地域が大きな市場であることも意味するので，その意味では企業にとって魅力的でもある．よって，より厳しい環境規制は必ずしも企業を追い出すとは限らない．以下では，この点について明らかにする．

工業財の価格は，(3-12) 式より，

$$p_{11}=\frac{w_1(m+t_1)\sigma}{\sigma-1}, \quad p_{12}=p_{11}\tau$$
$$p_{21}=p_{22}\tau, \quad p_{22}=\frac{w_2(m+t_2)\sigma}{\sigma-1}$$

となり，工業財の価格指数は以下のように書ける．

$$P_1=p_{11}K^{\frac{1}{1-\sigma}}\left[k+\frac{\phi}{\delta}(1-k)\right]^{\frac{1}{1-\sigma}}, \quad P_2=p_{11}K^{\frac{1}{1-\sigma}}\left[\phi k+\frac{1-k}{\delta}\right]^{\frac{1}{1-\sigma}}.$$

また，国 i で生産される財に対する国 j の需要 d_{ij} は（氷塊型輸送費用分を含む）

$$d_{11}=\frac{\mu Y_1}{p_{11}K\left[k+\frac{\phi}{\delta}(1-k)\right]}, \quad d_{12}=\frac{\phi\mu Y_2}{\tau p_{11}K\left(\phi k+\frac{1-k}{\delta}\right)},$$
$$d_{21}=\frac{\phi\mu Y_1}{\tau p_{22}K[\delta k+\phi(1-k)]}, \quad d_{22}=\frac{\mu Y_2}{p_{22}K(\delta\phi k+1-k)}$$

となる．ここで，両国の総所得は，$Y_1=(w_1+\kappa\bar{r})\theta L$，$Y_2=(w_2+\kappa\bar{r})(1-\theta)L$ であり，$\bar{r}=\max\{r_1,r_2\}$ である．世界の総所得を $Y=Y_1+Y_2$ とし，国1の所得が世界総所得に占める割合を $\theta_Y=Y_1/Y$ とする．

補題3.3.1より，

$$r_1=\frac{1}{\sigma}p_{11}(d_{11}+\tau d_{12})=\frac{\mu B_1 Y}{\sigma K}, \tag{13-5}$$

$$r_2 = \frac{1}{\sigma} p_{22}(d_{22} + \tau d_{21}) = \frac{\mu B_2 Y}{\sigma \delta K} \tag{13-6}$$

ただし，

$$B_1 = \frac{\theta_Y}{\Delta_1} + \phi \frac{1-\theta_Y}{\Delta_2}, \quad B_2 = \phi \frac{\theta_Y}{\Delta_1} + \frac{1-\theta_Y}{\Delta_2},$$

$$\Delta_1 = k + \frac{\phi(1-k)}{\delta}, \quad \Delta_2 = \phi k + \frac{1-k}{\delta}.$$

一方，補題3.3.1により，全企業の操業利潤は $\mu Y/\sigma$ となる．最終的にそれは資本所得として家計に入ってくるので，世界の総所得 Y について，$Y = w_1 \theta L + w_2 (1-\theta) L + \mu Y/\sigma$ が成り立つ．これより，以下が得られる．

$$Y = [w_1 \theta + w_2 (1-\theta)] \frac{L}{1 - \frac{\mu}{\sigma}}$$

一方，国1においては，$Y_1 = w_1 \theta L + \mu \theta Y/\sigma$ が成り立つので，以下の関係式が得られる．

$$\theta_Y = \frac{w_1}{\theta w_1 + (1-\theta) w_2} \left(1 - \frac{\mu}{\sigma}\right) \theta + \frac{\mu}{\sigma} \theta \tag{13-7}$$

13.3.2 均衡

長期内点均衡では，$r_1 = r_2$ が成立する．このとき，(13-5), (13-6) 式から，国1の企業均衡シェアは

$$k = \frac{\theta_Y}{1 - \delta \phi} - \frac{\phi(1-\theta_Y)}{\delta - \phi} \equiv k_0 \tag{13-8}$$

となる．ただし，$k_0 \notin (0,1)$ なら，端点均衡が得られる．具体的には，もし $\delta \geq 1/\phi$ なら $B > B^*/\delta$ が成立し，そして (13-5), (13-6) 式から，$r_1 > r_2$ が成り立つ．よってこの場合，端点均衡 $k=1$ が得られる．同じように，もし $\delta < \phi$ なら，端点均衡 $k=0$ が得られる．まとめると，均衡は

$$k = \begin{cases} 1 & \text{if} \quad \delta \geq \frac{1}{\phi} \\ 0 & \text{if} \quad \delta \leq \phi \\ k_0 & \text{if} \quad \phi < \delta < \frac{1}{\phi} \end{cases}$$

と書ける.

環境規制が企業立地に与える影響を見るために，二国は完全に対称であるとしよう ($\theta = 1/2$). このとき，両国の所得比率 (13-7) 式は,

$$\theta_Y = \frac{\left(2-\frac{\mu}{\sigma}\right)w + \frac{\mu}{\sigma}w^*}{2(w+w^*)}$$

と書ける. これを (13-8) 式に代入すると，国 1 の企業シェアは以下のようになる.

$$k_0 = \frac{1}{2} - k_C + k_D \tag{13-9}$$

ただし,

$$k_C \equiv \frac{\phi(1-\delta^2)}{2(\delta-\phi)(1-\delta\phi)}, \quad k_D \equiv \frac{w_1-w_2}{w_1+w_2} \frac{\left(1-\frac{\mu}{\sigma}\right)\delta(1-\phi^2)}{2(\delta-\phi)(1-\delta\phi)}$$

である.

(13-9) 式より，企業シェアは k_C と k_D のバランスによって決まってくる. (13-9) 式の第 2 項 $-k_C$ は環境規制がもたらす**生産費用効果**を示している. 厳しい環境規制を行う国においては，汚染浄化のコストが大きく，汚染が完全にグローバルでないかぎり，賃金も高くなる. これは生産費用が高くなることを意味しており，企業立地に負の影響を与える. 実際, 国 1 がより厳しい規制をかける場合，補題 13.3.1 により $\delta < 1$ となり，$-k_C < 0$ となる. 一方，第 3 項 k_D は環境規制がもたらす**市場規模効果**である. 環境規制の厳しい国では賃金が高いので，市場規模もこの国が大きくなる. 輸送費を削減するため，企業は市場規模の大きい国を好むため，企業立地に正の影響を与える. 実際，国 1 がより厳しい規制をかける場合，$w_1 > w_2$ となり，$k_D > 0$ となる.

輸送費が十分大きく，ϕ が 0 に近いとき，生産費用効果 k_C は小さくなる. 国が閉鎖的であるときは，輸入品との競争は激しくないので，生産費用を節約するインセンティブが弱くなるからである. したがって，このときは市場規模効果 k_D が支配的になり，環境規制は企業を集める働きを持つ (**逆の汚染逃避効果**). 一方, 輸送費が十分小さく, ϕ が 1 に近いとき，市場規模効果 k_D は小さくなる. 輸送費が十分小さければ，大きい市場に立地して輸送費用を節約す

るインセンティブが弱くなるからである．したがって，このときは生産費用効果 k_C が支配的になり，環境規制の弱い国に企業は集まる（**汚染逃避効果**）．また，k_D の式から，工業財への支出シェア（μ）が大きい，または工業財における代替の弾力性（σ）が小さいときにも市場規模効果は小さくなり，汚染逃避効果が現れやすくなることが分かる．

最後に特殊ケースとして，環境汚染がグローバルで，相手国にも同じ被害を与える場合を考えよう．すなわち，$\alpha_1(t_1, t_2) = \alpha_2(t_1, t_2)$ のケースである．このとき，$w_1 = w_2$ が成り立ち，市場規模効果が消える．もし国1がより厳しい環境規制を行い，$t_1 > t_2$ ならば，生産費用効果 $-k_C$ は負となる．より低い生産コストを求め，多くの企業は国2に立地することになる．事実，(11-1) 式より，この場合均衡は次のようになる[93]．

$$k \begin{cases} =1 & \text{if} \quad \dfrac{1+\phi^2}{2\phi} \leq \delta \\ \in \left(\dfrac{1}{2}, 1\right) & \text{if} \quad 1 < \delta < \dfrac{1+\phi^2}{2\phi} \\ =1/2 & \text{if} \quad \delta = 1 \\ \in \left(0, \dfrac{1}{2}\right) & \text{if} \quad \dfrac{2\phi}{1+\phi^2} < \delta < 1 \\ =0 & \text{if} \quad \delta \leq \dfrac{2\phi}{1+\phi^2} \end{cases}$$

つまり汚染がグローバルであれば，緩い規制は多くの企業を集めることになる．一部の実証研究においては，大気汚染のようなグローバルな汚染の場合，汚染逃避地仮説が成立するという結果が得られている[94]．これは，本節における理論分析の結果と整合的な結果である．

---

[93] (6-1) の内点均衡が安定するための必要十分条件は $d(r_1 - r_2)/dk$ が均衡において負である．よって，$2\phi/(1+\phi^2) < \delta < (1+\phi^2)/(2\phi)$ ならば，(13-9) は安定である．一方，もし δ が小さくて，$\delta < 2\phi/(1+\phi^2)$ ならば，$k=0$ において，$B_1 < B_2/\delta$ が成り立つため，端点均衡 $k=0$ が安定となる．同じように，δ が大きく，$\delta > (1+\phi^2)/(2\phi)$ ならば，端点均衡 $k=1$ が安定となる．

[94] 例えば，Eskeland and Harrison (2003, p.13).

13.4 国際貿易と国内地域間格差

本書では，前半で新貿易理論に基づく二国モデルを扱い，後半では主に新経済地理学に基づく2地域モデルを扱ってきた．しかし，国際経済と地域経済は本来独立に扱われるべきものではない．それらはお互いに影響を及ぼし合っていると考えられる．

新貿易理論，新経済地理学を応用して，国際経済と地域経済の関係を初めて明示的に分析したのは，クルーグマンとリヴァス・エリゾンド（Krugman and Livas Elizondo, 1996）である．彼らは，メキシコが北米自由貿易協定（NAFTA）の締結によって，アメリカとの貿易自由化を進める中で，国内における企業立地を有意に変化させたことに注目した．具体的には，メキシコ最大の都市メキシコ・シティから，北部の州に多くの企業が移動した現象に着目したのである．もちろんこれは，新たに開放された市場（アメリカ）に対して，アクセスのよい国境付近に企業が移動したと解釈することもできる．しかし，彼らは仮に北部の州がそのようなアクセス上の優位性を持っていなかったとしても，巨大都市の縮小は生じたであろうとしている．これまでの章で明らかにしたように，集積の大きな要因の1つは，大きな市場の存在である．メキシコ・シティはそこに大きな市場（需要）があるから，たくさんの企業が集積していたのである．しかし，貿易自由化によって別の大きな市場が生まれたとしたら，メキシコ・シティの求心力は明らかに低下する．逆に，負の要因である高い都市費用が立地において支配的になるため，巨大都市は縮小し始める．これが彼らの説明である．フォーマルには，都市費用を分散力とする10.3節タイプのモデルに外国を加えた二国3地域モデルによって議論している[95]．

しかし，もし10.3節タイプのモデルではなく，第7章，第8章で示したよう

---

[95] Hanson（1997）や Sánchez-Reaza and Rodríguez-Pose（2002）は，メキシコが GATT（関税及び貿易に関する一般協定）への加入や NAFTA 締結によって，アメリカとの貿易自由化を進める中で，米国国境付近の都市やメキシコ・シティ周辺の都市が成長したことを示している．しかし，メキシコ国内の賃金（所得）格差については，Hanson（1997）が縮小を支持しているのに対し，Sánchez-Reaza and Rodríguez-Pose（2002）は拡大を支持している．

な地域間を移動できない非熟練労働者が分散力となるモデルを用いるとしたら，明らかに結果は異なってくる．それらのモデルでは，国内の地域間輸送費が大きい場合は，対称分散立地が安定均衡となった．大きな輸送費によって市場は分断されているため，ある地域に多くの企業が立地したとしても域内競争による負の効果が支配的になり，そこを離れる企業が出てくるからである．しかし，もしそのような状況で，外国という新しい市場が開放されたらどうなるだろうか．域内競争による負の効果は弱まり，代わりに市場規模効果，工業財生計費効果といった正の効果によって集積は加速するであろう．すなわち，貿易の自由化は国内において集積を促進させるという，クルーグマンとリヴァス・エリゾンドとは逆の結果が得られるのである．このことは，パルジー（Paluzie, 2001）によって示された．

以上の研究では，自国の地域経済に焦点を当てるために，外国における地域経済は捨象されていた．一方，自国と同様に外国の地域経済も考える二国4地域モデルも構築・分析されてきた．それらの多くは，二国および2地域がそれぞれ完全に対称であることを仮定している[96]．ここでは，5.2節で紹介したFCモデルを応用し，国および地域の人口サイズが非対称である場合を分析した研究を紹介する（Zeng and Zhao, 2010）．

まず，図13.4のように，FCモデルを二国4地域モデルに拡張する．世界の総人口を L とし，各地域の人口はそれぞれ，

$$l_{11} = \Theta \theta_1 L, \quad l_{12} = \Theta(1-\theta_1)L$$
$$l_{21} = (1-\Theta)\theta_2 L, \quad l_{22} = (1-\Theta)(1-\theta_2)L$$

とし，国際間・地域間の人口移動はないものとする．ただし，l の添え字 ir は，国 i の中の地域 r（以下，地域 ir と表現）であること $(i, r = 1, 2)$ を意味しており，$\Theta, \theta_1, \theta_2 \in (1/2, 1)$ である．各労働者は1単位の労働と1単位の資本を有するとしよう．人口以外の地理的特性は全く同じであるとする．

農業部門が十分大きく，どの地域においても農業の生産があるとし，農業財

---

[96] Monfort and Nicolini (2000) は核・周辺モデルを用いて，Behrens et al. (2006a, 2006b, 2007) は準線形モデルを用いて，それぞれ二国4地域モデルを分析している．

図13.4 二国4地域の空間

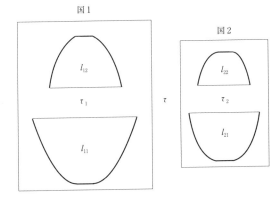

の交易費用については国際間・地域間ともにゼロとすれば，各地域の賃金は均等化される．これを基準化して1としよう．一方，工業財の輸送費は正であり，氷塊型であるとする．具体的には，国の間の輸送費をτ，国1および国2の内部における地域間の輸送費をそれぞれτ_1，τ_2で表すこととし，$\tau \geq \tau_i (i=1,2)$が常に満たされるとする．またこれら3つの輸送費に対応する交易の自由度をそれぞれ，ϕ_τ，ϕ_1，ϕ_2で表すこととする．

以上の仮定から，地域jsで生産され，地域irで販売される工業財の価格は

$$p_{js \to ir} = \begin{cases} p_{ir}=1 & \text{if} \quad j=i, s=r \\ p_{js}\tau_i = \tau_i & \text{if} \quad j=i, s \neq r \\ p_{js}\tau = \tau & \text{if} \quad j \neq i \end{cases}$$

と書くことができる．ただし，p_{ir}は地域irにおける生産者価格（mill price）であり，5.2節の仮定より1となる．よって，地域irにおける地域jsの財に対する需要は，

$$d_{js \to ir}(v) = \frac{p_{js \to ir}^{-\sigma}}{P_{ir}^{1-\sigma}} \mu I_{ir}$$

となる．ただし，I_{ir}は地域irの総収入である．また，P_{ir}は地域irの工業財価格指数であり，

$$P_{ir} = \sum_{j=1}^{2} \sum_{s=1}^{2} \left(\int_{v \in k_{js}} p_{js \to ir}(v)^{1-\sigma} dv \right)^{\frac{1}{1-\sigma}}$$

と表される．ここで，k_{js} は地域 js で消費可能な工業財の種類を表している．地域 ir で生産される工業財の総需要量は

$$d_{ir} = \sum_{j=1}^{2}\sum_{s=1}^{2} d_{ir \to js}$$

と書ける．

工業生産においては 1 単位の資本が固定投入であるので，補題3.3.1により，地域 ir で投資した際に得られるリターンは

$$r_{ir} = \frac{1}{\sigma}[d_{ir \to ir} + \tau_i d_{ir \to is} + \tau(d_{ir \to jr} + d_{ir \to js})]$$

となる．国 1 に立地する企業のシェアを Λ とし，国 i の大地域（地域 1）の企業シェアを λ_i とすると，各地域の企業数は以下のようになる．

$$k_{11} = \lambda_1 \Lambda L, \quad k_{12} = (1-\lambda_1)\Lambda L$$
$$k_{21} = \lambda_2 (1-\Lambda)L, \quad k_{22} = (1-\lambda_2)(1-\Lambda)L.$$

企業は，国および地域の間の移動が可能である．ここでは簡単化のため，国の間の移動がないとし，$\Lambda = \Theta$ とする[97]．内点均衡であれば，$r_{11} = r_{12}$ が成立する．これより，国 1 における大地域の企業シェアが以下のように決まる．

$$\lambda_1 = \min\{\theta_1 + \Omega_1(2\theta_1 - 1), 1\} \tag{13-10}$$

ただし，

$$\Omega_1 = \frac{1}{1-\phi_1}\left(\frac{1-\Theta}{\Theta}\phi_\tau + \phi_1\right) \tag{13-11}$$

である．$\Omega_1 > 0$ であるから，国内の地域においても「自国市場効果」が成立していることが分かる．同様に，国 2 における大地域の企業シェアは以下のようになる．

$$\lambda_2 = \min\{\theta_2 + \Omega_2(2\theta_2 - 1), 1\}$$

---

[97] 企業の国際移動を考える一般的なケースについては，Zeng and Zhao (2010) を参照されたい．

ただし，

$$\Omega_2 = \frac{1}{1-\phi_2}\left(\frac{\Theta}{1-\Theta}\phi_\tau + \phi_2\right) \tag{13-12}$$

である．これらから以下の結果を得ることができる．

（ⅰ）（13-11）式の $[(1-\Theta)/\Theta]\phi_\tau$ と，（13-12）式の $[\Theta/(1-\Theta)]\phi_\tau$ はともに正であるため，国際貿易の自由化（τ の低下）は，各国内において企業の集積を促進する．これは冒頭で述べたパルジーの結果に類似している．分散力として都市費用ではなく，地域間を移動しない労働を考えているためである．さらに，

$$\frac{\partial \lambda_1}{\partial \phi_\tau} = \frac{(2\theta_1-1)(1-\Theta)}{\Theta(1-\phi_1)} > 0, \quad \frac{\partial \lambda_2}{\partial \phi_\tau} = \frac{(2\theta_2-1)\Theta}{(1-\Theta)(1-\phi_2)} > 0$$

であることから，この拡大効果は国内の地域間輸送費の低下によって増幅される．

（ⅱ）自国の資本シェアの上昇は，企業の分散を促進する．これは次の式から分かる．

$$\frac{\partial \lambda_1}{\partial \Theta} = -\frac{\phi_\tau(2\theta_1-1)}{\Theta^2(1-\phi_1)} < 0, \quad \frac{\partial \lambda_2}{\partial \Theta} = \frac{\phi_\tau(2\theta_2-1)}{(1-\Theta)^2(1-\phi_2)} > 0$$

（ⅲ）$\phi_1 = \phi_2$ ならば，$\Omega_1 < \Omega_2$ が成り立つ．すなわち，両国の地域間輸送費が同じ水準であれば，国内地域レベルの「自国市場効果」は，小国の方が大きい．

13.5 まとめ

本章では，これまで紹介してきた空間経済学のモデルの応用について紹介した．第一に，租税競争への応用を考え，伝統的な租税競争モデルで示されてきた「底辺への競争」は，集積レントを考えると必ずしも正しくないことが確認された．第二に，環境規制が企業立地に与える影響について分析した．その結果，環境規制は企業立地に対して負の影響を与えるとは限らないということが明らかとなった．環境規制は農業部門の生産性向上に寄与し，地域所得の増加，すなわち市場規模の拡大につながるからである．輸送費用の水準によって，こ

れら正負の効果のバランスが決まり，企業立地が決まることになる．第三に，国際貿易と地域経済の関係について分析を行った．その結果，国際貿易の自由化は国内において企業集積を促進することが示された．

なお，国際貿易の分野においては，貿易政策（関税・非関税政策）の分析が大きなテーマとなっている．近年，5.4節のモデルを用いて非関税保護政策が立地や厚生に与える影響を分析した研究も出てきている（Takatsuka and Zeng, 2016）．

第14章
さらなる勉強のために

14.1 企業の異質性の考慮

クルーグマン（Krugman, 1980, 1991）をはじめとする空間経済学の多くの研究は，消費者の需要に焦点を当てるため，供給側の生産者に関してできるだけ単純なモデル化を行った．例えば，企業の同質性の仮定はその1つである．この仮定により，これまでの研究では差別化財を生産するすべての企業が輸出を行うという結果を導いた．しかしこの結果は，輸出をしている企業は一部に過ぎないという現実に矛盾している．メリッツ（Melitz, 2003）は，企業の生産性の異質性をクルーグマン（Krugman, 1980）モデルに導入し，一部の企業だけが差別化財を輸出するという現実を説明できるモデルを提示した．これに続く一連の研究は，国際貿易の分野で「新々貿易理論（New New Trade Theory; NNTT）」と呼ばれており，空間経済学のさらなる発展に寄与している[98]．最終章の本節では近年のこの発展をかんがみ，この分野の基本モデルとなっているCES型効用関数に基づくメリッツモデルと，準線形効用関数を用いたメリッツ-オタヴィアーノ（Melitz and Ottaviano, 2008）のモデルを簡単に紹介する．

14.1.1 CES型効用関数に基づくモデル

メリッツ（Melitz, 2003）は，2国・1要素（労働）・1部門のクルーグマン（Krugman, 1980）モデルを拡張した．オリジナルのクルーグマンモデルでは，両国の企業数は定数となってしまう（4.4節，5.4節）．したがって，同質的な企業を仮定した上で企業立地の変化を分析するためには，第4章，第5章で示したように，通常2つの部門もしくは2つの要素（労働と国際移動可能な資本）が導入される．しかし，企業の生産性に異質性があるとする仮定の下では，生産性が低い一部の企業は生産活動を行っても利益を見込めないため操業停止を余儀なくされる．したがって，1要素・1部門の下でも，経済環境によって

---

[98] 例えば，Baldwin and Okubo (2006) は，5.2節で紹介したような資本が地域間を移動するモデル（FCモデル）に企業の異質性を導入している．

企業数が変化しうることになり，企業立地の観点からも興味深い分析を行うことができる．

実際に操業している企業が生産するバラエティの集合を Ω で表すとすれば，CES 型効用関数（5-14）式と価格指数は以下のように表現できる．

$$U=\left[\int_{\omega\in\Omega}q(\omega)^{\rho}d\omega\right]^{\frac{1}{\rho}}, \quad P=\left[\int_{\omega\in\Omega}p(\omega)^{1-\sigma}d\omega\right]^{\frac{1}{1-\sigma}}$$

（3-6）式より，バラエティ ω の消費量 $q(\omega)$ は

$$q(\omega)=U\left[\frac{p(\omega)}{P}\right]^{-\sigma}, \tag{14-1}$$

バラエティ ω への支出（売上）$r(\omega)$ は

$$r(\omega)=p(\omega)q(\omega)=R\left[\frac{p(\omega)}{P}\right]^{1-\sigma} \tag{14-2}$$

と表すことができる．ただし，$R\equiv PU=\int_{\omega\in\Omega}r(\omega)d\omega$ は，バラエティ全体への総支出を表している．

自国の労働を価値基準財とし，その賃金率を 1 としよう．企業は生産を行う際，固定投入として f 人の労働が，限界投入として $1/\varphi$ 人の労働が必要であるとする．したがって，q 単位の財を生産するのに必要な労働投入量は $l=f+q/\varphi$ 人と表すことができる．限界投入の逆数である φ を「企業の生産性」と呼び，生産性 φ の企業を「企業 φ」，その企業が生産するバラエティを「バラエティ φ」と呼ぶこととしよう．（3-12），（3-13）式より，バラエティ φ の均衡価格，企業 φ の利潤は以下のように表現できる．

$$p(\varphi)=\frac{1}{\rho\varphi}, \quad \pi(\varphi)=\frac{r(\varphi)}{\sigma}-f \tag{14-3}$$

（3-12）式に関して述べたのと同様に，価格 $p(\varphi)$ の式は，マークアップ率 $(p-C^m)/p$ が $1/\sigma$ で一定であることを意味している．

実際に操業している企業の総数を M とし，操業企業の生産性の分布は $(0,\infty)$ 上の密度関数 $\mu(\phi)$ によって特徴づけられるとする．すると，上記の価格指数は以下のように表現できる．

$$P=\left[\int_{0}^{\infty}p(\varphi)^{1-\sigma}M\mu(\varphi)d\varphi\right]^{\frac{1}{1-\sigma}}=M^{\frac{1}{1-\sigma}}p(\tilde{\varphi}) \tag{14-4}$$

ただし，$\tilde{\varphi} = \left[\int_0^\infty \varphi^{\sigma-1} \mu(\varphi) d\varphi\right]^{\frac{1}{\sigma-1}}$ であり（(14-3) 式を使えば確認できる），これを**平均生産性**と呼ぼう．

ここで，すべての潜在的企業の生産性の分布は，$(0, \infty)$ 上の密度関数 $g(\phi)$ と分布関数 $G(\phi)$ によって特徴づけられるとし，各企業は市場に参入するまでは自身の生産性を知りえないとしよう．すなわち企業は，参入費用を支払って市場に参入してはじめて，自身の生産性が分かるものとする．参入費用は f_e 人の固定的な労働投入で，参入後操業しないとしても戻ってこない埋没費用 (sunk cost) であると考える．また，一度参入して生産を開始したとしても，毎期確率 δ で発生する外生的ショックによって退出を余儀なくされるものとする[99]．したがって，通時的な割引を無視すれば，生産性 φ を受け取った企業の，参入時における期待現在価値は以下のように書ける．

$$v(\varphi) = \max\left\{0, \sum_{t=0}^{\infty}(1-\delta)^t \pi(\varphi)\right\} = \max\left\{0, \frac{\pi(\varphi)}{\delta}\right\} \tag{14-5}$$

利潤が負のとき企業は操業しないので，以下で決まる閾値 φ^* より高い生産性を持つ企業のみが，外生的ショックによって退出を余儀なくされない限り生産を行うことになる（その意味で，生産性 $\varphi \geq \varphi^*$ を持つ企業を操業企業と呼ぶ）．

$$\pi(\varphi^*) = 0, \quad \text{すなわち} \quad r(\varphi^*) = \sigma f \tag{14-6}$$

この方程式を**ゼロカットオフ利潤条件**と呼び，実際に操業する企業の中で最も生産性の低い企業 φ^* を**カットオフ企業**と呼ぶこととしよう．

操業企業の生産性の密度関数は，

$$\mu(\varphi) = \begin{cases} \dfrac{g(\varphi)}{1-G(\varphi^*)}, & \text{if } \varphi \geq \varphi^* \\ 0, & \text{if } \varphi < \varphi^* \end{cases},$$

となり，操業企業の平均生産性は以下のように書ける．

---

[99] ここではこのように，多時点にわたる動学的な定式化を行っているが，簡単化して静学的な状況を考えるのであれば $\delta = 1$ とすればよい．

$$\tilde{\varphi}(\varphi^*) = \left[\frac{1}{1-G(\varphi^*)} \int_{\varphi^*}^{\infty} \varphi^{\sigma-1} g(\varphi) d\varphi\right]^{\frac{1}{\sigma-1}} \tag{14-7}$$

また，(14-2)，(14-3) 式より，

$$\frac{r(\varphi_1)}{r(\varphi_2)} = \left[\frac{p(\varphi_1)}{p(\varphi_2)}\right]^{1-\sigma} = \left(\frac{\varphi_1}{\varphi_2}\right)^{\sigma-1} \tag{14-8}$$

が成立するので，操業企業の平均売上は以下のように書ける．

$$\bar{r} = r(\tilde{\varphi}) = \left[\frac{\tilde{\varphi}(\varphi^*)}{\varphi^*}\right]^{\sigma-1} r(\varphi^*), \tag{14-9}$$

さらに，これを (14-3) 式に適用すれば，操業企業の平均利潤は以下のように得られる．

$$\begin{aligned}\bar{\pi} = \pi(\tilde{\varphi}) &= \frac{r(\tilde{\varphi})}{\sigma} - f = \left[\frac{\tilde{\varphi}(\varphi^*)}{\varphi^*}\right]^{\sigma-1} \frac{r(\varphi^*)}{\sigma} - f \\ &= f\left\{\left[\frac{\tilde{\varphi}(\varphi^*)}{\varphi^*}\right]^{\sigma-1} - 1\right\}\end{aligned} \tag{14-10}$$

最後の等号は，ゼロカットオフ利潤条件 (14-6) 式から得られる．ここで，もし φ がパレート分布など一般的によく使われている分布に従うならば，(14-10) 式から，操業企業の平均利潤 $\bar{\pi}$ が φ^* の減少関数となる．図14.1にある

図14.1 均衡におけるカットオフ生産性と平均利潤の決定

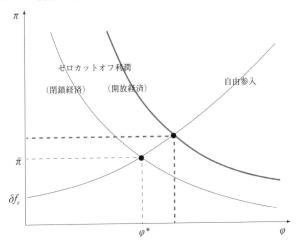

右下がりの曲線(ゼロカットオフ利潤曲線)は,両者のこの関係を表している.この関係は,明らかに(14-9)式で表される操業企業の平均売上$\bar{r}$がφ^*の減少関数であることに帰着される.(φがパレート分布に従えば)カットオフ企業の生産性φ^*が上昇しても,操業企業全体の平均生産性$\tilde{\varphi}$はそれほどには上昇しない.加えて,カットオフ企業の売上はゼロカットオフ利潤条件(14-6)式により常にσfに抑えられてしまう.したがって,φ^*の上昇に伴い,(14-9)式で表される操業企業の平均売上$\bar{r}$は低下するのである.操業企業はすべて正の利潤を得ているから,$\bar{\pi}$は正である.

一方,操業企業の割合が$1-G(\varphi^*)$となることに注意すれば,(14-5)式より,参入する前(生産性が明らかになる前)の期待現在価値は

$$[1-G(\varphi^*)]\frac{\bar{\pi}}{\delta}+G(\varphi^*)\times 0=[1-G(\varphi^*)]\frac{\bar{\pi}}{\delta}$$

となる.自由参入によって,これが参入費用f_eに等しくなるから,以下の**自由参入条件**を得る.

$$\bar{\pi}=\frac{\delta f_e}{1-G(\varphi^*)} \qquad (14-11)$$

この式は,カットオフ企業の生産性φ^*が高ければ,操業企業の平均利潤$\bar{\pi}$が高くなることを示しており,図14.1にある右上がりの曲線(自由参入曲線)は両者のこの関係を表している.直観的には,カットオフ企業の生産性φ^*が高くなれば操業企業が減り,総利潤を少ない企業で分け合うため,平均利潤が高くなることを意味している.

ゼロカットオフ利潤曲線と自由参入曲線が,それぞれ単調減少,単調増加であるため,それらの交点は唯一に存在し,それが均衡におけるカットオフ企業の生産性φ^*と平均利潤$\bar{\pi}$を決める.

閉鎖経済の場合

まず,人口がLの閉鎖経済を考える.企業の総販売額は消費者の総支出となるので,$R=L$が成立.さらに,$\bar{\pi}=\bar{r}/\sigma-f$の関係を利用すれば,操業企業数は以下のようになる.

$$M = \frac{R}{\bar{r}} = \frac{L}{\sigma(\bar{\pi}+f)} \tag{14-12}$$

参入企業数を M_e で表そう．定常状態では，各期の新規操業企業数（$[1-G(\varphi^*)]M_e$）が退出企業数（δM）と等しくなるので，以下が得られる．

$$[1-G(\varphi^*)]M_e = \delta M \Leftrightarrow M_e = \frac{\delta M}{1-G(\varphi^*)}$$

この式と（14-11）式より，$M_e f_e = M\bar{\pi}$，すなわち「参入の総費用＝参入の総利潤」が成り立っていることが分かる．

最後に，(14-3)，(14-4) 式と賃金が 1 であることに注意すれば，厚生水準は以下のように表せる．

$$V = \frac{1}{P} = \frac{M^{\frac{1}{\sigma-1}}}{p(\widetilde{\varphi})} = M^{\frac{1}{\sigma-1}} \rho \widetilde{\varphi} \tag{14-13}$$

(14-12) 式より，人口が多いほど操業企業数 M が大きいので，人口が多いほど厚生が高いことが分かる（$\widetilde{\varphi}$ は人口に依存しないことに注意）．また，(14-8) 式より，

$$\left(\frac{\widetilde{\varphi}}{\varphi^*}\right)^{\sigma-1} = \frac{r(\widetilde{\varphi})}{r(\varphi^*)} = \frac{\frac{R}{M}}{\sigma f} = \frac{L}{\sigma f M}$$

が成立するので，これを使えば厚生水準は以下のように表現することもできる．

$$V = M^{\frac{1}{\sigma-1}} \rho \varphi^* \left(\frac{L}{\sigma f M}\right)^{\frac{1}{\sigma-1}} = \rho \varphi^* \left(\frac{L}{\sigma f}\right)^{\frac{1}{\sigma-1}} \tag{14-14}$$

開放経済の場合

次に，開放経済の場合を考えよう．$n+1(\geq 2)$ 個の対称な国からなる世界を考える．対称性により，各国の賃金が同じになるので，それを 1 とする．クルーグマンモデルと同様に，国内で販売する場合には輸送費はかからないが，海外に輸出する場合には氷塊型の輸送費がかかるものとする．さらに輸出する場合には，現地で販路を開拓するために固定費用 f_x も必要になってくるとする．

(14-2)，(14-3) 式より，操業している企業 φ が国内市場から得る売上は，

$$r_d(\varphi) = R(P\rho\varphi)^{\sigma-1} \tag{14-15}$$

と書ける．もし当該企業が海外市場に輸出できるならば，1国の外国市場から得られる売上は，

$$r_x(\varphi) = R\left[\frac{\tau p(\varphi)}{P}\right]^{1-\sigma} = \tau^{1-\sigma} R(P\rho\varphi)^{\sigma-1} = \tau^{1-\sigma} r_d(\varphi)$$

となる．(14-3)式より，国内市場，外国市場から得られる利潤はそれぞれ

$$\pi_d(\varphi) = \frac{r_d(\varphi)}{\sigma} - f, \quad \pi_x(\varphi) = \frac{r_x(\varphi)}{\sigma} - f_x \tag{14-16}$$

となり，操業企業の総売上と総利潤はそれぞれ

$$r(\varphi) = \begin{cases} r_d(\varphi) & \text{(企業}\varphi\text{が輸出しない場合)} \\ r_d(\varphi) + nr_x(\varphi) = (1+n\tau^{1-\sigma})r_d(\varphi) & \text{(企業}\varphi\text{が輸出する場合)} \end{cases},$$

$$\pi(\varphi) = \pi_d(\varphi) + \max\{0, n\pi_x(\varphi)\}$$

と書ける．

現実の世界では，輸出を行っている企業は操業企業の一部であり，生産性には2種類のカットオフが存在する．第一は，国内市場におけるゼロカットオフ利潤条件 $\pi_d(\varphi^*) = 0$ から決まってくるカットオフ φ^* であり，生産性 $\varphi \geq \varphi^*$ を持つ企業だけが操業を行う．第二は，海外市場におけるゼロカットオフ利潤条件 $\pi_x(\varphi_x^*) = 0$ で決まるカットオフ $\varphi_x^* (>\varphi^*)$ であり，生産性 $\varphi \geq \varphi_x^*$ を持つ企業だけが輸出を行う．(14-16)式より，2つのカットオフは以下を満たす．

$$\frac{r_x(\varphi_x^*)}{r_d(\varphi^*)} = \tau^{1-\sigma}\left(\frac{\varphi_x^*}{\varphi}\right)^{\sigma-1} = \frac{f_x}{f} \Leftrightarrow \varphi_x^* = \varphi^* \tau \left(\frac{f_x}{f}\right)^{\frac{1}{\sigma-1}} \tag{14-17}$$

$\varphi^* < \varphi_x^*$ が成り立つために，ここでは $\tau^{\sigma-1} f_x > f$ を仮定する．

(14-7)式で定義される関数 $\tilde{\varphi}(\cdot)$ を用いれば，操業企業と輸出企業の平均生産性はそれぞれ，$\tilde{\varphi} = \tilde{\varphi}(\varphi^*), \tilde{\varphi}_x = \tilde{\varphi}(\varphi_x^*)$ と表すことができる．これらを使えば，操業企業の平均売上と平均利潤は以下のように書ける．

$$\bar{r} = r_d(\tilde{\varphi}) + \frac{1-G(\varphi_x^*)}{1-G(\varphi^*)} nr_x(\tilde{\varphi}_x), \quad \bar{\pi} = \pi_d(\tilde{\varphi}) + \frac{1-G(\varphi_x^*)}{1-G(\varphi^*)} n\pi_x(\tilde{\varphi}_x) \tag{14-18}$$

(14-17)式より φ_x^* と φ^* の関係が与えられるので，上の平均利潤 $\bar{\pi}$ の式は $\bar{\pi}$ と φ^* の関係を示している．閉鎖経済の場合の(14-10)式と比較すれば，海

外に市場が生まれたことで第2項が加わっており，同じカットオフ φ^* であっても，平均利潤は高くなる．図14.1において，開放経済の場合のゼロカットオフ利潤曲線（太線）が，閉鎖経済の場合よりも上方に位置しているのはそのためである．

一方，自由参入条件は，閉鎖経済の場合と同様，(14-11) 式で与えられる．よって，閉鎖経済の状況から自由貿易が行われるようになっても，図14.1のように，自由参入曲線は変化しない．貿易開始によって，均衡点は自由参入曲線上を右上にシフトするので，カットオフ企業の生産性 φ^* と平均利潤 $\bar{\pi}$ はともに高くなる．これは貿易自由化によって，生産性の低い企業が退出を余儀なくされることを表している．貿易が開始され生産が拡大すると，労働需要が増え，賃金が上昇する．それによって，生産効率の悪い企業は淘汰されてしまうのである．

最後に，企業数や厚生水準の決定について述べておこう．すべての国は対称的なので，各国の操業企業数を M で表すとすれば，各国の輸出企業数は以下のようになる．

$$M_x = M \frac{1-G(\varphi_x^*)}{1-G(\varphi^*)}$$

したがって，各国で消費できるバラエティの総数は $M_t = M + nM_x$ となる．また，輸出企業の生産性分布を $(0, \infty)$ 上の密度関数 $\mu_x(\varphi)$ で与えるとすれば，各国の価格指数は以下のように表せる．

$$\begin{aligned} P &= \left\{ \int_0^\infty \left[p(\varphi)^{1-\sigma} M\mu(\varphi) + (\tau p(\varphi))^{1-\sigma} nM_x \mu_x(\varphi) \right] d\varphi \right\}^{\frac{1}{1-\sigma}} \\ &= M_t^{\frac{1}{1-\sigma}} \left[\frac{M}{M_t} \int_0^\infty p(\varphi)^{1-\sigma} \mu(\varphi) d\varphi + \frac{nM_x}{M_t} \tau^{1-\sigma} \int_0^\infty p(\varphi)^{1-\sigma} \mu_x(\varphi) d\varphi \right]^{\frac{1}{1-\sigma}} \\ &= M_t^{\frac{1}{1-\sigma}} p(\tilde{\varphi}_t) = \frac{M_t^{\frac{1}{1-\sigma}}}{\rho \tilde{\varphi}_t} \end{aligned} \qquad (14-19)$$

ただし，

$$\tilde{\varphi}_t = \left[\frac{M}{M_t} \tilde{\varphi}^{\sigma-1} + \frac{nM_x}{M_t} \tau^{1-\sigma} \tilde{\varphi}_x^{\sigma-1} \right]^{\frac{1}{\sigma-1}}$$

は**重みづけ平均生産性**（weighted average productivity）であり，(14-9)

式は (14-3) 式による.

労働者の所得（賃金）が 1 であることに注意すれば，(14-19) 式より，各国の厚生水準は次のように表現できる.

$$V = \frac{1}{P} = M_t^{\frac{1}{\sigma-1}} \rho \widetilde{\varphi}_t \tag{14-20}$$

また，(14-15)，(14-19) 式より，以下が得られる.

$$r_d(\widetilde{\varphi}_t) = R(P\rho\widetilde{\varphi}_t)^{\sigma-1} = \frac{R}{M_t}$$

この式と (14-15) 式を使えば，

$$\left(\frac{\widetilde{\varphi}_t}{\varphi^*}\right)^{\sigma-1} = \frac{r_d(\widetilde{\varphi}_t)}{r_d(\varphi^*)} = \frac{\frac{R}{M_t}}{\sigma f} = \frac{L}{\sigma f M_t}$$

が成立するので，厚生水準 (14-20) 式は以下のように表現することもできる.

$$V = M_t^{\frac{1}{\sigma-1}} \rho \varphi^* \left(\frac{L}{\sigma f M_t}\right)^{\frac{1}{\sigma-1}} = \rho \varphi^* \left(\frac{L}{\sigma f}\right)^{\frac{1}{\sigma-1}} \tag{14-21}$$

(14-21) 式は，閉鎖経済の場合の厚生水準 (14-14) 式と同じであるが，カットオフ企業の生産性 φ^* の値が違うことに注意しよう．図14.1 で見たように，開放経済の方が φ^* の値は高いので，厚生水準も高くなる．

(14-18) 式を用いれば，各国の操業企業数は以下のように書ける.

$$M = \frac{R}{\bar{r}} = \frac{L}{\sigma\left[\bar{\pi} + f + \frac{1-G(\varphi_x^*)}{1-G(\varphi^*)} n f_x\right]}$$

閉鎖経済の場合の操業企業数 (14-12) 式と比較すれば，開放経済の方が少なくなっていることが分かる．これは，貿易の自由化が，カットオフ企業の生産性 φ^* の上昇，すなわち低生産性企業の退出をもたらすからである．では，貿易自由化によって，一国で消費できるバラエティ数は拡大するだろうか．それは，退出する低生産性企業の数と，貿易を開始する高生産性企業の数の大小によって決まり，一概には言えない．しかし，(14-21) 式で確認したように，貿易開始によって厚生は上昇する．このことは，消費できるバラエティ数は減少する可能性はあるものの，それによる厚生の損失よりも，操業企業の平均生

産性向上による厚生の増大の方が必ず勝ることを意味している.

14.1.2 準線形効用関数に基づくモデル

第3章で述べたように,CES型効用関数の下ではマークアップ率が固定であり,競争促進効果は示されない.そこでここでは,8.2節で紹介した2次式の部分効用を持つ準線形効用関数に基づく,メリッツ-オタヴィアーノ (Melitz and Ottaviano, 2008) のモデルを紹介する.

記述の便宜上,効用関数 (8-1) を正の係数 α, γ, η を用いて次のように書き換える[100].

$$U = \alpha \int_{\omega \in \Omega} q_\omega^c d\omega - \frac{\gamma}{2} \int_{\omega \in \Omega} (q_\omega^c)^2 d\omega - \frac{\eta}{2} \left(\int_{\omega \in \Omega} q_\omega^c d\omega \right)^2 + q_0^c$$

ただし,q_ω^c, q_0^c はそれぞれバラエティ ω と農業財(価値基準財)の個人消費量である.以下では,個人所得は十分大きく,$q_0^c > 0$(内点解)が成立している状況を考える.

(8-3) 式のように,各バラエティに対する逆需要関数を求めれば,以下のようになる.

$$p_\omega = \alpha - \gamma q_\omega^c - \eta Q^c, \quad ただし, \quad Q^c = \int_{\omega \in \Omega} q_\omega^c d\omega \tag{14-22}$$

実際に消費されるバラエティの集合を Ω^*,バラエティの数を M としよう.人口を L 人とすれば,(8-4) 式を導出したのと同じ手順によって,バラエティ $\omega \in \Omega^*$ に対する総需要

$$q_\omega = L q_\omega^c = \frac{\alpha L}{\eta M + \gamma} - \frac{L}{\gamma} p_\omega + \frac{\eta M}{\eta M + \gamma} \frac{L}{\gamma} \bar{p}, \quad \forall \omega \in \Omega^* \tag{14-23}$$

を得ることができる.ただし,

$$\bar{p} = \frac{1}{M} \int_{\omega \in \Omega^*} p_\omega d\omega$$

は工業財の平均価格である.バラエティ ω が消費される($q_\omega > 0$)ためには,

---

[100] パラメータを $\gamma \Rightarrow \beta - \gamma, \eta \Rightarrow \gamma, M \Rightarrow n$ のように変換すれば,(8-1) 式と同一になる.

$$p_\omega \leq \frac{\gamma\alpha + \eta M\bar{p}}{\eta M + \gamma} \equiv p_{\max} \tag{14-24}$$

であることが求められる.ここで,逆需要関数から $p_\omega < \alpha$ が成立するので,

$$\frac{\partial p_{\max}}{\partial M} = -\frac{(\alpha - \bar{p})\gamma\eta}{(\eta M + \gamma)^2} < 0$$

すなわち,価格の上限 $p_{\max}$ は M の減少関数であることが分かる.

(8-6) 式を導出したのと同じ手順によって,間接効用関数を求めれば以下のようになる.

$$V = \frac{1}{2}\left(\eta + \frac{\gamma}{M}\right)^{-1}(\alpha - \bar{p})^2 + \frac{M}{2\gamma}\sigma_p^2 + I^c$$

ただし,I^c は個人所得,$\sigma_p^2 \equiv \int_{\omega \in \Omega^*}(p_\omega - \bar{p})^2 d\omega/M$ は価格の分散である.これより,間接効用は平均価格 $\bar{p}$ の減少関数,バラエティ数 M の増加関数であることが分かる.また,(平均価格を所与とすれば)価格の分散 σ_p^2 が大きくなると,間接効用も上昇することが分かる.分散が大きければ,安価なものを中心に消費することで効用を上げることができるからである.

ここで,$q_\omega = (p_{\max} - p_\omega)L/\gamma$ であることに注意すれば,バラエティ ω の需要の価格弾力性 ϵ_ω は以下のように書ける.

$$\epsilon_\omega = \left|\frac{\partial q_\omega}{\partial p_\omega}\frac{p_\omega}{q_\omega}\right| = \frac{1}{\frac{p_{\max}}{p_\omega} - 1}$$

価格 p_ω を所与とすれば,操業企業数 M が増加すると $p_{\max}$ は低下し,需要の価格弾力性 ϵ_ω は上昇する.3.4節で述べたように,マークアップ率は需要の価格弾力性の逆数に等しいので,これはマークアップ率を低下させることを意味している.すなわち,8.2節のモデルと同様に競争促進効果があることが確認できる.

8.2節で紹介したモデルと同様に,農業財は限界労働投入1単位の収穫一定技術で生産され,これを価値基準財とする.よって,労働賃金も1となる.一方,工業財は限界労働投入 c 単位の収穫一定技術で生産されるが,前節のモデルと同様に,市場に参入するための初期費用として f_e 人の固定労働投入(埋没費用)が必要であるとする.前節と同様,この参入費用を支払う前は企業は

自身の生産性を知りえないが，参入費用を支払った後に生産性が分かるものとする．より具体的には，すべての潜在的企業の限界労働投入 c（生産性の逆数）の分布は，$[0, c_{\max}]$ 上の分布関数 $G(c)$ で表現されるとする[101]．(14-24) 式にあるように，消費を可能とする価格の最大値 $p_{\max}$ が存在するので，カットオフ企業の限界投入 c_D が存在する．つまり，もし $c \geq c_D$ ならば企業は操業しない．ここでは，$c_D < c_{\max}$ であるとし，一部の企業は操業しないと仮定する．また，簡単化のため，前節とは異なり，1時点だけの静学的な状況（$\delta = 1$）を考える．

限界労働投入が c である企業を「企業 c」と呼ぼう．企業 c が直面する需要を $q(c)$，設定する財の価格を $p(c)$ とすれば，この企業の粗利潤は $p(c)q(c) - cq(c)$ と書ける．需要関数の形は (14-23) 式で与えられることに注意しよう．企業 c は平均価格 $\bar{p}$ を所与として，粗利潤を最大にするように価格 $p(c)$ を決定する．利潤最大化の1階条件より，企業 c の価格と生産量の間に以下の関係が成立する．

$$q(c) = \frac{L}{\gamma}[p(c) - c] \tag{14-25}$$

カットオフ企業は価格が $p_{\max}$，生産量がゼロであるから，

$$p(c_D) = c_D = p_{\max}, \quad q(c_D) = 0 \tag{14-26}$$

が成り立つ．一方，(14-22) 式より，以下の式が成立する．

$$p(c) = \alpha - \gamma \frac{q(c)}{L} - \eta Q^c,$$
$$p(c_D) = c_D = \alpha - \eta Q^c$$

両式の差をとれば，以下が得られる．

$$p(c) = c_D - \gamma \frac{q(c)}{L}$$

この式と (14-25) 式を連立させて解けば，均衡における価格，生産量が求ま

---

[101] 前節の CES モデルでは生産性 φ の分布を与えたが，本節では記述のしやすさから，その逆数である限界労働投入 c の分布を与える．

り，さらに売上，粗利潤も計算できる．

$$p(c)=\frac{c_D+c}{2}, \quad q(c)=\frac{L(c_D-c)}{2\gamma}, \quad (14\text{-}27)$$
$$r(c)=p(c)q(c)=\frac{L(c_D^2-c^2)}{4\gamma},$$
$$\pi(c)=r(c)-q(c)c=\frac{L(c_D-c)^2}{4\gamma}$$

(14-24)，(14-26) 式より，

$$c_D=p_{\max}=\frac{\gamma\alpha+\eta M\bar{p}}{\eta M+\gamma} \quad (14\text{-}28)$$

が成立し，(14-27) 式より，$\bar{p}=(c_D+\bar{c})/2$ が成立する．ただし，

$$\bar{c}=\frac{1}{G(c_D)}\int_0^{c_D} c\,dG(c)$$

は操業企業の平均限界労働投入である．(14-28) 式より，操業企業数 M が増加すると，カットオフ企業の限界投入 c_D が低下することが分かる．これは，競争促進効果によってマークアップ率が低下するために，生産効率の低い企業は利潤が得られなくなり，操業を停止するからである．(14-27) 式から分かるように，このような変化は各操業企業の価格低下をもたらす．

(14-28) 式より，操業企業数は

$$M=\frac{2\gamma}{\eta}\frac{\alpha-c_D}{c_D-\bar{c}} \quad (14\text{-}29)$$

となり，参入企業数は $M_e=M/G(c_D)$ で決まる．

閉鎖経済の場合

ここでは閉鎖経済の場合を考えよう．まず，カットオフ企業の限界投入 c_D は，自由参入条件（期待粗利潤＝参入費用）：

$$\int_0^{c_D}\pi(c)\,dG(c)=\frac{L}{4\gamma}\int_0^{c_D}(c_D-c)^2 dG(c)=f_e \quad (14\text{-}30)$$

によって決定される．(14-30) 式より，人口 L が増加すると，カットオフ企業の限界投入 c_D が低下することが分かる．これによって，平均限界労働投入

$\bar{c}$ も低下するが，一般に c_D の低下よりは緩やかになる．したがって，(14 - 29) 式より，操業企業数は増加することが分かる．一方，c_D の低下は，各操業企業の価格や平均価格を低下させる．こういった現象は，競争促進効果によって解釈することができる．すなわち，人口の多い大きな市場においては多くの企業が激しい競争を行い，マークアップ率が低下するため，生産性の低い企業は操業できなくなる．結果的に，操業企業の平均生産性は高くなり，平均価格が安くなるのである．これは前節の CES 型効用関数のモデルでは見られなかった現象である．

限界労働投入 c の分布関数 $G(\cdot)$ を特定しなければ，カットオフ企業の限界投入 c_D を明示的に解くことはできない．もし $G(\cdot)$ をパレート分布と仮定すれば c_D を明示的に解くことができ，他の多くの内生変数についても明示的に解くことができる．そのように特定化して分析を行うと，市場規模が大きくなれば，企業の平均生産水準，平均利潤は高くなり，生産性の分散は小さくなることが分かる．これらの結果は，シヴァソン（Syverson, 2004, 2007）がアメリカ経済に対して行った実証分析の結果と整合的である．

開放経済の場合

メリッツとオタヴィアーノは，限界労働投入 c の分布をパレート分布と仮定した上で，開放経済の場合についても分析を行っている．閉鎖経済のケースと比較すると，カットオフ企業の限界投入 c_D は低くなり，操業企業の生産性が高くなることが示されている．これは前節の CES 型効用関数の場合と同じ結果であるが，そのメカニズムは異なることに注意しよう．前節のモデルの場合，経済の開放化によって低生産性企業が操業を停止する要因は生産費用にある．前節でも述べたように，貿易によって生産が拡大すると，労働需要が増え，賃金が上昇する．その賃金上昇に耐えることができない低生産性企業が操業をやめ，平均生産性が上昇するのである．ここでは，財市場における競争促進効果は働いていない．これに対し，本節のモデルにおける低生産性企業の操業停止要因は収入側にある．すなわち，貿易自由化によって海外企業からの輸入が開始されると，自国市場では競争が激化し，マークアップ率が低下する．それによる収入低下に耐えられない低生産性企業が操業をやめ，平均生産性が上昇す

るのである．この場合は，労働需要が増加しても，農業部門から弾力的に労働は供給されるので，賃金上昇は生じない．したがって，CES 型効用関数の場合は労働市場における競争が，準線形効用関数の場合は差別化財市場における競争が，平均生産性上昇の要因となっているのである．

14.2 文献について

他の学問分野と同様に，研究の最先端を知ろうと思ったら，専門学術誌の論文や大学等研究機関が出しているワーキングペーパーを読まなくてはならない．しかし，その学問分野を体系的に学ぼうと思えば，書籍にあたるのが有効である．ここでは，空間経済学を体系的に学ぶのに有用な書籍を紹介する．

14.2.1 広義の空間経済学に関する文献

1.7 節でも述べたように，本書は，空間経済学の領域の中でも，新貿易理論（NTT）および新経済地理学（NEG）に焦点をあて，なおかつ二地域・静学モデルの理論分析に特化して書かれている．しかし，本来空間経済学は，様々なレベルの地理的空間における経済活動の分布およびその変化を扱う，より広範囲な学問領域である．フォン・チューネンの『孤立国』（von Thünen, 1826），ウェーバーの工業立地論（Weber, 1909），アロンゾの都市内土地利用モデル（Alonso, 1964）といった空間経済学の古典から，最新の NEG までの学術的な流れを俯瞰するためには，藤田（Fujita, 2010）によるサーベイが有益である．

また，同じ著者が編んだ論文集（Fujita, 2005）は，現代の空間経済学の構築に貢献した 35 編のオリジナル論文を収めている．編者による詳細な解説（Introduction）とあわせて読むことで，空間経済学の奥深さを理解することができるだろう．

藤田・ティス（Fujita and Thisse, 2002, 2013）は，経済活動の集積現象の内生的説明にテーマとして，フォン・チューネン–アロンゾ型の都市モデルから NEG までを体系的にまとめた研究書である．著者の研究成果に基づいて，技術的外部性に基づく集積のモデルや連続空間のモデルについても詳細な解説が

なされている．なお，この本の初版は2002年に出版されているが，2013年に第2版が出版されており，その間の約10年間の空間経済学研究の成果も取り込まれている．

一方，ヘンダーソンとティス（Henderson and Thisse, 2004）は集積の経済学をテーマとしたハンドブックであり，この分野の代表的な研究者が各サブテーマに対して包括的なレビューを行っている．例えば，理論についてはデュラントンとプーガ（Duranton and Puga）による48章やオタヴィアーノとティス（Ottaviano and Thisse）による58章，実証手法についてはローゼンタールとストレンジ（Rosenthal and Strange）による49章やヘッドとメイヤー（Head and Mayer）による59章などが有益である．加えて，アメリカ，欧州，日本，中国といった地域におけるファクト・ファインディングを扱った章もあり，空間経済学を現実に起きている現象に即して理解する上で，非常に役立つ内容となっている．

14.2.2 狭義の空間経済学に関する文献

以上の文献は，NTTやNEGをその一部として含む，広い意味での空間経済学を扱った文献と言える．一方，NTTやNEGに焦点をあてた文献も多数出版されている．藤田・クルーグマン・ベナブルズ（Fujita et al., 1999）は，NTT，NEG，および現代の空間経済学の創始者たちによって書かれた記念碑的著作である．一貫してディクシットとスティグリッツのフレームワークが用いられているため，分析は数値シミュレーションによっている部分も多い（本書の第7章参照）．しかしながら，農業財の輸送費を含むモデル，階層的都市システム，都市規模に関する考察，多地域・多産業モデル，国際貿易と国内地理など，その後の空間経済学研究を誘発するに十分なトピックがすでにカバーされており，今なおその価値は失われていない．

一方，本書の5.2節で紹介したFCモデルや8.2節で紹介した準線形モデルなど，解析可能なモデルの開発が進み，NTTやNEGや政策分析にも適用できるようになってきている．ボルドウィンほか（Baldwin et al., 2003）は，その点に主眼を置いて書かれた学術書である．前半でNTTやNEGの基本的なモデルを網羅的かつ詳細に説明した後，保護政策や自由貿易協定（FTA）とい

った貿易政策，インフラ整備や地域補助金といった地域政策，租税競争などに応用され，伝統的な分析では得られない新しい結論がそれぞれについて得られることを明らかにしている．

　上記の2冊はいずれも理論分析についての研究書である．NTTやNEGの理論のみならず，実証手法とそこから得られている知見をもカバーした研究書としてはコンブ・メイヤー・ティス（Combes et al., 2008）が挙げられる．具体的には，空間的集積の計測，空間的集積や地域生産性の決定要因の実証，自国市場効果をはじめとするNTT・NEGの理論的結果の実証などを，理論に即しながら体系的に整理している．

　一方，ブラックマンほか（Brakman et al., 2009）は，最も「初学者向けの教科書」を意識して書かれた1冊と言えよう．数式の利用は極力控えられており，数値例や図表を用いてNEGの基本モデルが巧みに説明されている．また，関連するファクト・ファインディングや実証的知見，多国籍企業や政策的トピックまで幅広く扱われており，空間経済学が現実の世界で有用であることを実感させてくれる．

　最後に，佐藤・田渕・山本（2011）は，（翻訳書を除けば）日本語で書かれた初めての空間経済学のテキストである．本書と同様に，理論モデルに焦点をあてて書かれているが，扱われている内容は多岐にわたっている．具体的には，内生的成長理論に空間的側面を導入した動学的な空間経済理論，空間経済学に基づく租税競争の理論，ホテリング（Hotelling, 1929）流の空間競争理論における最近の発展などについて詳しい説明がなされている．日本語のテキストという意味で，本書と最も競合する立場にある1冊と言えるかもしれないが，このようにかなり異なった内容をそれぞれが扱っており，補完的に利用することができるであろう．

記号

本書に使われている記号をまとめておく．

a：添え字として農業部門を指す
通常の文字として需要関数のパラメータ

α：需要関数のパラメータ，または環境政策を反映する農業生産力

b：下添え字としてブレーク・ポイント
通常の文字として需要関数のパラメータ

B：国際収支

β：需要関数のパラメータ

c：需要関数のパラメータ

C^f：企業生産の固定費用

C^m：企業生産の限界費用

δ：政策負荷比率，または退出を促す外生的ショックが発生する確率

η：非熟練労働者対熟練労働者の比

F, f, f_x, f_e：企業生産の固定投入

γ：需要関数のパラメータ

H：熟練労働者人口

$\mathcal{K}$：地域の住宅消費量

k：国・地域に使用される資本割合

κ：労働者一人が保有する資本量

λ：地域の熟練労働者シェア

l：各企業の熟練労働者投入量

L：非熟練労働者人口，または労働者総数

M：操業企業総数

m：添え字として製造部門を指す

- μ：消費者の工業財を選好するパラメータ
- n：工業財の種類
- p：財の価格
- P：価格指数
- ϕ：交易の自由度
- ϕ^i：産業 i の交易自由度，または固定投入の非熟練労働者数
- φ：企業の生産性（限界労働投入の逆数）
- Π：利潤（純利益）
- π：操業利潤
- q：財の量
- r：地域名，資本レント，または各企業の売上
- R：地代，または総支出
- ρ：財の多様性を好む度合
- s：通常の文字として地域名，または通勤を除いた労働時間
　　下添え字として地域名かサステイン・ポイントを指す
- S：消費者余剰，または地域の労働時間
- σ：代替の弾力性
- τ：財の輸送費
- t：税（率）
- θ：国・地域の人口シェア，または通勤費用
- U：（直接）効用（関数）
- V：（間接）効用（関数）
- w：賃金
- y：個人所得
- Y：地域または国の総所得

参考文献

Alonso, W., 1964. *Location and Land Use*, Cambridge, MA: Harvard University Press.

Au, C.-C. and J. V. Henderson, 2002. How migration restrictions limit agglomeration and productivity in China, Brown University, Mimeo.

Bairoch, P., 1989. European trade policy, 1815-1914, in: P. Mathias and S. Pollard (eds.), *Cambridge Economic History of Europe* Volume VII, Cambridge University Press, Cambridge.

Balassa, B., 1966. Tariff reductions and trade in manufactures among the industrial countries, *American Economic Review* 56, 466-473.

Baldwin, R(i). E., R. Forslid, P. Martin, G. Ottaviano, and F. Robert-Nicoud, 2003. *Economic Geography and Public Policy*, Princeton: Princeton University Press.

Baldwin, R(i). E. and P. Krugman, 2004. Agglomeration, integration and tax harmonization, *European Economic Review* 48, 1-23.

Baldwin, R(i). E. and P. Martin, 1999. Two waves of globalization: superficial similarities, fundamental differences, National Bureau of Economic Research Working Paper 6904.

Baldwin, R(i). E., and T. Okubo, 2006. Heterogeneous firms, agglomeration and economic geography: spatial selection and sorting, *Journal of Economic Geography* 6, 323-346.

Baldwin, R(o). E., 1971. Determinants of the Commodity Structure of U.S. Trade, *American Economic Review* 61, 126-46.

Baldwin, R. E. and F. Robert-Nicoud, 2000. Free trade agreements without delocation, *Canadian Journal of Economics* 33, 766-786.

Barrios, S. and E. Strobl, 2009. The dynamics of regional inequalities, *Regional Science and Urban Economics* 39, 575-591.

Behrens, K., C. Gaigné, G. Ottaviano, and J.-F. Thisse, 2006a. Is remoteness a locational disadvantage? *Journal of Economic Geography* 6, 347-368.

Behrens, K., C. Gaigné, G. Ottaviano, and J.-F. Thisse, 2006b. How density economies in international transportation link the internal geography of trading partners, *Journal of Urban Economics* 60, 248-263.

Behrens, K., C. Gaigné, G. Ottaviano, and J.-F. Thisse, 2007. Countries, regions and trade: on the welfare impacts of economic integration, *European Economic Review*

51, 1277-1301.

Behrens K. and Y. Murata, 2007. General equilibrium models of monopolistic competition: a new approach. *Journal of Economic Theory*, 136, 776-787.

Bharadwaj, R., 1962. *Structural Basis of India's Foreign Trade*, Bombay: Bombay University Press.

Borck, R. and M.Pflüger, 2006. Agglomeration and tax competition, *European Economic Review* 50, 647-668.

Brakman, S., H. Garretsen, and C. van Marrewijk, 2009. *The New Introduction to Geographical Economics*, Cambridge: Cambridge University Press.

Buchanan, N.S., 1955. Lines on the Leontief paradox, *Economia Internazionale* 8, 791-794.

Burenstam Linder, S., 1961. *An Essay on Trade and Transformation*, New York: John Wiley and Sons.

Chamberlin, E., 1933. *The Theory of Monopolistic Competition*, Cambridge, MA: Harvard University Press.

Combes, P.-P., T. Mayer, and J.-F. Thisse, 2008. *Economic Geography*, Princeton: Princeton University Press.

Combes, P.-P. and H.G. Overman, 2004. The spatial distribution of economic activities in the European Union. In J.V. Henderson and J.-F. Thisse (eds.), *Handbook of Regional and Urban Economics* Vol. 4, chapter 64, pp. 2845-2909.

Copeland, B.R. and M.S. Taylor, 1999. Trade, spatial separation, and the environment, *Journal of International Economics* 47, 137-168.

Cronon, W., 1991. *Nature's Metropolis: Chicago and the Great West*, New York: W. W. Norton.

Crozet, M. and F. Trionfetti, 2008. Trade costs and the home market effect, *Journal of International Economics* 76, 309-321.

Davis, D.R., 1998. The home market, trade, and industrial structure, *American Economic Review* 88, 1264-1276.

Devereux, M.P., R. Griffith, and A. Klemm, 2002. Corporate income tax reforms and international tax competition, *Economic Policy* 35, 451-495 (Updated data in www.ifs.org.uk/publications.php?publication id =3210).

Dixit, A.K. and J.E. Stiglitz, 1977. Monopolistic competition and pptimum product diversity, *American Economic Review* 67, 297-308.

Eskeland, G. and A. Harrison, 2003. Moving to greener pastures? multinationals and the pollution haven hypothesis, *Journal of Development Economics* 70, 1-23.

Forslid, R. and G.I.P. Ottaviano, 2003. An analytically solvable core-periphery model, *Journal of Economic Geography* 3, 229-240.

Fujita, M., 2005. *Spatial Economics (The International Library of Critical Writings in Economics 188)*, Cheltenham, UK: Edward Elgar Publishing Limited.

Fujita, M., 2010. The evolution of spatial economics: from Thünen to the new economic geography, *Japanese Economic Review* 61, 1-32（藤田昌久「空間経済学の発展：チューネンからクルーグマンまでの二世紀」, 池田新介ほか編『現代経済学の潮流2010』東洋経済新報社, 2010 年, 3-53）．

藤田昌久・久武昌人, 1999.「日本と東アジアにおける地域経済システムの変容：新しい空間経済学の視点からの分析」通産研究レビュー13, 40-101.

Fujita, M. and P.R. Krugman, 1995. When is the economy monocentric? von Thünen and Chamberlin unified, *Regional Science and Urban Economics* 25, 505-528.

Fujita, M., P.R. Krugman, and T. Mori, 1999. On the evolution of hierarchical urban systems, *European Economic Review* 43, 209-251.

Fujita, M., P.R. Krugman, and A.J. Venables, 1999. *The Spatial Economy: Cities, Regions and International Trade*, Cambridge, MA: MIT Press（小出博之訳『空間経済学：都市・地域・国際貿易の新しい分析』東洋経済新報社, 2000 年）．

Fujita, M., T. Mori, J.V. Henderson, and Y. Kanemoto, 2004. Spatial distribution of economic activities in Japan and China. In J.V. Henderson and J.-F. Thisse (eds.), *Handbook of Regional and Urban Economics* Vol. 4, chapter 65, pp. 2911-2977.

Fujita, M. and T. Tabuchi, 1997. Regional growth in postwar Japan, *Regional Science and Urban Economics* 27, 643-670.

Fujita, M. and J.-F. Thisse, 2002. *Economics of Agglomeration: Cities, Industrial Location and Regional Growth*, Cambridge: Cambridge University Press.

Fujita, M. and J.-F. Thisse, 2013. *Economics of Agglomeration: Cities, Industrial Location and Globalization*, 2nd edition, Cambridge: Cambridge University Press.

Gallup, J.L., J.D. Sachs, and A. Mellinger, 1999. Geography and Economic Development, *International Regional Science Review* 22, 179-232.

Ginsburgh V., Y.Y. Papageorgiou, and J.-F. Thisse, 1985. On existence and stability of spatial equilibria and steady-states, *Regional Science and Urban Economics* 15, 149-158.

Glaeser, E.L. and J.E. Kohlhase, 2004. Cities, regions and the decline of transport costs. *Papers in Regional Science* 83, 197-228.

Graham, F., 1923. Some aspects of protection further considered, *Quarterly Journal of Economics* 37, 199-227.

Grandmont, J.-M., 2008. Nonlinear difference equations, bifurcations and chaos: an introduction, Working Papers No. 23/WP/2008, Department of Economics, Ca'Foscari University of Venice.

Grigg, D., 1989. *English Agriculture: An Historical Perspective*, Oxford: Basil Blackwell.

Hanson, G.H., 1997. Increasing returns, trade and the regional structure of wages, *Economic Journal* 107, 113-133.

Hartigan, J., 1981. The U.S. tariff and comparative advantage: a survey of method, *Review of World Economics* (Weltwirtschaftliches Archiv) 117(1), 65-109.

Helpman, E., 1998. The size of regions, in D. Pines, E. Sadka, and I. Zilcha (eds.), *Topics in Public Economics: Theoretical and Applied Analysis*, Cambridge: Cambridge University Press, 33-54.

Helpman, E. and P.R. Krugman, 1985. *Market Structure and Foreign Trade: Increasing Returns, Imperfect Competition, and the International Economy*, Cambridge, MA: MIT press.

Henderson, J.V., 1974. The sizes and types of cities, *American Economic Review* 64, 640-656.

Henderson, J.V., 2000. The effects of urban concentration on economic growth, NBER Working Paper No. 7503.

Henderson, J.V., T. Lee, and J.-Y. Lee, 2001a, Scale externalities in Korea, *Journal of Urban Economics* 49, 479-04.

Henderson, J.V., Z. Shalizi, and A. J. Venables, 2001b. Geography and development, *Journal of Economic Geography* 1, 81-105.

Henderson, J.V. and J.-F. Thisse, 2004. *Handbook of Regional and Urban Economics* Vol. 4: *Cities and Geography*, Amsterdam: Elsevier.

Hirschman, A.O., 1958. *The Strategy of Economic Development*, New Haven (Conn.): Yale University Press.

Holmes, T.J. and J.J. Stevens, 2004. Spatial distribution of economic activities in North America. In J.V. Henderson and J.-F. Thisse (eds.), *Handbook of Regional and Urban Economics* Vol. 4, chapter 63, pp. 2797-2843.

Hosoe, M. and T. Naito, 2006. Trans-boundary pollution and regional agglomeration. *Papers in Regional Science* 85, 99-120.

Hotelling, H., 1929. Stability in competition, *Economic Journal* 39, 41-57.

入谷純・加茂知幸, 2016.『経済数学』東洋経済新報社.

Jaffe, A.B., S.R. Peterson, P.R. Portney, and R.N. Stavins, 1995. Environmental regulation and the competitiveness of U.S. manufacturing: what does the evidence tell us? *Journal of Economic Literature* 33, 132-163.

Jeppesen, T., J. A. List, and H. Folmer, 2002. Environmental regulations and new plant location decisions: evidence from a meta-analysis, *Journal of Regional Science* 42, 19-49.

Jones, R. W., 1956. Factor roportions and the Heckscher-Ohlin theorem, *Review of Economic Studies* 24, 1-10.

Jones, R. W., 1968. Variable returns to scale in general equilibrium theory, *International Economic Review* 9, 261-272.

経済産業省, 2006. 『通商白書2006』.

Keesing, D., 1966. Labor skills and comparative advantages, *American Economic Review Papers and Proceeding* 56(2), 249-258.

Keller, W., and A. Levinson, 2002. Environmental compliance costs and foreign Direct investment inflows to U.S. states, *Review of Economics and Statistics* 84, 691-703.

Kenen, P. B., 1965. Nature, capital and trade, *Journal of Political Economy* 73, 437-460.

Kindleberger, C. P., 1975. The rise of free trade in Western Europe, 1820-1875, *Journal of Economic History* 35, 20-55.

小山昭雄, 2010. 『経済数学教室2:線形代数の基礎 下』岩波書店.

小山昭雄, 2011. 『経済数学教室7:ダイナミック・システム 上』岩波書店.

Kravis, I., 1956. Wages and foreign trade, *Review of Economics and Statistics* 38, 14-30.

Krugman, P. R., 1979. Increasing returns, monopolistic competition, and international trade, *Journal of International Economics* 9, 469-479.

Krugman, P. R., 1980. Scale economies, product differentiation, and the pattern of trade, *American Economic Review* 70, 950-959.

Krugman, P. R., 1991. Increasing returns and economic geography, *Journal of Political Economy* 99, 483-499.

Krugman, P. R., 1993. First nature, second nature, and metropolitan location, *Journal of Regional Science* 33, 129-144.

Krugman, P. R., 2009. The increasing returns revolution in trade and geography, *American Economic Review* 99, 561-571.

Krugman, P. R. and R. Livas Elizondo, 1996. Trade policy and the Third World metropolis, *Journal of Development Economics* 49, 137-150.

Krugman, P. R. and A. J. Venables, 1990. Integration and the competitiveness of peripheral industry. In C. Bliss and J. de Macedo (eds.), *Unity with Diversity in the European Economy: The Community's Southern Frontier*, Cambridge University

Press, 56-75.

Krugman, P. R. and A. J. Venables, 1995. Globalization and the inequality of nations, *Quarterly Journal of Economics* 110, 857-880.

黒田達朗・田渕隆俊・中村良平, 2008. 『都市と地域の経済学（新版）』有斐閣.

Leontief, W., 1953. Domestic production and foreign trade: the American capital position re-examined, *Proceeding of the American Philosophical Society* 97, 332-349.

Leontief, W., 1956. Factor proportions and the structure of American trade: further theoretical and empirical analysis, *Review of Economics and Statistics* 38, 386-407.

Mano, Y. and K. Otsuka, 2000. Agglomeration economies and geographical concentration of industries: a case study of manufacturing sectors in postwar Japan, *Journal of the Japanese and International Economics* 14, 189-203.

Martin, P. and C. A. Rogers, 1995. Industrial location and public infrastructure, *Journal of International Economics* 39, 335-351.

Marshall, A., 1920. *Principles of Economics*, London: Macmillan.

Melitz, M. J., 2003. The impact of trade on intra-industry reallocations and aggregate industry productivity, *Econometrica* 71, 1695-1725.

Melitz, M. J. and G. I. P. Ottaviano, 2008. Market size, trade, and productivity, *Review of Economic Studies* 75, 295-316.

Mills, E. S. and B. Hamilton, 1994. *Urban Economics* 5th edition, Harper-Collins.

Minhas, B. S., 1962. The homohypallagic production function, factor-intensity reversals and Heckscher-Ohlin theorem, *Journal of Political Economy* 70(2), 138-156.

Monfort, P. and R. Nicolini, 2000. Regional convergence and international integration, *Journal of Urban Economics* 48, 286-306.

Murata, Y. and J.-F. Thisse, 2005. A simple model of economic geography à la Helpman-Tabuchi, *Journal of Urban Economics* 58, 137-155.

Ogawa, H. and M. Fujita, 1980. Equilibrium land use patterns in a nonmonocentric city, *Journal of Regional Science* 20, 455-475.

Ohlin, B., 1933. *Interregional and International Trade*, Cambridge, MA: Harvard University Press.

Ottaviano, G. I. P., 2001. Monopolistic competition, trade, and endogenous spatial fluctuations, *Regional Science and Urban Economics* 31, 51-77.

Ottaviano, G. I. P. and F. Robert-Nicoud, 2006. The 'genome' of NEG models with vertical linkages: a positive and normative synthesis, *Journal of Economic Geography* 6, 113-139.

Ottaviano, G. I. P., T. Tabuchi, and J.-F. Thisse, 2002. Agglomeration and trade revisited, *International Economic Review* 43, 409-436.

Ottaviano, G. I. P. and J.-F. Thisse, 2004. Agglomeration and economic geography. In J. V. Henderson and J.-F. Thisse (eds.), *Handbook of Regional and Urban Economics*, Vol. 4, chapter 58, pp. 2563-2608.

Ottaviano, G. I. P. and T. van Ypersele, 2005. Market size and tax competition, *Journal of International Economics* 67, 25-46.

Paluzie, E., 2001. Trade policy and regional inequalities. *Papers in Regional Science* 80, 67-85.

Perkins, D. H., 1988. Reforming China's economic system, *Journal of Economic Literature* 25, 601-645.

Pflüger, M., 2001. Ecological dumping under monopolistic competition, *Scandinavian Journal of Economics* 103, 689-706.

Pflüger, M., 2004. A simple, analytically solvable, Chamberlinian agglomeration model, *Regional Science and Urban Economics* 34, 565-573.

Picard, P. and D.-Z. Zeng, 2005. Agricultural sector and industrial agglomeration, *Journal of Development Economics* 77, 75-106.

Picard, P. and D.-Z. Zeng, 2010. A harmonization of first and second natures. *Journal of Regional Science* 50, 973-994.

Puga, D., 1999. The rise and fall of regional inequalities, *European Economic Review* 43, 303-334.

Puga, D. and A. J. Venables, 1996. The spread of industry: spatial agglomeration in economic development, *Journal of the Japanese and International Economies* 10, 440-464.

Redding, S. J., 2010. The empirics of new economic geography, *Journal of Regional Science* 50, 297-311.

Samuelson, P. A., 1952. The transfer problem and transport costs: the terms of trade when impediments are absent, *Economic Journal* 62, 278-304.

Sánchez-Reaza, J. and A. Rodríguez-Pose, 2002. The impact of trade liberalization on regional disparities in Mexico, *Growth and Change* 33, 72-90.

佐藤泰裕・田渕隆俊・山本和博, 2011.『空間経済学』有斐閣.

Starrett, D., 1978. Market allocation of location choice in a model with free mobility, *Journal of Economic Theory* 17, 21-37.

Stolper, W. F. and K. Roskamp, 1961. Input-output table for East Germany with applications to foreign trade. *Bulletin of the Oxford Institute of Statistics* 23, 379-392.

Suedekum, J., 2006. Agglomeration and regional costs of living, *Journal of Regional*

Science 46, 529-543.

Swerling, B., 1954. Capital shortage and labor surplus in the United States? *Review of Economics and Statistics* 36, 286-289.

Syverson, C., 2004. Market structure and productivity: a concrete example, *Journal of Political Economy* 112, 1181-1222.

Syverson, C., 2007. Prices, spatial competition, and heterogeneous producers: an empirical test, *Journal of Industrial Economics* 55, 197-222.

Tabuchi, T., 1998. Agglomeration and dispersion: a synthesis of Alonso and Krugman, *Journal of Urban Economics* 44, 333-351.

Tabuchi, T. and J.-F. Thisse, 2002. Taste heterogeneity, labor mobility and economic geography, *Journal of Development Economics* 69, 155-177.

Tabuchi, T. and J.-F. Thisse, 2006. Regional specialization, urban hierarchy, and commuting costs, *International Economic Review* 47, 1295-1317.

Tabuchi, T. and A. Yoshida, 2000. Separating urban agglomeration economies in consumption and production, *Journal of Urban Economics* 48, 70-84.

Tabuchi, T. and D.-Z. Zeng, 2004. Stability of spatial equilibrium, *Journal of Regional Science* 44, 641-660.

Takahashi, T(a)., 2005. Economic geography and endogenous determination of transportation technology, *Journal of Urban Economics* 60, 498-518.

Takahashi, T(o)., H. Takatsuka, and D.-Z. Zeng, 2013. Spatial inequality, globalization, and footloose capital, *Economic Theory* 53, 213-238.

Takatsuka, H., 2011. Economic geography of firms and skilled labor, *Journal of Regional Science* 51, 784-803,

Takatsuka, H. and D.-Z. Zeng, 2009. Dispersion forms: an interaction of market access, competition, and urban costs, *Journal of Regional Science* 49, 177-204.

Takatsuka, H. and D.-Z. Zeng, 2012a. Trade liberalization and welfare: differentiated-good versus homogeneous-good markets, *Journal of the Japanese and International Economies* 26, 308-325.

Takatsuka, H. and D.-Z. Zeng, 2012b. Mobile capital and the home market effect, *Canadian Journal of Economics* 45, 1062-1082.

Takatsuka, H. and D.-Z. Zeng, 2013. Industrial configuration in an economy with low transportation costs, *Annals of Regional Science* 51, 593-620.

Takatsuka, H. and D.-Z. Zeng, 2016. Nontariff protection without an outside good, *International Review of Economics & Finance*, 41, 65-78.

Tan, L. and D.-Z. Zeng, 2014. Spatial inequality between developed and developing

Economies. *Papers in Regional Science* 93, 229-248.

Tatemoto, M. and S. Ichimura, 1959. Factor proportions and foreign trade: the case of Japan. *Review of Economics and Statistics* 41, 442-446.

Townroe, P., 1983. Location Factors in the decentralization of industry: a survey of Metropolitan São Paulo, Brazil, Staff working paper 517, World Bank.

Travis, W. P., 1964. *The Theory of Trade and Protection*, Cambridge: Harvard University Press.

UNCTAD, 2003, 2004 2006, 2011, and 2014. http://unctad.org/en/Pages/Publications.aspx

von Thünen, J. H., 1826. *Der Isolierte Staat in Beziehung auf Landwirtschaft und Nationalökonomie*, Hamburg: Perthes（近藤康男・熊代幸雄訳『孤立国』日本評論社, 1989年）.

Valavanis-Vail, S., 1954. Leontief's scarce factor paradox, *Journal of Political Economy* 62, 523-528.

Vanek, J., 1963. *The natural resource content of United States foreign trade, 1870-1955*. Cambridge, MA: The MIT Press.

Venables, A. J., 1996. Equilibrium locations of vertically linked industries, *International Economic Review* 37, 341-359.

Wahl, D. F., 1961. Capital and labor requirements for Canada's foreign trade, *Canadian Journal of Economics and Political Science* 27, 349-358.

Weber, A., 1909. Uber den Standort der Industrien, Tubingen: J. C. B. Mohr（篠原泰三訳『工業立地論』大明堂, 1986 年）.

Werner, B., 2001. *The Brazilian Economy: Growth and Development*, Westport, CT: Praeger Publishers.

Williamson, J. G., 1965. Regional inequality and the process of national development, *Economic Development and Cultural Change* 13, 3-45.

Wilson, J. D., 1999. Theories of tax competition, *National Tax Journal* 52, 269-304.

Yu, Z., 2005. Trade, market size, and industrial structure: revisiting the home market effect, *Canadian Journal of Economics* 38, 255-272.

Zeng, D.-Z., 2006. Redispersion is different from dispersion: spatial economy of multiple industries, *Annals of Regional Science* 40, 229-247.

Zeng, D.-Z., 2016. Capital mobility and spatial inequalities in income and industrial location, *Journal of Economic Inequality*, 14, 109-128.

Zeng, D.-Z. and T. Kikuchi, 2009. The home market effect and trade costs, *Japanese Economic Review* 60, 253-270.

Zeng, D.-Z. and L. Zhao, 2009. Pollution havens and industrial agglomeration, *Journal of Environmental Economics and Management* 58, 141-153.

Zeng, D.-Z. and T. Uchikawa, 2014. Ubiquitous inequality: the home market effect in a multicountry space, *Journal of Mathematical Economics* 50, 225-233.

Zhelobodko, E., S. Kokovin, M. Parenti, and J.-F. Thisse, 2012. Monopolistic competition in general equilibrium: beyond the CES, *Econometrica* 80, 2765-2784.

事項索引

A〜Z

1要素　16, 46, 50, 69, 72, 74-5, 77-8, 80, 88, 234
2要素　16, 46, 65, 72, 75-8, 80-1, 84, 88
3要素　31
CBD　→　中心業務地区
CES
　——（型）関数　35, 37, 40-4, 47, 114, 127-8
　——型効用関数　39, 151, 154, 159, 163, 234-5, 243, 247-8
　——（型効用関数に基づく）モデル　150-1, 154, 158, 245
FCモデル　73, 105, 112, 121, 221, 228, 234, 249
FEモデル　105, 108, 112, 144, 146-7, 149, 202, 209, 213
NEG　→　新経済地理学
NNTT　→　新々貿易理論
NTT　→　新貿易理論
UNCTAD　73

ア行

異質な農業財　→　農業財
汚染逃避地仮説・効果　220, 225-6

カ行

海外直接投資　iii, 72, 89
価格指数　36-9, 48, 50, 52, 54, 76, 104, 106-7, 116-7, 119, 123-4, 133, 144, 148, 160, 168, 179, 196-7, 199-200, 208, 223, 229, 235, 241, 252
　——の格差　→　格差
価格優位性格差　→　格差
格差　170
　——の地域間格差　124-5
　価格指数の——　124
　価格優位性——　77
　効用——　112, 118-9, 128, 136, 150, 156, 171, 180
　市場規模——　77
　実質賃金——　67
　消費者余剰（の）——　137, 142-3
　所得——　88
　生計費（の地域間）——　131, 141, 182
　税率——　217-20
　賃金（所得）——　16, 47, 53-5, 60-1, 64, 69, 72, 76-7, 80-1, 88-9, 124, 130, 136, 142-3, 166, 182, 195, 206, 208-9, 227
　都市費用の——　156
　労働費用——　141
核・周辺モデル　102, 217, 221, 228
カットオフ企業　236, 238, 241-2, 245-7
環境
　——汚染　154, 221, 226
　——基準　221-2
　——規制　19, 212, 220-3, 225-6, 231
関税　26, 67, 69, 227, 232
　非——　→　非関税
完全競争　→　競争
完全集積　17-8, 49, 112, 138-40, 146, 148-9, 151, 157-8, 162-3, 176, 186-7, 202-4, 206, 209, 213, 218-20
完全地域特化　→　地域特化
企業の異質性　19, 234
規模の経済　16, 29-30, 46
　外部的な——　10, 12

内部的な―― 13, 34
逆Ｕ字 10, 60, 64, 72, 81, 83, 87-9, 130, 139, 214, 217
競争
 完全―― 8-9, 12, 20-1, 52, 69, 103, 136, 213, 222
 独占的―― 13-4, 16, 30, 34-5, 40, 69, 73, 103, 117, 168
 不完全―― 13, 30, 221
 ――効果 → 効果
 ――促進効果 117, 119, 135, 179, 244, 246-7
空間不可能性定理 9, 19, 21
グルーベル・ロイド（Grubel-Lloyd）指数 25
経済産業省 2-3, 26
交易（の）自由度 38, 49, 53-4, 62-3, 66-7, 75, 82-3, 87, 109-10, 134, 161, 202, 217, 229, 252
効果
 競争―― 37, 107-8, 112, 117-9, 124, 137-9, 163, 175, 177, 179, 181-6, 190, 201, 209
 競争促進―― → 競争
 自国市場―― 13-4, 16, 29, 46-7, 50-1, 53-4, 56-60, 69, 72, 75, 78-82, 84, 86, 88-9, 95, 122, 220, 230-1, 250
 市場規模（の）―― 107-8, 118-9, 124, 135, 137-8, 175, 177, 180-3, 185-6, 190, 201, 221, 225-6, 228
 生計費―― 108, 118-9, 137-8, 141, 156, 171, 181-3, 190, 228
 生産費用―― 221, 225-6
 中間投入費用―― 201
 都市費用―― 156, 182-3, 190
 立地―― 104-5, 107-8, 118-9, 124, 137-8, 156, 171, 180-1, 201
 労働費用―― 137-8, 141, 186
工業部門（財）（の）輸送費 → 輸送費
後方連関効果 → 連関

効用格差 → 格差
効率労働 158-60
国際収支 → 収支
コブ・ダグラス
 ――型関数 35, 37, 42
 ――型（の）効用関数 114, 122-3
 ――生産関数 195

サ 行

財の多様性 → 多様性
再分散 16, 18, 130-1, 139, 149, 151, 154, 158, 164, 166, 173, 175-6, 190, 207
サステイン・ポイント 109, 120, 125, 127, 145, 148, 158-9, 162, 202, 214, 217, 252
産業内貿易 16, 25-6, 29-30
参入費用 236, 238, 244, 246
資源 5, 31, 53, 89, 130, 221
 ――集約 → 集約
自国市場効果 → 効果
市場規模 3, 13, 17-8, 29, 46, 50-2, 55-6, 60, 69, 75-7, 94-5, 114, 127, 135, 184, 194, 209, 221, 231, 247
 ――格差 → 格差
 ――（の）効果 → 効果
市場統合 53, 67-8, 72, 81
自然（第一・第二） 5, 9, 15, 72
実質賃金比 64-6, 213
資本収支 → 収支
資本集約 → 集約
収穫
 ――一定 51, 69, 103, 169, 195, 244
 ――逓減 88, 207
 ――逓増 13, 38, 47, 51, 69, 73, 92, 103, 166, 213, 221
自由参入 34, 39, 44, 237-8, 241, 246
収支
 国際―― 49, 251
 資本―― 77

貿易—— 50, 77
集積の累積過程 14, 95-6, 194, 209
集積レント 85, 213-4, 216-7, 219-20
住宅 4, 8, 10, 16, 18, 94, 154-5,
    164, 251
自由貿易協定 26, 68, 70, 227, 249
集約
　資源—— 31
　資本—— 28, 30-2
　知識—— 176
　労働—— 28, 30-2, 174
需要の価格弾力性 37, 39, 244
準線形
　——関数 122
　——（の）効用関数 18, 39, 112,
    114, 120, 122, 127-8, 151, 154-5,
    234, 248
　——（効用関数に基づく）モデル
    18, 114, 131, 146, 149, 151, 154-5,
    158, 163, 212-3, 228, 243
消費者余剰 116, 133, 170, 180, 252
　——（の）格差 → 格差
消費の多様性 → 多様性
所得格差 → 格差
新経済地理学（NEG） iv, 14-9, 24,
    34, 88, 92, 95, 102, 130, 144, 194,
    212-3, 218, 221, 227, 248-50
新々貿易理論（NNTT） 19, 234
新貿易理論（NTT） iv, 14-6, 18, 24,
    29-30, 34, 48, 88, 92, 95, 120, 194,
    212, 221, 227-50
垂直的な連関 → 連関
水平的な連関 → 連関
税
　関—— → 関税
　租—— → 租税
　非関—— → 非関税
　法人—— → 法人税
　——率格差 → 格差
生計費（の）格差 → 格差
生計費効果 → 効果

生産規模 13, 34, 76-7
生産費用効果 → 効果
絶対的リスク回避度 → リスク回避度
ゼロカットオフ利潤 236-8, 240-1
漸近安定 96, 99, 209-10
前方連関効果 → 連関
相対賃金 61-3, 66, 80-1, 85, 87, 160
相対的リスク回避度 → リスク回避度
租税
　——競争 19, 212-3, 216, 218-9,
    231, 250
　——調和 213-4

タ 行

対称分散 17-8, 149, 157-8, 162-3,
    173, 176-7, 202-9, 213
代替の弾力性 35, 37, 41, 43, 205,
    252
多様性
　財の—— 205, 252
　消費の—— 4, 46
端点解・端点均衡 49, 64, 66, 74, 78,
    96, 98, 109, 120, 122, 125, 161,
    199, 224, 226
地域特化
　完全—— 183-5, 187, 190
　部分—— 183-4, 186-7, 190
知識集約 → 集約
地代 8-10, 155-6, 159, 178, 252
　付け値—— 178
中間投入費用効果 → 効果
中心業務地区（CBD） 8, 10, 155, 159
賃金 170
　——格差 → 格差
　——方程式 82-3, 112, 114, 128
通勤費用（コスト） 4, 8, 10, 16, 94,
    154-8, 161-4, 178, 183-5, 252
付け根地代 → 地代
同質な農業財 → 農業財
独占的競争 → 競争
都市費用 4, 10, 16, 18, 94, 154, 156,

161, 164, 166, 177-8, 180, 182-5, 189-90, 227, 231
　——効果　→　効果
　——の格差　→　格差
トマホーク型分岐　110
取引費用　iii, 10

ナ　行

内点解・内点均衡　49, 60, 64-8, 74, 77-8, 80-1, 96-8, 110, 120, 122, 125, 128, 149, 162, 172, 200, 202, 224, 226, 230, 243
二次的拡大効果　53, 60
農業財
　異質な——　18, 148, 150, 167
　同質な——　34, 51-2, 148-9
　——（の）輸送費　→　輸送費

ハ　行

比較優位　iv, 11-2, 24-5, 28, 30, 73, 89, 92
非関税　89, 232
ピッチフォーク型分岐　126
氷塊　19
　——型（の）輸送（費）　13, 19-20, 38, 47-8, 54, 56, 103, 114, 116, 127-8, 145, 223, 229, 239
不完全競争　→　競争
複製動学　96, 108, 120, 124, 157, 172
部分地域特化　→　地域特化
ブラックホールの非存在　120, 125, 199, 214
ブレーク・ポイント　109-10, 120, 125-7, 146, 158-9, 162-3, 202, 206, 251
分離均衡　175
平均生産性　236, 238, 240-2, 247-8
貿易（の）自由化　iii, 12, 26, 68, 227-8, 232, 241-2, 247
貿易収支　→　収支
法人税　84-5

マ　行

マークアップ率　18, 39, 43-4, 114, 243, 246-7

ヤ　行

輸送費（用）　8-9, 11, 16-21, 27, 29, 38, 46-7, 50-4, 60, 62, 68-9, 72-3, 76, 86-8, 92, 109-10, 112, 114, 119-20, 177, 186, 189-190, 206, 208-9, 217, 229, 231, 252
　工業部門（財）（の）——　38, 53-4, 56, 60-7, 116, 130, 138-40, 149, 151, 164, 167, 174-5, 229
　農業部門（財）（の）——　8, 13, 16-8, 53-4, 57-8, 60-1, 64-7, 72, 76, 78-9, 82, 88, 103, 131, 136, 140-1, 144, 146, 148-9, 151, 167, 249
　氷塊型（の）——　→　氷塊

ラ　行

リスク回避度
　絶対的——　44
　相対的——　43
立地
　——効果　→　効果
　——要因　2-4, 15, 53
　——理論　7, 11-2, 92
レオンチェフ
　——の逆説　16, 27-32
　——関数　42
連関
　後方——効果　93-5, 114, 127, 194
　垂直的な——　194
　水平的な——　195
　前方——効果　93-5, 107, 194
労働集約　→　集約
労働費用
　——格差　→　格差
　——効果　→　効果

人名索引

Alonso, W.　8, 248
Au, C.-C.　142

Bairoch, P.　26
Balassa, P.　30
Baldwin, R(i).E.　25-6, 65, 73, 85, 105, 203, 212-3, 234, 249
Baldwin, R(o).E.　28, 31
Barrios, S.　88
Behrens, K.　44, 228
Bharadwaj, R.　29
Borck, R.　213
Brakman, S.　250
Buchanan, N.S.　28
Burenstam Linder, S.　16, 29, 46

Chamberlin, E.　13
Combes, P.-P.　27, 188, 250
Copeland, B.R.　221
Cronon, W.　5
Crozet, M.　54

Davis, D.R.　54, 59-60
Devereux, M.P.　84
Dixit, A.K.　13, 30, 34

Eskeland, G.　221, 226

Folmer, H.　221
Forslid, R.　102, 105, 110, 127, 212, 249
Fujita, M.（藤田昌久）　iv, 7, 10, 14, 20, 102, 144, 147, 154, 187-8, 195, 212, 248-9

Gaigné, C.　228
Gallup, J.L.　130

Garretsen, H.　250
Ginsburgh V.　96, 98
Glaeser, E.L.　188
Graham, F.　12
Grandmont, J.-M.　110, 126
Griffith, R.　84
Grigg, D.　68, 142

Hamilton, B.　166
Hanson, G.H.　227
Harrison, A.　221, 226
Hartigan, J.　31
Helpman, E.　14, 51, 59-60, 154
Henderson, J.V.　10, 102, 130, 142, 188, 249
Hirschman, A.O.　93
久武昌人　188
Holmes, T.J.　187-8, 190
Hosoe, M.　221
Hotelling, H.　12, 250

Ichimura, S.　29
入谷純　86, 99

Jaffe, A.B.　221
Jeppesen, T.　221
Jones, R.W.　12, 30

加茂知幸　86, 99
Kanemoto, Y.（金本良嗣）　v, 187
Keesing, D.　31
Keller, W.　221
Kenen, P.B.　31
Kindleberger, C.P.　68
Klemm, A.　84
Kohlhase, J.E.　188
Kokovin, S.　42

小山昭雄　99
Kravis, I.　31
Krugman, P.R.　iv, 5, 13-4, 17, 24, 32, 46-8, 51, 54, 59, 66, 85, 88, 92, 102-3, 107, 112, 127, 144, 147, 154, 194, 203, 212-3, 227-8, 234, 239, 249
黒田達朗　v, 5

Leontief, W.　27-8, 42
Levinson, A.　221
List, J.A.　221
Livas Elizondo, R.　154, 227

Mano, Y.（真野裕吉）　189
Marshall, A.　102
Martin, P.　25-6, 73, 105, 203, 212, 249
Mayer, T.　27, 249
Melitz, M.J.　234, 243
Mellinger, A.　130
Mills, E.S.　166
Minhas, B.S.　31
Monfort P.　228
Mori, T.（森知也）　v, 14, 187
Murata, Y.（村田安寧）　v, 44, 158, 162

Naito, T.　221
中村良平　v, 5
Nicolini R.　228

Ogawa, H.　10
Ohlin, B.　iv, 11, 92
Okubo, T.（大久保敏弘）　v, 234
Otsuka, K.（大塚啓二郎）　189
Ottaviano, G.I.P.　39, 73, 102, 105, 110, 115, 127, 155, 195, 202-3, 218, 234, 243, 249
Overman, H.G.　188

Paluzie, E.　228
Papageorgiou, Y.Y.　96, 98
Parenti, M.　42
Perkins, D.H.　142
Peterson, S.R.　221
Pflüger, M.　122, 213, 221
Picard, P.　v, 5, 131
Portney, P.R.　221
Puga, D.　88, 174, 249

Redding, S.J.　5
Robert-Nicoud, F.　65, 73, 105, 195, 202-3, 249
Rodríguez-Pose, A.　227
Roskamp K.　29

Sánchez-Reaza, J.　227
Sachs, J.D.　130
Samuelson, P.A.　19
佐藤泰裕　v, 250
Shalizi, Z.　130
Starrett, D.　9, 19
Stavins, R.N.　221
Stevens, J.J.　187-8, 190
Stiglitz, J.E.　13, 30, 34
Stolper, W.F.　29
Strobl, E.　88
Suedekum, J.　154
Swerling, B.　28
Syverson, C.　247

Tabuchi, T.（田渕隆俊）　iv, 4-5, 39, 97, 115, 121, 154, 177, 250
Takahashi, T(a).（高橋孝明）　v, 13
Takahashi, T(o).（高橋寿明）　v, 83
Takatsuka, H.（高塚創）　v, 54, 58, 76, 79, 89, 177, 184-5, 194, 232
Tan, L.（譚立力）　v, 89
Tatemoto, M.　29
Taylor, M.S.　221
Thisse, J.-F.　iv, 10, 20, 27, 39, 42,

73, 96, 98, 102, 115, 155, 158, 162, 177, 212, 248-9
Townroe, P. 142
Travis, W.P. 31
Trionfetti, F. 54

Valavanis-Vail, S. 29
van Marrewijk, C. 250
van Ypersele, T. 218
Vanek, J. 31
Venables, A.J. iv, 14, 88, 174, 194, 203, 207
von Thünen, J.H. iii, 7-8, 248

Wahl, D.F. 29

Weber, A. 248
Werner, B. 142
Williamson, J.G. 87
Wilson, J.D. 213

山本和博 v, 250
Yoshida, A.（吉田あつし） 4, 154
Yu, Z. 59-60

Zeng, D.-Z.（曽道智） v, 5, 54, 58, 76, 79, 88-9, 97, 131, 167, 174, 177, 184-5, 221, 228, 230, 232
Zhao, L.（趙来勲） v, 221, 228, 230
Zhelobodko, E. 42

【著者紹介】

曽　道智（ぜん　だおず）

1966 年中国江西省に生まれる。85 年中国華中科技大学数学科卒業。96 年京都大学大学院工学研究科博士課程修了、工学博士。香川大学経済学部講師・助教授、同大学大学院地域マネジメント研究科教授を経て、2008 年より東北大学大学院情報科学研究科教授。専攻は空間経済学、コンフリクト解消。
主著：" New Economic Geography with Heterogeneous Preferences: An Explanation of Segregation," *Journal of Urban Economics* 63(1): 306-324, 2008. "An Amendment to Final-Offer Arbitration," *Mathematical Social Sciences* 46(1): 9-19, 2003.

髙塚　創（たかつか　はじめ）

1970 年愛知県に生まれる。93 年東京工業大学工学部社会工学科卒業。98 年東京工業大学大学院理工学研究科博士課程修了、博士（工学）。香川大学経済学部講師・助教授を経て、2011 年より同大学大学院地域マネジメント研究科教授。専攻は空間経済学、都市・地域経済学。
主著："Spatial Inequality, Globalization, and Footloose Capital," *Economic Theory* 53(1): 213-238, 2013（共著）. "Economic Geography of Firms and Skilled Labor," *Journal of Regional Science* 51(4): 784-803, 2011.

〈サピエンティア〉
空間経済学
2016 年 9 月 1 日発行

著　者────曽　道智／髙塚　創
発行者────山縣裕一郎
発行所────東洋経済新報社
　　　　　　〒103-8345　東京都中央区日本橋本石町 1-2-1
　　　　　　電話＝東洋経済コールセンター　03(5605)7021
　　　　　　http://toyokeizai.net/
装　丁…………橋爪朋世
印刷・製本……丸井工文社
©2016 Zeng Dao-Zhi / Takatsuka Hajime　　Printed in Japan　　ISBN 978-4-492-31485-2

本書のコピー、スキャン、デジタル化等の無断複製は、著作権法上での例外である私的利用を除き禁じられています。本書を代行業者等の第三者に依頼してコピー、スキャンやデジタル化することは、たとえ個人や家庭内での利用であっても一切認められておりません。
落丁・乱丁本はお取替えいたします。